Russland

Kasachstan

Usbekistan

Georgien

Aserbaidschan

Turkmenistan

Ramsar

Maschhad

O Teheran

Isfahan

Irak

Ahwas

IRAN

Afghanistan

Mahschahr

Hendidschan

Pakistan

Saudi-Arabien

V.A.E.

Oman

200 km

Jemen

Erste Auflage 2022

KATAPULT-Verlag Greifswald
© Katapult-Verlag GmbH 2022

www.katapult-verlag.de
verlag@katapult-verlag.de

An diesem Buch haben mitgewirkt:
Philipp Bauer, Kristin Gora, Felix Lange, Andreas Lohner,
Sebastian Wolter

Gesetzt aus der Crimson und der Gotham
Druck und Bindung: Optimal Media, Röbel
Papier: Enviro Top U Recyclingpapier

ISBN 978-3-948923-36-5

PARTNER
Naturpark
Nossentiner / Schwinzer Heide
www.optimal-media.com/naturschutzprojekt-001

Eskandar Abadi
Aus dem Leben eines Blindgängers

ROMAN

KATAPULT

Meiner Tochter Mahan, die mich lieben gelehrt,
und meinem Wahlverwandten Reinhard, der mir Schauen beschert.

INHALTSVERZEICHNIS

DIE AKTENTASCHE

Nächste Woche soll ich das Manuskript abgeben, das mich die letzten drei Jahre meines Lebens gekostet hat. Bestimmt habe ich mehr Zeit und Energie in dieses verfluchte Werk gesteckt als Nader. Außerdem hat Lilith mich vor drei Wochen verlassen, obwohl ihr mein Blindsein gar nichts ausgemacht hatte.

Nein, es waren nur die paar Zigaretten, kleine Fläschchen Schnaps und das gelegentliche Kiffen gewesen, das ich einfach als kleinen Ansporn gebraucht hatte, um nicht wegen dieses Textes in den Abgrund der Verzweiflung zu stürzen. Meine Wohnung ist sicher nicht die schönste und größte und die auf dem Teppichboden liegende Matratze nicht die breiteste, wahrscheinlich auch nicht die sauberste, aber bislang hatte sich Lilith nie an diesen Äußerlichkeiten hier im zwölften Stock meiner Betonburg in Frankfurt-Niederrad gestört. Nein, letztendlich waren es diese vermaledeiten Bruchstücke eines Lebenslaufs, die uns entzweit haben. Auch sie wollte sicherlich nur körperliche Intimität von mir, die mollige Lilith. Denn – und das habe ich daran gemerkt, in welch sachlichem Ton meine Freunde immer mit ihr sprachen – eine Schönheit ist sie bestimmt nicht.

„Du lebst ja sowieso nur im Alkoholdunst und der Rauchwolke deiner iranischen Vergangenheit", waren ihre letzten Worte gewesen. Damit ließ sie mich und Nader alleine. Nader wiederum begleitet mich seit nunmehr achtundzwanzig Jahren in Form einer aufklappbaren, billigen Kunstledertasche, in der sich etliche Konvolute in Blindenschrift und viele Audiokassetten befanden. Die Tasche musste ich öffnen, als Frau Fadensticker vom Sozialamt mich vor drei Jahren zu einem Psychologen schickte, der meine Arbeitsfähigkeit begutachten sollte. Das Unfähigkeitsgeschenk erhielt ich schon nach der ersten Sitzung. Zudem riet mir der Seelenzergliederer, mein Leben aufzuschreiben, um meiner Depressionen Herr zu werden. Nächtelang saß ich vor meinem Computer und hörte mir das beruhigende Rauschen seiner Lüftung an, ohne je auch nur einen Finger über die Tastatur – wie ein Geier über seinem Opfer – kreisen zu lassen. Zwischen Bierflaschen, Winston-Stangen, türkischem Raki und gespannt wartender Sprachausgabe meines Computers ließ ich mein bisheriges Leben vor meinem inneren Auge Revue passieren; das trieb mich nur noch tiefer in die Depression, denn was gab es schon zu finden außer eben Raki, Bier und der Sprachausgabe des Computers?

Dann, kurz bevor ich mich aus dem Fenster in eine sogar mir unbekannte Finsternis stürzte, fiel mir Nader wieder ein: Ich hatte doch noch immer diese Tasche mit seinen Erinnerungen. Zusammen mit der Tasche hatte Nader mir viertausendfünfhundert Toman gegeben, die ich bereits bei meiner Ankunft in Istanbul in tausenddreihundert Deutsche Mark umgetauscht hatte. Längst ist dieser Betrag in Überlebensmittel für mich aufgegangen und ich rechne nicht damit, Nader jemals wiederzusehen. Aber ich bin kein „Geldfresser", wie die Perser jemanden nennen, der anderen das Geld aus der Tasche zieht. Eigentlich ist Nader an meinem verpfuschten Leben schuld! Zwar bin ich innerhalb kurzer Zeit offiziell als politisch Verfolgter anerkannt worden, zwar habe ich rasch die deutsche Sprache besser gelernt als viele Sehende, habe Sonderpädagogik studiert und bei Professor Lampert eine Magisterarbeit mit dem Thema *Die Darstellung von Blinden in der europäischen Literatur der Frühen Neuzeit* angefangen, dennoch starrte mich diese verfluchte Tasche so durchdringend und beharrlich an, dass ich dies auch als Blinder sehen konnte. Im Traum lag sie zuweilen auf meiner Brust und drückte mir den Atem ab. Im Seminar verwandelte sich Professor Lamperts sanfte Stimme oft in den schnarrenden Ton des iranischen Grenzbeamten, der Nader zurückgepfiffen und abgeführt hatte. Im *Schluckspecht,* der Kneipe nahe der S-Bahn in Niederrad, starrten die Leute mich an. Wer würde mir glauben, dass ich als Blinder den Vorwurf in den Augen der Menschen wahrnahm, die mich wegen des bisschen Geldes mit ihren Blicken durchstachen?

Ja, ich habe mein Studium nicht beendet und stattdessen jahrelang in der Mensa gesessen, um mit Gleichgesinnten in dem wie ein Fabrikbau widerhallenden Raum über einen Ausweg aus der iranischen Misere nachzusinnen. Ja, ja ich habe unzählige historische und philosophische Bücher gelesen, beziehungsweise sie mir lieber von Studentinnen vorlesen lassen, statt etwas Sinnvolles und Praktisches zu tun. Ja, ja und wieder ja, im Gegensatz zu mir ist aus meinen Freunden was geworden: einer ist Masseur, ein anderer programmiert Sprachausgaben für Blinde.

Wie unser großer persischer Nationaldichter Saadi in seinem poetischen Meisterwerk *Rosengarten* sagt: „Ein Weiser ohne Werk ist wie eine Biene ohne Honig." Aber Saadi hat gut reden. Bienen haben keinen Nader, der ihnen eine schwere Tasche hinterlassen hat.

Ich kenne den Weg zum Arbeitsamt besser als die Entfernung zwischen Feuerzeugflamme und Zigarettenspitze, und ich bemerke die unangenehme Präsenz von Frau Fadensticker selbst in einem Menschenauflauf: ihr süßliches Parfüm und den dumpfen Laut ihrer Stöckelschuhe.

Aber all die kleinen Tätigkeiten und Ablenkungen des Alltags hatten keinen Nutzen. Nie hat mich diese elende Tasche ganz losgelassen; sie ist wie eine Wespe, die aufdringlich um meinen Kopf surrt. Auch wenn ich durchaus über Monate hinweg meine Ruhe hatte, auf kurze Reisen nach Gelsenkirchen oder Pirmasens gehen konnte, auch wenn ich vorübergehende Liebschaften genoss, kehrte dieses grausame Erinnerungsstück immer wieder zu mir zurück. Warum habe ich mich eigentlich nie getraut, dieses Unglücksobjekt zu öffnen?

Zum ersten Mal bemerkte ich die Tasche im Jahre 1980 am Teheraner Busbahnhof. Ich hatte Nader dort getroffen, um zusammen mit ihm Richtung Deutschland aufzubrechen. Der Busbahnhof, noch vom Schahregime geplant, konnte wegen der Islamischen Revolution nicht rechtzeitig fertiggestellt werden. Er war erst wenige Wochen bevor wir aufbrachen per Dekret von Ajatollah Chalchali in Betrieb genommen worden. Dieser Geistliche war der Henker des brandneuen Regimes. Wir kannten den Witz über Chalchali, dass er jeden Mann mit drei Testikeln hinrichten lassen würde, wobei er die Eierzählung natürlich erst nach der Vollstreckung vornahm. Was den Busbahnhof betraf, so hatte es früher verschiedene Stellplätze für die Reisebusfirmen gegeben, die diese aus Gewohnheit nicht räumen wollten, bis vom Ajatollah scharfe Konsequenzen angedroht wurden. Augenblicklich waren alle Stellplätze in den verschiedensten Teheraner Bezirken wie vom Erdboden verschluckt. So kam es, dass Nader und ich uns im neuen Terminal nur mit großer Mühe gefunden hatten, bevor wir den Bus der Firma „Mihantour" bestiegen.

Im vollbesetzten Bus hörte ich anfangs, untypisch für Iran, keinerlei Unterhaltung. In Deutschland ist im öffentlichen Personenverkehr ja alles sauber und ordentlich, im Iran aber waren Reisebusse eher ein vorübergehendes Zuhause, in dem man ungeniert die Schuhe auszog, Melonen aufschnitt, Sonnenblumenkerne aus den Schalen pulte und diese auf den Boden warf – von lebhaften Gesprächen gar nicht zu reden. Hier aber schwieg man merkwürdigerweise. Ob alle, wie ich, dabei waren, ihren Abreisekummer zu verarbeiten?, dachte ich, da rief plötzlich jemand von vorne: „Alle Gläubigen, einen Segensruf auf den Propheten!"

So laut wie möglich rief ich den Segensruf des Salawat, zwei andere taten es mir gleich. Nader boxte mich schmerzhaft in die Seite. „Bist du plötzlich ein Fundamentalist geworden, du Sohn eines Esels?"

„Ich meine alle!", gellte es von vorne.

Zwei weitere Fahrgäste schlossen sich uns dreien an. Ich bekam einen heftigen Tritt und versicherte Nader, nur aus pragmatischen Gründen ins Salawat eingestimmt zu haben.

„Wollt ihr wirklich keine Segensrufe aussprechen?"

Noch eine Person stieß zu unserer Minderheit, die Allah um seinen Segen für die Seele des Propheten bat. Statt sich zu ärgern, forderte der Anstifter zum Segensruf schließlich den Fahrer auf, Musik aus der Zeit vor der Revolution abzuspielen, und rief dabei: „Wir sind ja offenbar unter uns. Dann wollen wir mal bis Istanbul Musik hören und tanzen."

Gelächter schallte durch das ganze Fahrzeug und das übliche Busgeschnatter setzte ein.

Die zwölf Stunden bis zur iranisch-türkischen Grenze in Basargan kamen mir wie eine Ewigkeit vor. Wieder einmal hatte ich Anlass, die alte Distanz zum frechen Nader zu fühlen, insgeheim aber ärgerte ich mich über meine eigene Angst. Nader kannte ich, seit wir vier oder fünf Jahre alt waren, seine extrovertierten Auftritte aber, seine Dickköpfigkeit und einiges, was wir schon im Kindesalter zusammen erlebt hatten, ließen mich immer wieder eine unüberbrückbare Distanz spüren. Ein richtiger Freund konnte er nicht sein, auch wenn er mein Heimgenosse gewesen war. Ich kann mich vage entsinnen, wie seine Eltern den heulenden Nader mit seiner Schwester bei uns im Heim ablieferten; später, in der Grundschule und im Gymnasium, erst recht bei Radio Isfahan, musste er aber immer die erste Geige spielen. Er vermittelte den Eindruck, große und ehrgeizige Ziele zu haben, doch schien mir oft, dass dahinter nur Großmäuligkeit steckte. Ich selbst fand und finde bis heute die kleinen Lebensbonbons angenehmer, die man durch Gefügigkeit erhält, zum Beispiel wenn ich inbrünstig ein Gebet mitsprechen muss und, anstatt an ein Bonbon, dabei eher an Safranreis mit Flugente und Granatapfelsirup denke.

Meine Angst um Nader und mich nahm erheblich zu, als zehn Kilometer vor der Grenze die Pasdaran, wie die Revolutionsgardisten hießen, eine Kontrolle durchführten. Diese Kerle rochen nach Schweiß und Metall. Sie trugen Gewehre und fragten barsch nach unseren Pässen. Einer machte bei unserer Reihe halt und fragte Nader nach seinem Reiseziel.

Mir stockte das Blut in den Adern. Was, wenn ich am Ende allein und ohne den Schutz meines selbstsicheren Freundes die Grenze überschreiten müsste?

Er musste wohl genauso gedacht haben, denn kaum hatten die Revolutionsgardisten den Bus verlassen, schob er seine Tasche unter meinen Sitz und sagte: „Du nimmst das Ding, da sind meine wichtigsten persönlichen Sachen drin. Hier ist außerdem ein kleiner Umschlag mit meinem Geld, das ich im Ausland brauche. Wenn sie mich heute wirklich nicht durchlassen sollten, dann kannst du das alles schon mal nach Deutschland mitnehmen und mir geben, wenn wir uns dort sehen."

Ich lehnte sofort ab, schon allein aus Angst, dass man mich fragen würde, was ich da bei mir hätte. Ich wusste, dass Nader mit der kommunistischen Kampforganisation der Volksfedadschin sympathisierte, und hatte selbst eine Heidenangst vor diesen Menschen, die uns alle eigenen Sachen wegnehmen und sie an andere verteilen wollten. Ich hatte Nader nie nach Einzelheiten seines politischen Engagements gefragt, weil mir alleine schon das Wissen darüber gefährlich erschien. Jedenfalls fürchtete ich, sie würden mich wegen der Tasche festnehmen und foltern. Zitternd wollte ich sie zurückschieben, als der resolute Nader mich auslachte und flüsterte: „Ich habe nicht nur ein politisches Leben, sondern auch ein persönliches. Das hier sind nur Erinnerungen an meine Kindheit. Wenn du's nicht glaubst, lies es, es ist schließlich in Blindenschrift."

Ich traute mich nicht mehr, zu widersprechen. Nader verstand mein Schweigen als Einverständnis und schob die Tasche unmissverständlich ganz auf meine Seite.

Anfangs schien an der Grenze alles zügig vor sich zu gehen, obwohl dort, nach dem dröhnenden Motorenlärm zu urteilen, sehr viele Busse und Laster abgefertigt wurden. Nach etwa einer Stunde war unser Bus dran. Wir wurden samt unserem Gepäck aus dem Bus geholt und mussten durch Schlamm und die eisige Novemberkälte im Gänsemarsch zu einer riesigen, unbeheizten Halle laufen. Gewärmt wurde dieser Raum offenbar nur durch die

Reisenden. Das Ganze war anscheinend mittels einer niedrigen Schranke in ein iranisches und in ein türkisches Gebiet aufgeteilt. Hier befanden sich sowohl die Wartezone als auch Zoll- und Passkontrolle. Ich hörte, wie ein frisch verheiratetes Paar, das links von uns gesessen hatte, den Revolutionsgardisten anflehten, ihnen ihre Goldstücke durchgehen zu lassen. Sie hatten diese, wie das Rascheln verriet, verstecken wollen und in billiges Packpapier gewickelt. Es seien Geschenke für die Verwandtschaft. Ein alter Mann, dessen Stimme seinen dicken Bauch verriet und der im Bus immer wieder Musik haben wollte, bat den Grenzposten weinend, ihn seinen Seidenteppich ausführen zu lassen. Der Teppich sei das einzig Wertvolle, was er besitze, und er nehme ihn immer mit auf Reisen, weil er darauf sein Gebet verrichte. Der Gardist behandelte alle Bittenden wie seine Kinder oder Schäfchen: Gleich, ob er ihren Bitten nachkam oder sie ablehnte, redete er von oben herab und verdächtigte alle Reisenden, in irgendeiner Weise mit dem ehemaligen Regime zu sympathisieren. „In dieser Phase der Revolution", herrschte er die Leute an, „reist man nicht ins unislamische Ausland, erst recht nicht in die Türkei, die heuchelt, ein islamisches Land zu sein."

All dies steigerte meine Ängste ins Unermessliche. Mir war schwindlig, mein Herz schlug bis zu meinen Ohren.

Als wir drankamen, forderte ein Gardist uns auf, alles, *wirklich alles,* aus den Gepäckstücken herauszunehmen, da vor uns derselbe Mann, der beim Losfahren die Fahrgäste dazu aufgerufen hatte, an den Propheten gerichtete Segensrufe anzustimmen, nicht richtig kontrolliert worden war. Er hatte eine Whiskyflasche durchgeschmuggelt. Nun stand er auf der türkischen Seite des Saals, zeigte dem Grenzgardisten wohl einen Vogel und rief nach jedem Schluck aus der Flasche: „Es lebe die Freiheit!" Das tat er so lange, bis er von türkischen Grenzposten weggeführt wurde. Bei der Kontrolle öffnete ich zuerst vorsichtig Naders Tasche und nahm ein dickes Heft heraus. Der Kontrolleur fragte: „Ist das Blindenschrift?"

Heiser brachte ich gerade so ein „Ja" heraus, als der Mann zu mir sagte: „Ist in Ordnung, dein Kram interessiert uns nicht", und mich barsch wegschickte. Ich raffte meine Sachen zusammen und passierte die Schranke.

„Wie heißt du?", hörte ich den Sicherheitsmann Nader fragen.

„Kennen wir uns?", fragte Nader ihn.

„Wie bitte?", fragte der Mann zurück.

„Weil Sie mich duzen", blaffte Nader ihn an.

„Spiel nicht den Anständigen, sondern beantworte meine Frage!"

Ein eisiger Schreck lief durch meinen Bauch. Warum ist er so unvernünftig, so unvorsichtig? Hat er denn keine Angst, erkannt zu werden? Gerade jetzt, so kurz vor der Ausreise, spielt er hier dämlich den Mutigen! Trotz meiner Angst war ich sehr zornig, ich spitzte meine Ohren, um mitzubekommen, was nun folgte, und das Letzte, was ich von Nader hörte, seine Tasche fest in meiner rechten Hand haltend, war: „Sind Sie jetzt fertig mit mir?"

Treuherzig habe ich diese verfluchte Tasche bei jedem Umzug mitgenommen, ohne je ihr Inneres zu inspizieren. Ich hatte zu ihr also ein ganz äußerliches Verhältnis, wie zu meinen Liebschaften, aber es währte um ein Vielfaches länger. Gefühlt habe ich Tausende Mark und Euro für Briefmarken und Telefonate ausgegeben, um Nader nachzuspüren, damit ich ihm dieses Ding zurückgeben kann. Seine Familie hat mir manchmal nichtssagende Antworten geschickt, meist aber gar nicht reagiert. Andere Augengenossen wunderten sich, weshalb ich sie nach seinem Verbleib fragte, hatte ich ihn doch als Letzter gesehen. Ja, genau, *gesehen,* denn wir

Blinden meiden die optischen Ausdrücke nicht, wie die Sehenden oft fälschlich annehmen.

Zwar hatte Nader mir gesagt, dass dieses speckige Behältnis seine persönlichen Erinnerungen enthalte, ich war mir eigentlich aber sicher, politische Propaganda zu finden, die mir nichts als Unannehmlichkeiten bereiten würde. Mein Erstaunen kannte daher keine Grenzen, als ich in meiner Verzweiflung vor nunmehr drei Jahren genauer nachsah, was da als Gewicht an meiner Seele hing. Ich fischte die Tasche aus der Ecke hinter dem kleinen Haufen Klamotten, die ich hatte, und fummelte am Metallverschluss, bis er mit einem Knacken aufsprang und ich einen Riesenschreck bekam. Die Hefte in Blindenschrift waren schlecht gebunden und teilweise auseinandergefallen. Einzeln fielen die Seiten auf den Boden, als ich sie herausholte. Am Grund der Tasche stieß ich auf eine Reihe altmodischer Audiokassetten. Froh, einer der wenigen zu sein, die noch ein passendes Abspielgerät besaßen, hörte ich mir eine zufällig ausgesuchte Kassette an: Naders Stimme schien mir noch viel eindrucksvoller als früher, war sie doch ein tiefer Bass und ausgesprochen voluminös, während seine Gestalt dünn und schmächtig gewesen war. Er schien durch die reine Gegenwart dieser massiven Stimme noch gewichtiger zu wirken und sofort kamen mir die Radioauftritte mit ihm in der Tadsch-Gasse in den Sinn ... mit dem zerlumpten alten Mann, der uns bei schlechten Aufnahmen in der Pause Tee brachte ... der an einer stinkenden Teheraner Kebab-Bude gefasste Entschluss, nach Deutschland aufzubrechen. Nach ein paar Minuten bemerkte ich, dass ich gar nicht darauf achtete, was Nader da aufs Band gesprochen hatte, also lauschte ich nun: Ja, es schien tatsächlich ein Teil aus seinem Leben zu sein.

Die nächsten Monate rackerte ich mich damit ab, diese Hör- und Papierfetzen eines Lebens so weit wie möglich zu sortieren

– mithilfe von Alkohol, Tabak, der Sprachausgabe des Computers und meinem Kassettenrekorder. Mich verließ das Gefühl nicht, in Naders Schuld zu stehen. Ich bemerkte, dass die Textfragmente bis direkt an die Tage vor unserer Abfahrt heranreichten, und fragte mich, wie die Geschichte ausgegangen wäre, wenn er sich an der Grenze anders verhalten hätte. Wer weiß, ob er überhaupt noch lebt; meine Karriere hin zur Arbeitslosigkeit wäre auf jeden Fall ganz anders verlaufen. Und da waren ja auch noch die viertausendfünfhundert Toman gewesen ... Ich saugte also sämtliche Einzelheiten aus Naders Erinnerungen auf, in all ihrem zeitlichen Wirrwarr, weil ich wusste, dass sich für ihn sogar der Geruch von verfaulten Melonenschalen in der Abschar-Straße von meinen Wahrnehmungen deutlich unterschied, obwohl uns Blinden immer wieder von den Sehenden brutal zu verstehen gegeben wird, wir seien doch alle gleich. Wenn ich vor einem Fahrscheinautomaten mit Touchscreen stehe, dann beschleicht mich manchmal das Gefühl, dieser Vorwurf sei sogar berechtigt. Aber sie irren sich, diese Voyeure. Wo Nader auf einer seiner Kassetten brummt, der Begriff „Rot" sei für ihn ein Anzeichen von Hitze, kann ich dem überhaupt nicht folgen. Angelika, meine damalige Freundin, bestärkte mich anfangs in meinen Lesebemühungen, doch nach einiger Zeit hatte sie genug von meinen ewigen Fragen, ob sie mir beim Zusammensetzen eines ihr völlig unbekannten Lebens helfen könne.

„Ich bin mit dir zusammen, nicht mit Nader, schreib doch deine eigene Biografie", ärgerte sie sich. Sie wusste ja nichts von dem Geld, das er mir überlassen hatte. Alle Schokoladengeschenke halfen nichts, irgendwann, als ich gerade über Naders Geburt nachsann, schlug sie die Tür hinter sich zu und beantwortete meine Anrufe nicht mehr. Allein gelassen beschloss ich, einmal selbst derjenige zu sein, der sich von jemand anderem trennte. Das ging nur, wenn ich Nader so vollständig wieder zum Leben erweckte, dass er eine von mir getrennte, komplett stillgestellte Textexistenz führen konnte.

Mein erstes Problem hierbei war die Lückenhaftigkeit seiner Hinterlassenschaften. Das Sammelsurium aus Episoden in eine zusammenhängende Erzählung zu verwandeln, würde auf keinen Fall ohne Hinzufügungen möglich sein. Naders Stil schien mir an vielen Stellen holprig, jedoch wollte ich seine Stimme nicht verbiegen; ich habe mich sklavisch an die vorhandenen Formulierungen gehalten. Auch seine Beobachtungen und Behauptungen schienen mir manchmal ans Absurde zu grenzen – und kamen mir dabei doch allzu vertraut vor. Ich habe mich so intensiv in diese Geschichten hineingearbeitet, dass ich manchmal vermeinte, mich an das Leben Naders statt an mein eigenes zu erinnern, wenn ich über meine unselige Vergangenheit nachdachte. Ich begann Erzähllücken einfach mit meinen eigenen Fantasien zu füllen, wofür ich Naders Ton nachzuahmen versuchte … Und dann war da noch jene Kassette mit der unverständlichen Ansammlung von Naders eigenen Nacherzählungen dessen, was seine Eltern und Verwandten ihm wohl über seine Geburt und frühen Jahre erzählt hatten. Niemals würde sich das in einen sinnvollen Text übertragen lassen; ich habe mir daher weit mehr Freiheit in der Ausführung erlauben müssen als anderswo.

Tatsächlich verspüre ich eine gewisse Genugtuung, diesem iranischen Leben einen deutschen Ausdruck verliehen zu haben, ja, Nader selbst nach Deutschland gebracht zu haben, damit er dort sein eigenes Leben führen kann. Unter Mühen habe ich Naders Sprachduktus aus dem Persischen ins Deutsche übertragen. Natürlich ist er dabei nicht ganz der Alte geblieben – aber wer ändert sich im Laufe seines Lebens nicht? Leb wohl, Nader, in deiner neuen Umgebung!

DER MITTAG DES VIERZEHNTEN ABAN
UND SEINE FOLGEN

1959 war das Jahr, in welchem sich die Erde eine Tausendstelsekunde langsamer um die eigene Achse drehte, das Jahr, in dem der Dalai Lama nach Indien floh und die UN die Erklärung der Kinderrechte verabschiedete, das Jahr, in dem der erste Papierkopierer gebaut wurde, Algerien und Madagaskar auf dem Weg zur Unabhängigkeit waren und Amerikaner und Sowjets sich einander näherten. Nach iranisch-islamischer Zeitrechnung schrieb man das Jahr 1338, ein besonderes Schaltjahr, welches alle dreißig Jahre vorkommt und bewirkt, dass die entsprechenden christlichen Datumsangaben sich um einen Tag verschieben. Der vierzehnte Aban 1338, ein Freitag, fiel also auf den sechsten November. An diesem Herbsttag war das Wetter in Mahschahr (oder Maschour, wie die Stadt damals hieß) ziemlich frisch. Die Teheraner Klatschblätter hatten geschrieben, dass dieses Jahr die Bettler, die in die Südprovinzen gezogen waren, sehr enttäuschen würde und zahlreiche Obdachlose wegen der Kälte ums Leben kämen. Tatsächlich schneite es in Laridschan schon und im östlichen Kerman herrschten minus acht Grad.

Die wichtigste Nachricht in den Medien betraf Farah Diba, die zukünftige Königin Irans: Es hieß, sie habe endlich ihr passendes Hochzeitskleid gefunden. In noch größeren Lettern konnte man die Ankündigung lesen, dass der amerikanische Präsident Eisenhower im nächsten Monat in den Iran reisen werde. Zur gleichen Zeit berichteten Journalisten von öffentlichen Auspeitschungen und Hinrichtungen, die von Tausenden Schaulustigen besucht wurden. Das Volk hatte allenthalben seine Feierlichkeiten.

In einem für die damalige Zeit modernen Reihenhaus, das die iranische Ölgesellschaft AIOC ihren Arbeitern zur Miete gebaut hatte, wohnten drei Familien zusammen: Touran, eine resolute, laute Frau mit vier Kindern, ihr Bruder Mohammadali samt Frau und drei Kindern, sowie ihr zweiter, jüngerer Bruder Nourali mit Frau und einem Kind.

Die Hebamme des Bezirks Kwatera betrat den Hof dieses Hauses, steuerte um einen Berg verfaulender Melonenschalen neben dem Eingang herum und trat ins Innere. Sie war gekommen, um Nouralis schwangere Frau zu entbinden. Alle meinten zu wissen, dass es ein Junge werden würde, weil Fereschtehs Bauch sich kaum seitlich, sondern vor allem nach vorne herausgestülpt hatte. Die Großeltern waren eigens aus ihrem Heimatdorf Hendidschan angereist. Im Gegensatz zu anderen Frauen schrie Fereschteh nicht, sie stöhnte nur. Sie schämte sich für ihr erstes Kind Nasrin, das nicht nur ein Mädchen, sondern auch noch blind war. Die Hebamme bemühte sich um die Gebärende abwechselnd mit heißem und kaltem Wasser und sprach beruhigend auf sie ein, doch dann, ganz plötzlich, herrschte sie Fereschteh an, sie solle gefälligst drücken und schreien, damit das Baby schneller herauskomme. Als Zeichen, dass es kurz vor zwölf, also vor dem Mittagsgebetsruf sei, spielte das Radio das Ticken einer Wanduhr, dann erklang das „Haje Allassalat", der

Ruf zum Gebet. Doch niemand rührte sich vom Fleck, und plötzlich übertönte das Gewinsel eines Babys das Radio.

„Wer ist hier das Kind und wer die Mutter?", beschimpfte die Hebamme halb vorwurfsvoll, halb fröhlich die schluchzende Fereschteh. „Warum weinst du denn? Es ist doch raus! Es ist ein Junge. Hörst du? Ein Junge!"

Doch Fereschteh wollte sich nicht beruhigen. Sie schluchzte und schüttelte sich und niemand wusste, ob vor Freude oder Kummer, vor Schmerzen oder Anspannung.

„Du hast eine starke Gebärmutter, Fereschteh", sagte die Hebamme ruhig. „Wenn Nourali Manns genug ist, kannst du ihm zehn Jungen gebären, den hier noch gar nicht mitgezählt, das sage ich dir." Sie wischte sich mit dem Unterarm den Schweiß von der Stirn und fuhr fort: „Aber er ist nicht Manns genug. Statt mir meinen Lohn in die Hand zu drücken, steht er wie versteinert an der Tür und denkt, er könne gleich feststellen, ob das Kind gesund sei." Verächtlich stieß sie den Atem aus. „Weißt du noch, als ich vor drei Jahren Nasrin auf die Welt brachte, da hätte er mich mit seinen Blicken fast gefickt. Und was hat Gott getan? Das arme Mädchen erblindete. Dann kam dein erster Sohn auf die Welt – tot, und Nourali warf mich grob aus dem Haus. Und jetzt?"

Nourali kam ins Zimmer und drückte der Hebamme mit roher Gewalt zwei Toman in die Hand. Während das Kind an Fereschtehs Brust nuckelte, versuchten alle, einen Blick auf seine Augen zu erhaschen. Die Hebamme sang beinahe: „Morgen schaue ich nach dir. Wenn die Männer beim Arbeiten sind, sind wir unter uns."

Die Großeltern kamen in den Hof und betrachteten das Kind. Nouralis Mutter Mahtab jammerte: „Oh Gott, der Junge ist blind! Ich weiß es. Seine Augen sind tot!"

Fereschtehs Mutter Fatemeh schrie: „Was redest du für einen

Quatsch? Ein Baby kann doch bei der Geburt sowieso nichts sehen."

Sie fauchten sich an und wollten an das Kind, um die Augen zu begutachten – jede, um ihre eigene Meinung bestätigt zu sehen. Nouralis Vater beruhigte die beiden, nahm das Baby in die Hand und taufte es auf den Namen Nader. „Vielleicht wird aus ihm ein ebenso edler Mensch wie der große König Nader Schah", hoffte er.

„Ob Nader der Große bei seiner Geburt wohl auch so laut war?", witzelte eine hinzugekommene Nachbarin.

„Der Apfel fällt nicht weit vom Stamm", sagte Fereschtehs Mutter tadelnd zu Nourali, der die Schaulustigen zum Gehen ermahnte.

Nader schien aus nicht viel mehr als seinem Mund zu bestehen, mit dem er entweder an Fereschtehs Brüsten nuckelte oder versuchsweise Säuglingsgeschrei von sich gab und damit die neugierigen Nachbarn ergötzte, die sich einfach nicht zerstreuen wollten. Im großen Wohnzimmer war genug zu essen und zu naschen für dreißig Leute aufgestellt, richtige Freude wollte aber bei keinem der Gäste aufkommen. Das Kind wurde herumgereicht; da war kaum jemand, der nicht mit den Fingern die Augen des Neugeborenen vorsichtig zu öffnen versuchte und rätselte, ob das Kind etwas wahrnähme. Endlich nahm Nourali das Baby auf den Arm und stellte fest: „Ja, er sieht wie Nasrin aus. Das muss aber nichts heißen. Hoffen wir auf Gott und werfen wir lieber keinen bösen Blick auf das Kind."

Er warf das Kind beinahe in Fereschtehs Arme und den Gästen gleichzeitig einen Abschiedsblick zu. Alle wussten, dass nun die Zeit gekommen war, Mittagsschlaf zu halten. Touran und Mohammadalis Frau sammelten ihre Kinder ein und zogen sich in ihre Zimmer zurück. Nourali ging zu seinem Bruder und zu seinen Eltern und ließ Fereschteh mit dem Baby allein, da er wusste, dass er sonst nicht würde schlafen können. So kam es, vielleicht zum ersten Mal, dass Fereschteh ein ganzes Zimmer für sich allein hatte.

In dem anderen kleinen Hinterzimmer hockte Nasrin zusammengekauert auf dem Boden. Sie war die Einzige, die nichts zu essen bekommen hatte, da die Mutter kraftlos auf dem Wochenbett lag, die Einzige, die, statt Mittagsschlaf zu halten, leise schluchzte, weil sie die Vorwürfe gegen den neuen Bruder sehr wohl verstand.

„Kind, was treibst du dort?", rief Fereschteh, so laut sie konnte.

„Ich schlafe", log Nasrin.

„Erzähl mir nichts. Komm her und probier, wie dein neuer Mitspieler sich anfühlt."

„Warum hast du denn geweint?", fragte Fereschteh ihre Tochter und richtete sich im Bett auf.

„Mama, ist Blindheit eine Strafe Gottes?", fragte die Kleine mit tränenerstickter Stimme.

„Alles liegt in Gottes Hand, Kindchen", redete Fereschteh sich heraus.

„Aber ich habe nichts Schlechtes getan, ich habe wirklich versucht, zu schlafen", entschuldigte sich Nasrin, wusste jedoch nicht, bei wem.

„Mein Liebstes! Kinder sündigen nie, und jedes Kind ist gut. Auch du, auch du bist sehr lieb", stotterte Fereschteh, die ihre Tränen zurückhalten musste.

„Wenn Nader ebenfalls blind ist, dann können wir viel besser zusammen spielen", freute sich Nasrin und vergaß ihren Kummer.

„Kein Wort darüber!", schrie Fereschteh entsetzt und betrachtete die Babyaugen, die nichts preisgaben. „Geh und versuch zu schlafen, solange das Baby ruhig ist", befahl sie, aber sie bereute es sogleich, so mit der unschuldigen Tochter gesprochen zu haben, und rief sie zurück. „Kindchen, was hast du denn überhaupt zu Mittag gegessen?"

„Ich habe keinen Hunger, Mama, aber gleich kommt Bibi", antwortete Nasrin und da platzte Fereschtehs Mutter auch schon herein. Als wäre sie die ganze Zeit im Nebenzimmer gewesen, rief sie: „Meine Nasrin hat nichts gegessen? Das ist eine große Sünde. Wie konnte ich sie übersehen? Siehst du, Fereschteh, wir sind blind, nicht sie. Komm Kindchen, ich mache eine Schüssel Reis, nur für dich."

Sie trug die Worte wie ein Gebet vor und tischte Nasrin in kürzester Zeit den Reis auf. „Auch du musst was essen", sagte sie zu Fereschteh, „sonst bist du bis Montag nicht auf den Beinen und ich kann nicht zu meinen Schafen zurück. Nun iss schon! Ich habe genug damit zu tun, deinen Vater zu bemuttern. Das reicht mir völlig. Er ist mir ein größeres Sorgenkind als dein Nader hier", klagte Fatemeh und räumte dabei gleichzeitig das Wohnzimmer auf, holte Essen aus der Küche und stellte Obst auf das am Boden ausgebreitete Esstuch.

„Bibi", schmatzte Nasrin, „ist Blindheit schlimm?"

„Kommt drauf an, auf welchem Auge", sagte die Alte. „Wenn du auf deinem inneren Auge blind bist, ist es schlimmer."

„Wo ist das innere Auge?", wunderte sich Nasrin und betastete mit schmutzigen Händen ihren Körper.

„Im Herzen, mein Kind. Wenn du nicht an Gott glaubst oder wenn du, wie die Männer, deine Frau schlägst und fremde Frauen anglotzt, bist du auf dem inneren Auge blind", predigte Fatemeh.

„Was bedeutet anglotzen?", fragte Nasrin.

„Wenn du deine Augen benutzt wie ein Messer, das sticht", meinte Bibi.

„Ein Messer kommt aus den Augen raus? Kann ich das auch?", fragte Nasrin und kam sich sehr klug vor.

„Weißt du, mein Kind, die Männer sehen die Frauen mit normalen

Augen an, aber mit ihren inneren Augen sind sie blind. Aber du redest zu viel, Kindchen. Iss auf. Gleich stürmt das Volk herein und will bedient werden", sagte die Großmutter und beendete so das Gespräch. Sie war die höchste Autorität im Haus.

Bibi Fatemeh fuhr nicht zu ihren Schafen ins Dorf zurück, obwohl ihre Tochter schon am Tag nach der Geburt wieder auf den Beinen war. An besagtem Montag hatte sich nämlich auch ihre Vermutung bestärkt, dass das Neugeborene blind sei. Als sie mit ihrer Tochter darüber sprach, verkrampfte sich deren Gesicht. Fereschteh blickte ins Leere, brachte keinen Ton hervor und blieb wie versteinert sitzen. Dann rannte sie plötzlich mit dem Baby auf dem Arm, aber ohne Kopftuch, auf die Straße und begann, wie es bei Hochzeiten üblich war, zu trillern und zu tanzen. Die jungen Männer waren alle bei der Arbeit und keine der Frauen brachte den Mut auf, sie zu schnappen und nach Hause zu schleppen. Sie sang Hochzeitslieder, lachte, weinte, übertönte das Geschrei ihres Kindes und stillte es in aller Öffentlichkeit. Schaulustige gab es von Minute zu Minute mehr. Einige trillerten mit, andere sprachen davon, Nourali holen zu müssen, Kinder warfen Steine in Fereschtehs Richtung, doch keiner verließ die Straße, denn offenbar wollte sich niemand das Spektakel entgehen lassen.

„Es wird spät, Nader, wir müssen schnell beten", schrie Fereschteh, legte einen Stein vor sich und richtete sich, das Baby an der Brust, zum Gebet auf. Sie verrichtete ihr Gebet und kniete nieder, um Segenswünsche an den Propheten und die Tugendhaften auszusprechen, doch anstatt fromm zu beten, rief sie: „Oh großer Gott, ich habe mit dir zu reden, ich habe Fragen an dich, die du bestimmt nicht beantwortest, denn du sprichst ja nur mit Menschen, die du liebst. Aber was habe ich dir oder irgendjemandem angetan, dass ich hintereinander zwei blinde Kinder gebären muss? Seit Freitag habe ich kein Auge zugetan. Habe ich mir je mehr als ein Stück Brot und eine Schüssel Suppe genommen? Habe ich mich je ausgeruht? Habe ich mich auch nur eine Minute in eine Ecke zurückziehen können? Wenn jemand das Kismet am eigenen Leibe erfahren hat, war ich es doch! Ja, ich hätte gerne Salem gehabt, aber ich habe mich nicht mal an seinem netten männlichen Gesicht sattgesehen. Und da hatten mich meine Eltern noch nicht einmal mit Nourali verlobt! Man darf als sechzehnjähriges Mädchen doch einen Mann interessiert ansehen? War dir das etwa Anlass genug, mir zwei blinde Kinder aufzuzwingen? Was haben die armen Kinder damit zu tun, dass sie deswegen lebenslang leiden müssen? Von wegen Gerechtigkeit! Du sollst ein Freund deiner Knechte, deiner Geschöpfe sein? Du lässt sie im Dunkeln dahinvegetieren. Ich werde sowieso in die Hölle kommen. Muss ich ihr schon auf dieser Welt entgegeneilen? Dem reichen Mann gibst du alles auf der Welt und das Paradies im Jenseits, und uns Frauen bleiben hier Mühsal und dort die Hölle. Der arme Thamasian hat doch recht, obwohl er ein Christ ist: Wer hat, dem wird gegeben. Wer nichts hat, dem wird genommen."

Sie seufzte tief, als wäre ihr ein Stein vom Herzen gefallen, dann fing sie an, lautlos zu weinen. Als Zeichen der Niederwerfung vor Gott legte sie das eingewickelte Kind neben sich und ihren Kopf auf einen Fels und schlief auf der Stelle ein.

„Tot", sagte ein barfüßiger Junge auf Arabisch und Persisch und gab ihr einen Tritt.

„Sie ist tot, holt den Nourali!", schrie die dicke Nachbarin, von der man nicht wusste, warum sie immer dicker wurde, obwohl sie immer meckerte, dass sie nichts zu essen bekomme, da schob Fereschtehs Mutter die Menge beiseite und warf ein Tuch über den Kopf ihrer Tochter, nahm das Kind auf den Arm, streichelte es sanft und sandte einen Gruß an den Propheten. „Sie lebt", sagte sie im Gebetston. „Sie lebt, Gott sei Dank. Steht nicht hier herum, holt Nourali!", befahl sie.

Alles wurde still.

Fatemeh massierte die Stirn ihrer Tochter und redete ihr gut zu: „Hörst du mich? Bist du in Ordnung?"

Kurz darauf kam Nourali in Begleitung seines Bruders Mohammadali in einem verbeulten Pick-up angefahren. Sie trugen Fereschteh gerade ins Haus hinein, als ein Krankenwagen eintraf. Ein junger Arzt schob sich durch die Menge und fragte nach der Toten. Er untersuchte Fereschteh und sagte mit Verwunderung: „Die hat aber einen tiefen Schlaf. Ihr fehlt nichts, sie muss nur mit ein paar Hieben wach geschlagen werden, aber das überlasse ich ihrer Sippschaft."

„Nourali", spottete Mohammadali, „du hast doch eine flinke Hand. Nun kannst du sie endlich einmal mit Grund schlagen, sogar aus medizinischen Gründen."

Nourali senkte den Kopf. Mohammadali gab Fereschteh ein paar Ohrfeigen. Sie rührte sich nicht. Fatemeh beruhigte das Kind und fauchte Mohammadali an: „Hör auf, du Teufel! Lass sie ein paar Stunden schlafen, sie wacht schon von selbst wieder auf."

Zu Hause legte man Fereschteh in ihr Wochenbett. Nasrin bekam von Mohammadali einen Klaps und die Anweisung, die Mutter nicht zu stören und sich in das Hinterzimmer zurückzuziehen.

Nourali nahm sich einen längeren Urlaub, um mit Fereschteh und Nader alle Ärzte der näheren Umgebung abzuklappern. Ein Allgemeinarzt mit buschigen Augenbrauen und strengem Mundgeruch meinte, das sei nun mal das Schicksal der Sündigen. Ein Augenarzt ließ Nourali einen Monatslohn bezahlen, bevor die Familie ins

Wartezimmer durfte. Er sah sich den Jungen für drei Minuten an und sagte dann, er könne da leider nichts tun. Drei weitere Ärzte und ein Kurpfuscher enttäuschten die Eltern ebenso. Ein verlässlich scheinender Mann sagte, sie sollten in sechs Monaten oder, noch besser, in zwei Jahren wiederkommen, man könne das Sehvermögen eines Neugeborenen nicht sinnvoll untersuchen.

Die Einzige, die sich über diese Situation freute, war Nasrin. Sie lernte die Namen aller Ärzte, und diese schenkten ihr, manche voller Bewunderung, Bonbons und Spielzeug. Sie konnte sich nicht erinnern, jemals so viele Auto- und Busfahrten in solch kurzer Zeit unternommen und so viele Menschen besucht zu haben. Sogar an den Untersuchungen hatte sie Spaß, tapfer ließ sie sich Augentropfen geben.

Zu Hause stritten sich die Großmütter lautstark. Nouralis Mutter verfluchte Fereschteh als Strafe Gottes und wiederholte ständig: „Das liegt in eurer Familie!" Fatemeh erinnerte sie jedes Mal daran, dass ihr Großvater der Bruder von Fereschtehs Urgroßmutter gewesen sei und sie deshalb alle aus einem Blut seien. Doch Nouralis Mutter stachelte mit ihren Verwünschungen die übrigen Verwandten an: Sie forderten, diese schlechten Zeichen Gottes loszuwerden, und beteten, man möge sie samt Familie schnellstmöglich davon befreien. Schließlich nahmen Fereschtehs Eltern ihre Tochter und die Kinder mit aufs Dorf.

Dort, in einem Gehöft, dessen Bauten aus luftgetrockneten Lehmziegeln einen erdigen Duft verbreiteten, waren die Nachbarn weit genug entfernt, dass Fereschteh nicht dauernden Beleidigungen, Angriffen und Mitleidsbekundungen ob ihrer Sündenhaftigkeit ausgesetzt war. Die Luft war sauberer, aber das Haus voller Ungeziefer.

Nourali besuchte sie nur am Wochenende und meckerte jedes

Mal, wie schlecht es ihm ergehe. „Alle haben einerseits Mitleid mit mir, andererseits höre ich aber, wie hinter meinem Rücken über mich gesprochen wird. Selbst die Arbeitskollegen, die bisher nicht einmal wussten, dass ich eine blinde Tochter habe, wissen nun alles über mich, meine Familie und meine Vergangenheit. Mein Vorarbeiter, von dem gemunkelt wurde, er sei Spion der Werkssicherheit, meinte gespielt freundlich, Gott habe mich dafür bestraft, politisch aktiv geworden zu sein. Er spielte sicher auf meine Teilnahme am Streik gegen die Engländer zur Verstaatlichung der Ölindustrie unter Premierminister Mossadegh an." Er müsse etwas gegen diese verzwickte Situation tun, sagte Nourali.

Eines Nachts brach es aus ihm heraus: „Ich liebe meine Kinder genauso wie du, trotzdem müssen wir irgendwie eine Lösung für diese Situation finden. Ich bringe die Kinder an den Brunnen außerhalb des Dorfes, und du kommst und ertappst mich dabei."

Fereschteh sprang wie eine wilde Katze auf und rannte – genau wie in Mahschahr, nur mitten in der Nacht – mit Nader auf dem Arm und Nasrin fest an der linken Hand auf die Felder hinaus. Wieder begann sie, zu trillern und zu singen. Nourali überwand nach einer Weile seinen Schock und lief ihr hinterher. Jetzt kamen auch die Dorfbewohner, ausgerüstet mit Kerzen und kleinen Fackeln, und kreisten sie ein. Nourali schlug auf Fereschteh ein, doch sie ließ die Kinder nicht los, sie schrie und zappelte so heftig, als hätte sie plötzlich die Kraft von drei Menschen. Niemandem gelang es, sie ruhigzustellen. Nasrin weinte lautlos und Nader bekam vor lauter Schreien zum ersten Mal im Leben eine heisere Stimme, da wurde es plötzlich still: Durch einen sich öffnenden schmalen Korridor in der Menschenmenge kam Fatemeh nach vorne. Sie schob Nourali und die anderen Männer und Frauen beiseite und redete auf ihre Tochter ein, gleichzeitig schien sie aber alle anzusprechen: „Solange ich lebe, wird niemand deinen Kindern etwas antun. Blind hin, Gottesstrafe her. Das sind auch Gottesgeschöpfe, und wenn jemand mein Haus betritt, um nur einen bösen Blick auf diese Kinder zu werfen, schmeiße ich ihn in den Brunnen, in den dieses Scheusal meine Enkel zu werfen gedachte, und sei es mein eigener Mann, der nur davon lebt, dass er ein Nachkomme des Propheten ist."

Dann küsste sie die Tochter und ihre beiden Enkel auf den Kopf und sie beruhigten sich sofort – als hätten alle drei Schnuller in ihre Münder bekommen. Fereschteh samt Nader und Nasrin folgten ihr nach Hause. Die Menge zerstreute sich ohne weiteres Gerede. Nourali schlief in dieser Nacht nicht bei seiner Frau. Er ging ins Nachbardorf, zu seinem jüngeren Bruder, der ihm bei seinem Plan zu Hilfe hatte kommen sollen. Dieser Mann war für seine Wortkargheit bekannt und kommentierte die Tränen seines Bruders mit keinem Wort. Er konnte nicht wissen, weshalb Nourali weinte: Aus Freude über die Rettung der Kinder, wegen des Verlusts seiner Manneswürde im Dorf, oder weil er weiterhin als schuldiges und bestraftes Gottesgeschöpf gelten würde? Hätte man ihn gefragt, hätte Nourali es wahrscheinlich selbst nicht gewusst.

Er lag auf seinem Strohsack und konnte es kaum erwarten, sein Morgengebet zu verrichten, um mit Gott zu reden, oder besser: Gott zur Rede zu stellen. Er konnte sich nicht erinnern, je so fieberhaft das Morgengebet herbeigesehnt zu haben. Unzählige Male schaute er auf seine Uhr, ging grundlos zur Toilette, trank Wasser und wälzte sich auf dem Strohsack hin und her, bis es endlich so weit war. Er verrichtete die zwei Gebetszyklen in einer Geschwindigkeit, wie man sie sonst nur von Jugendlichen kennt, die nur beten, weil ihre Eltern sie dazu zwingen. Nach anderthalb Minuten, die ihm wie eine Ewigkeit schienen, kam er zum Schluss, kniete sich nieder, sandte seine Grüße an den Propheten und an die tugendhaften Knechte Gottes und sprach laut und feierlich: „Du bist doch allwissend und gerecht. Zähle mir hier, vor mir und dir, meine Sünden und Widrigkeiten auf. Ein ganzes Leben habe ich nur geschuftet und keinen Mucks gemacht. Die Schläge meiner Eltern habe ich brav und ohne Widerstand empfangen und selbst meine Frau habe ich immer nur mäßig geschlagen. Ich habe weder gestohlen noch betrogen ... Wenn ich mal lügen musste, dann nur aus der Not heraus. Wenn ich mal eine Frau begierig anblicken musste oder ihr gar nachlief, dann war es doch nur mein Männerinstinkt, der mich dazu trieb. Warum muss ich dann so von dir bestraft werden? Machen das nicht andere Männer auch? Angenommen, ich wäre das schlechteste deiner Schafe, müssen dann meine Kinder dafür bestraft werden? Du barmherziger, gerechter Gott, willst du uns nach dem alten Sprichwort leben lassen, ‚In Balch hat jemand etwas verbrochen, in Schuschtar wurde einem anderen der Schädel zerbrochen‘? Ich darf nicht wagen, dir ein Ultimatum zu stellen, aber mir selbst habe ich eins gestellt: Ich habe mich vor Angst, ein drittes blindes Kind zu empfangen, von meiner Frau entfernt. Und ich weiß: Von dir darf ich keine Barmherzigkeit, noch nicht einmal Gerechtigkeit erwarten. Was auch passiert, meine Manneslust werde ich nicht weiter unterdrücken, ob du mir dabei hilfst oder mir wieder Katastrophen schickst. Und ich mache aus meinen Kindern richtige, vollwertige Menschen. Aber wenn du mir schon nicht helfen willst, so lege mir bitte zumindest keine Steine in den Weg. Ich will nützliche Kinder erziehen."

Er sandte wiederum Grüße an den Propheten, an die Tugendhaften und an Adressaten, von denen er nicht wusste, wer sie waren.

An Nader schienen nur seine Hände, seine Füße und seine Zunge zu wachsen. Bald lernte er laufen, er wackelte auf dem Hof herum, griff nach allen Sachen und Menschen und quälte allen voran seine Mutter ständig mit der Frage: „Was ist das?"

Die geduldigste Erklärerin für den kleinen Nader aber war Fatemeh: Sie nahm den inzwischen dreijährigen Jungen mit in den Hühner- und Rinderstall, zeigte ihm alles, womit eine Schäferin zu tun hatte, und machte sich nichts daraus, wenn er sich immer wieder seinen Kopf an Hindernissen stieß.

Auch Fereschteh versuchte, seine Fragen zu beantworten, und ließ ihn seine Nase überall hineinstecken. Nur während des Brotbackens hatte sie schreckliche Angst: Er ging immer so nahe ans Feuer heran, weil er selbst backen wollte. Der Tannur, ein oben offener Lehmzylinder, wurde von der Seite mit Reisig beheizt und war sehr heiß. Flammen schlugen oben bis an die Öffnung, wenn Fereschteh die Fladenbrote für kurze Zeit innen an die heißen Lehmwände klebte. Sie stellte Nader währenddessen vorsichtshalber in einen riesigen, in einigem Abstand aufgestellten Zuber aus Holz, aus dem er nicht alleine herauskam. Nader versuchte es dennoch immer wieder, er zog sich am Rand hoch und hatte Spaß an der Sache, als machte er Gymnastik.

Die Mutter buk ihm und Nasrin immer ein winziges, frisches, ganz heißes Stück Fladenbrot, das sie mit Genuss betasteten und mit dem sie ein wenig spielten, indem sie daran zogen und es einrollten. Dann erst aßen sie es – und verlangten wieder und wieder Nachschub.

Nourali besuchte sie immer seltener.

Im Winter schien etwas Wichtiges im Gange zu sein. Das Haus war immer voller Gäste, und Fatemehs Mann, der normalerweise sehr wortkarg war, diskutierte heftig mit Männern, die Nader noch nie gehört hatte. Die Erwachsenen schienen immer weniger Zeit für ihn zu haben. Selbst Fatemeh war ungeduldiger geworden und nahm ihn immer seltener mit sich zur Weide oder in die Ställe. Sie verfluchte „die Leute, die unsere Existenz zerstört und uns das kleine Grundstück weggenommen haben".

„Oma, wer hat euch das Grundstück weggenommen?", fragte Nader.

„Das verstehst du nicht, mein Junge", seufzte sie. „Unser Grundstück lag zwischen zwei Dörfern und jetzt mussten wir es unter unseren Arbeitern aufteilen. Wir müssen fortan sparsamer leben. Dein Vater begleitet euch in die Stadt."

Nader war zwar traurig, von seiner Oma fortzumüssen, gleichzeitig aber neugierig auf die Stadt. Nourali lud mit Onkel Mohammadali alles auf dessen Pick-up. Es wurde, wie immer bei Abschieden, geweint und gebetet, den Abfahrenden gab man gute Wünsche mit auf den Weg.

Das Leben in Mahschahr war für Fereschteh und ihre Kinder nahezu unerträglich. Fereschteh musste zusätzlich zum eigenen Haushalt für Mahtab, ihre Schwiegermutter, sorgen, die in der Nähe wohnte und sie ausbeutete. Die Großmutter war im letzten halben Jahr immer unbeweglicher geworden. Die blinden Enkel durften in ihrem Haus nur dann mit anderen spielen, wenn Mahtab von Onkel Mohammadali ins Krankenhaus gefahren wurde.

Nader wunderte sich darüber, wie unterschiedlich Omas sein konnten. Diese hier wollte überhaupt nicht mit ihm und Nasrin spielen, sie erzählte ihnen keine Geschichten und schenkte ihnen nichts. Während andere Verwandte zumindest Mitleid mit den Kindern hatten, manche sogar ihre Entwicklung mit Erstaunen verfolgten und mit Lob begleiteten, schimpfte Mahtab immer und wollte am liebsten nichts mit ihnen zu tun haben. Sie waren eine ständige Erinnerung an die sündig Eingeheiratete.

Wenn aber Nouralis Vater zugegen war, konnten die Kinder Feste feiern. Er spielte mit ihnen und ließ sie auf den Hof zu den anderen Kindern, wo sie dann alle herumtobten. Der Alte bemerkte mit Befriedigung, dass das Blindsein von den Kleinen im Spiel gar nicht richtig wahrgenommen wurde.

Eines Abends kam Nourali freudig erregt nach Hause und hielt eine Ausgabe der Zeitung *Keyhan* in die Höhe.

„Wir werden Professor Schams in Teheran besuchen", rief er. „Er kann den Blinden die Blindheit nehmen, Fereschteh und ich können unseren Kindern jeweils eines unserer Augen geben. Der Professor hat schon Augen transplantiert, hier steht es schwarz auf weiß."

Nouralis Mutter entgegnete ihm rezitierend: „Besser ein heiles Dorf als hundert Trümmerstädte. Wollt ihr erblinden, damit diese armen Würmer vielleicht sehen können?"

„Wir werden dann alle sehen", sagte Nourali feierlich und verlangte nach Essen.

An einem Freitag brachte Mohammadali sie nach Ahwas, von wo aus die Familie mit dem Bus nach Isfahan und von dort weiter nach Teheran fahren sollte. Nader hatte sich trotz des warmen Frühlingswetters erkältet und schlief die ganze Zeit. Von der Reise blieb ihm nichts im Gedächtnis.

Nourali war, wie in seinen ledigen Jahren, wieder zu einem eifrigen Zeitungsleser geworden. Zusätzlich zur Tageszeitung *Keyhan* kaufte er das Wissenschaftsmagazin *Daneschmand* und erzählte Fereschteh fast jeden Tag von Augenheilkundigen und wissenschaftlichen Fortschritten.

Fereschteh, die nichts verstand, sagte nur: „Was Gott will, wird geschehen. Ich liebe meine Kinder, so wie sie sind."

Darauf wandte Nourali sich knurrend ab.

Offenbar hatte Nouralis Brief an Professor Schams große Wirkung gehabt. Die Familie wurde bei ihrem Eintreffen in der Klinik herzlich empfangen. Man brachte die Kinder sofort auf die Station; sie bekamen ein Zimmer mit zwei großen Betten, von denen eines für Fereschteh und Nader vorgesehen war. Nourali nahm sich ein Zimmer in der Nähe der Augenklinik und besuchte sie täglich.

Schon am nächsten Tag wurden die Kinder von einem Assistenzarzt untersucht. Nourali schlug vor, dass die Eltern jeweils eines ihrer Augen den Kindern schenken könnten, aber der Arzt lächelte nur freundlich und hielt Nader dezent von den medizinischen Werkzeugen fern.

„Wer untersucht hier wen, mein Kind?", fragte er spaßeshalber. „Du mich oder ich dich?"

„Ich kann auch untersuchen", gluckste der Junge.

„Ich bin sicher, aus dir wird ein Doktor, aber jetzt bin ich erst einmal dran", antwortete der Arzt. Erstaunlicherweise versuchte Nourali nicht, den Jungen von den Skalpellen wegzuziehen oder auf ihn einzureden.

Als Professor Schams die Kinder am folgenden Tag untersuchte, waren sie schon in der ganzen Klinik bekannt: Nader als der flinke Blinde, Nasrin als die Sängerin. Anders als der Assistenzarzt war Schams nicht sehr gesprächig. Er sprach wohl mehr mit Blicken als mit seiner Zunge. Mit den Kindern redete er fast gar nicht.

An die Eltern gewandt, sagte er: „Es ist nicht so einfach, wie Sie es sich vorstellen. Ein Auge besteht aus vielen Teilen, und bei diesen Kindern ist etwas defekt, das man nicht einfach so auswechseln kann. Das Auge ist nicht nur der Augapfel. Auch im Kopf gibt es Teile des Auges."

„Aber", sagte Nourali in unendlicher Enttäuschung, „Sie haben doch ein Auge transplantiert?!"

Leider, sagte Schams, als hätte er Nourali nicht gehört, seien diese Kinder noch unheilbar, aber nur Gott wisse, was die Wissenschaft in zehn Jahren für solche Leute tun könne. Er verabschiedete sich mit einem väterlichen Blick – und ging.

Als hätte Nader die Antwort des Professors am besten verstanden, kehrte seine Erkältung zurück und er kam erst wieder richtig zu sich, als die Familie bereits einen Tag zu Hause war. Fereschteh zog mit ihren Kindern wieder aufs Dorf und blieb trotz der armseligen Lebensverhältnisse für längere Zeit bei ihren Eltern.

* * * * *

So müssen sich die ersten Jahre von Naders Leben abgespielt haben, denn wie ich bereits erklärte, habe ich seine Notizen und das, was er selbst über seine Familie gehört hat, zusammengeklaubt und in eine sinnvolle Ordnung gebracht. Vor meinen Augen entstand die Welt seiner frühen Kindheit, trotzdem stellt sich dabei die Frage, ob die Welt der Blinden wirklich so unerträglich ist, wie die Eltern Naders und die meisten Sehenden meinen mögen.

Werden sie nicht dauernd betrogen und gehänselt, ohne dass sie es bemerken? Fehlt ihnen nicht das Blaue des Himmels und das Leuchten der Sonne? Hätte Nader bei seiner Intelligenz nicht ein großer Atomphysiker werden können oder ein berühmter Maler? Hätte er sich nicht an den glühenden Augen und feinen Lippen der Teheraner Frauen erfreut? Wäre es nicht vielleicht doch besser gewesen, irgendein Ereignis hätte seinem finsteren Leben ein Ende gesetzt?

Aber ihr irrt euch, wenn ihr so denkt. Wir haben auch unseren Weg, mit euch umzugehen. Vielleicht versteht ihr das besser, wenn ich euch eine kurze Episode aus meinem eigenen Leben erzähle:

Es war meine dritte oder vierte Reise nach Teheran. Mit meinen fünfzehn Jahren fühlte ich mich selbstbewusst und hatte keinerlei Befürchtungen, mich in der Großstadt zu verirren. Innerlich lachte ich meine Heimgenossen aus, die mich jedes Mal warnten: „Du musst auf dich und deine Sachen aufpassen. Eine falsche Bewegung, und schon wirst du beschissen und reingelegt."

Wer soll mich denn reinlegen?, dachte ich und sagte: „Ich achte darauf, immer schlauer als alle Teheraner zu sein." Ich glaubte, dass mir niemand irgendetwas anhaben könne, und sobald mich jemand ansprach, schärfte ich meine Sinne und war auf der Hut. Als eine Art Schutzmechanismus entwickelte ich einen regelrechten Spaß daran, Menschen hereinzulegen, die Vorurteile in Bezug auf uns Blinde erkennen ließen.

So trat damals ein Fahrgast an mich heran, der mich seit einigen Minuten beobachtet hatte. Als ich mich bemühte, anhand der Breite eines Geldscheins festzustellen, wie viel Geld ich in der Hand hatte und in konzentrierter Versunkenheit unwillkürlich den Schein hochhob und mich vorbeugte, fragte der Neugierige: „Sag mal, Junge, könnt ihr Blinden die Scheine über den Geruch auseinanderhalten?"

„Klar doch", log ich. „Und nicht nur das: Auch die Zeit erfühlen wir durch den Geruch."

„Und wie spät ist es jetzt?"

Ich hob meine linke Hand dicht an meine Nase, führte meine rechte vorsichtig dazu, machte den Deckel der Uhr einen Spalt auf, betastete sie und sagte: „Sechs nach neun."

Ich hörte, wie die Jacke des verwunderten Herrn raschelte, als er zur Zeitkontrolle seine Hand hob. „Gott mit dir, mein Junge, pass auf dich auf, du bist ein ganz besonderes unter Gottes Schäfchen."

Ich genoss noch meinen gelungenen Streich, als der Mann in

Begleitung einer Frau zu mir zurückkam. Die Begleiterin roch wie eine Strenggläubige. Ich erschnüffelte den abgestandenen Mief der Stoffe, die man typischerweise für Kopftücher benutzt.

Der Mann fragte: „Sag mal, Junge, kannst du mir noch einmal die Uhrzeit sagen?"

„Sicher", sagte ich und wiederholte meinen Trick. „Es ist genau einundzwanzig Uhr neun."

„Gott ist groß", sagte er und: „Danke, danke", und ich hörte, wie die Dame vor Staunen ihren welken Atem anhielt.

Aber obwohl wir Blinden den Sehenden nicht selten überlegen sind, verstehe ich doch, dass Naders Eltern unglücklich waren. Sie boten alles auf, was sie hatten, um ihre Kinder von der Blindheit zu kurieren. Über diese Versuche weiß ich sehr gut Bescheid, denn ich fand einen längeren Text in seiner Aktentasche, den ich nur noch bereinigen musste. Er setzt mit einer weiteren Reise ein.

DIE WELT ERBLICKEN

Als ich noch keine fünf Jahre alt war, brachen wir zum zweiten Mal auf, wieder eine große Fahrt. Lange bevor es losging, umarmte meine Oma Nasrin und mich, ja, sie verabschiedete sich mehrmals täglich von uns: „Gott sei mit euch, kommt heil wieder heim!"

Unterdessen löcherte ich meine Mutter mit Fragen: „Wohin gehen wir? Warum fahren wir nicht jetzt gleich?"

Oma gab Mama Tag für Tag einen weiteren Wertgegenstand aus ihrer geheimnisvollen Hochzeitstruhe und sagte: „Hier, für dich. Mach's zu Geld, ihr werdet es brauchen."

Alle sprachen davon, dass Imam Resa uns zu seinem berühmten Heiligengrab nach Maschhad gerufen habe. Man nannte uns sogar schon die Maschhadis, ohne dass wir recht wussten, was das war. Allabendlich kamen Freunde und Verwandte vorbei, um uns zu verabschieden. Nachts konnte ich vor Reisefieber kaum schlafen, doch der große Tag ließ auf sich warten.

Als Papa endlich aus der Stadt kam, um uns abzuholen, verkündete Oma feierlich: „Der Imam persönlich hat euch zu sich gerufen. Fereschteh, binde die beiden drei Tage lang an den Schrein. Dann kommst du gewiss mit geheilten Kindern zurück."

„Aber Oma, wir sind doch gar nicht krank!", protestierten Nasrin und ich einstimmig.

„Nicht direkt krank, nein, aber in gewissem Sinne schon", flüsterte Oma. „Jeder Mensch hat so seine Macken."

„Auf einen Versuch lassen wir's ankommen", sagte mein Vater, klang aber nicht besonders überzeugt. „Bisher habe ich für ihre Heilung nichts unversucht gelassen. Warum also nicht auch diese Möglichkeit wahrnehmen?" Nein ... wegen unserer Blindheit hatte er wahrlich nichts unversucht gelassen.

Außer für meine Mutter und meine Großmutter waren Nasrin und ich für alle Verwandten und Bekannten ein und dieselbe Person: Wir waren „die Blinden", „die beiden" oder, im Idealfall, „Nasrin-Nader". Wir fischten Speisen vom selben Teller, tranken aus einem Becher, und wenn es Obst zu verteilen gab, bekamen wir beide gemeinsam ein großes Stück, in das wir entweder abwechselnd hineinbissen oder das wir vorher teilten.

Endlich war der Tag der Abreise da! Morgens fuhr mein Onkel Mohammadali mit seinem Pick-up vor.

Er war ein hochgewachsener Mann. Anders als mein Vater verhielt er sich dezent und ruhig. Nie habe ich ihn schreien hören, selbst dann nicht, wenn er einem von uns einen Klaps verpasste. Er war bei uns Kindern sehr beliebt, da er jeden letzten Freitag im Monat, an dem er immer zu Hause war, mit uns einen Ausflug machte. Dazu verfrachtete er uns auf seinen Pick-up. Er fuhr dann stets zu einem großen Feld, das mit mir riesig erscheinenden Pflanzen bewachsen war, und ließ uns dort spielen und toben. Mittags gab er uns vorbereitete Sandwiches und ließ uns anschließend wieder bis zum Nachmittag spielen. Die ganze Zeit saß er da und rief leise, aber resolut jene Kinder zurück, die grob wurden oder zu nah an den Fluss rannten. Erstaunlicherweise konnten wir ihn immer hören, egal wie laut wir waren. Ich spielte am liebsten mit seinem Sohn Mehran, Nasrin mit seiner Tochter Pouran.

Nun lud ebendieser Onkel Mohammadali unser Gepäck auf. Die Frauen weinten beim Abschied so bitterlich, als würden wir auf Nimmerwiedersehen verschwinden, die Männer hingegen drängten zur Eile.

Ich ging meiner Mutter auf die Nerven, indem ich alle paar Minuten fragte, wann wir endlich am Ziel seien, während sie Nasrin unentwegt bitten musste, nicht alles um sich herum zu betasten und sich die Hände schmutzig zu machen. Beim ersten Halt rief ich sofort: „Hallo, Imam Resa!"

Ich hatte mich zu früh gefreut. Wir waren erst an unserem eigenen Haus in Mahschahr angekommen.

„Er hat sie mitgebracht!", rief einer meiner Cousins, und Mehran, ein anderer Vetter, wollte sofort mit mir spielen. Wir verzichteten nach dem Mittagessen auf den Mittagsschlaf. Onkel Mohammadali fuhr uns direkt nach Ahwas. Der Ort stank nach Auspuffgasen und Straßenteer, der Lärm aber gefiel mir. Ich fand die Stadt viel lebendiger als Mahschahr. Alles war groß und breit: die Straßen, die Häuser, auch die Menschen, denen wir begegneten, schienen mir größer zu sein.

Wir fuhren zum Bahnhof und stiegen erstmals in unserem Leben in die Eisenbahn, die ich bisher nur aus Omas Erzählungen kannte. Onkel Mohammadali küsste uns zum Abschied, er rief uns sogar getrennt beim Namen: „Tschüss Naderchen, tschüss Nasrin, werdet gesund!" Ich kam mir tatsächlich vor wie in einem Märchen, diesmal aber erlebte ich es selbst und würde eines Tages davon erzählen.

Ich genoss das rhythmische Rattern und Schaukeln des Zuges. Dass mir beim Trinken etwas Wasser auf meine Klamotten tropfte, machte mir nichts aus. Ich war fasziniert, die Bewegung des Zuges Unterhaltung genug, daher war es plötzlich zweitrangig, wann wir ankämen.

Mit uns im Abteil saß ein Mädchen mit seinen Eltern. „Guck mal!", sagte das Kind ständig und beschrieb Nasrin und mir, was draußen an uns vorbeiflog: Bäume, Weizenfelder, Sandwege, Bauernhäuser, Bahnstationen und Menschen mit Filzhüten. Das Mädchen hieß Setareh. Ihre Eltern geboten ihr jedes Mal barsch, zu schweigen, wenn sie uns fragte, warum wir blind seien. Zu uns und unseren Eltern waren Setarehs Eltern besonders nett. Mit Nachdruck bestanden sie darauf, ihren Proviant mit uns zu teilen. In Chorramschahr aßen wir zu Abend. Dann war Schlafenszeit. Meine Mutter legte mich auf unsere Reisetaschen unter der Sitzbank, was ich auf eine widersprüchliche Weise genoss, weil der Rhythmus des Zuges mich dort in den Schlaf schaukelte. Niemand musste mich zur Ruhe mahnen. Immer wenn der Zug anhielt, wachte ich auf: in Asna, in Doroud – dort stiegen Mama und Papa aus, um ihr Morgengebet zu verrichten, anschließend brachten sie uns Frühstück –, in Aligudars und schließlich, ganz früh am Morgen, in Isfahan. Hier stiegen wir in einen Bus um und fuhren zu unseren Verwandten, den Hamidis.

Wir liefen durch die Innenstadt und wieder fielen mir zuerst die Gerüche der Stadt auf. Isfahan roch ganz anders als Ahwas, sogar die Autoabgase stanken anders. Wo es nicht nach Autos roch, roch es nach Kräutern, nach alten Frauen mit Körben voller Obst und Gemüse, nach frischem Gips und an etlichen Stellen nach faulem Abwasser. Aber auch das, was man hörte, war mir fremd. So gab es Schwärme von geschwätzigen Spatzen, vor allem aber Unmengen gurrender Tauben. Auch die Menschen hatten einen seltsamen Akzent. Sie sprachen viel gedehnter als wir und ließen ihre Wörter viel zu oft mit „-es" enden.

Nach einem längeren Fußmarsch kamen wir bei den Hamidis an und traten von der engen, kalten Gasse in einen großen Hof mit Wasserbecken in der Mitte. Ich traf auf Iradsch, den mir gleichaltrigen Sohn der Familie. Er lachte plötzlich und sagte: „Du kannst ja gar nicht sehen!"

Ich gab zurück: „Und du kannst nicht normal reden."

Die Luft in Isfahan war jedenfalls frischer und die Menschen gingen ungezwungen mit mir um, so als ob wir uns schon seit Langem kennen würden. Damals wünschte ich, wir könnten pausenlos auf Reisen sein. Meine Eltern waren von morgens bis abends zusammen und freundlich zueinander. Während Mama unser Gepäck schleppte, trug Papa Nasrin und mich abwechselnd auf seinen Schultern und machte Faxen mit uns. Ich empfand das als seine Art, uns seine Liebe zu zeigen.

Tags darauf fuhren wir mit dem Zug nach Teheran. Wiederum strömten neue Gerüche auf mich ein: Zement, Baustellen, Frittierfett, Abwasserrinnen und, natürlich, Abgase. Obwohl es nicht so warm war wie bei uns, schienen die Teheraner zu schwitzen, denn es roch fast überall nach einem ekelerregenden Gemisch aus Parfüm und Schweiß.

Auch hier ein neuer Akzent. Weil aber viele Menschen so redeten wie Radiosprecher, konnte ich sie fast alle verstehen. Die Frauen schienen oft mit vorgeschobenem Oberkiefer zu sprechen und laut durch die Zähne zu pfeifen, während die Männer unentwegt Witze rissen und stets bester Laune zu sein schienen.

Auch in Teheran wäre ich gern über Nacht geblieben, aber mein Vater erklärte uns, dass man hier, ob mit oder ohne Fahrkarte, stundenlang anstehen müsse, um einen Platz im Zug zu ergattern. Wir erhielten unsere Fahrkarten rasch, aber nur dank eines entfernten Onkels, der bei der Eisenbahn arbeitete. Am Bahnhof wiesen Bahnbeamte so manchen Pilgerreisenden ab und handelten sich damit laute Verwünschungen und die Aussicht auf eine gehörige Strafe von Imam Resa ein.

Als wir an der Reihe waren, geschah ein kleines Wunder, das sagten zumindest später unsere Eltern. Ein betagter Schaffner hatte uns zunächst angeschaut, Nasrin und dann mir über die Köpfe gestreichelt und gesagt: „Kommt mit mir. Ihr werdet in der dritten Klasse keinen Platz finden. Warum soll die erste leer zu Imam Resa fahren? Ich gebe euch ein Abteil und ihr versprecht mir, dass ihr beim Imam für mich betet.‟

Die Sitze in der ersten Klasse waren weicher als unsere Baumwollmatratzen zu Hause, sogar der Boden war weich; der Rhythmus des Zuges aber war nicht so gut zu hören. Während mein Papa für sich blieb und Mama Tee holen ging, nutzte ich die Gelegenheit, die Umgebung zu erkunden, weil ich im Nachbarabteil ein Kind hatte reden hören. Als ich versuchte, die Abteiltür zu öffnen, kam es heraus und fragte lachend: „Meine Mutter sagt, du bist blind. Kannst du mich sehen?‟

„Das sagen alle zu meiner Schwester und mir‟, kam meine Antwort wie selbstverständlich. „Bist du auch blind?‟

„Quatsch, nein, aber zu mir sagen die Erwachsenen, ich bin zurückgeblieben.‟

Seine Mutter rief den Jungen ins Abteil zurück: „Omid, was erzählst du da Dummes? Komm rein. Und du, wie heißt du, Kindchen?‟

„Ich bin Nader. Omid wollte mit mir spielen.‟

„Aber du bist doch blind, sagt Mama, du kannst gar nicht spielen!‟

„Sei doch still, Omid! Wann habe ich das denn gesagt?‟

Papa kam aus unserem Abteil und unterhielt sich mit jemandem. „Nader, was machst du denn hier draußen?‟, fragte er mich.

„Ein niedlicher Junge bist du, mein Kind", sagte Omids Mutter. Und während sie mir über den Kopf strich, fragte ich mich, ob sie mich meinte oder ihren Sohn Omid. Herr Doktor Schejch, mit dem Papa sich unterhalten hatte, war, wie sich herausstellte, Omids Vater. Papa dankte ihm überschwänglich, bevor wir in unser Abteil zurückkehrten. Doktor Schejch hatte uns Sonderkarten für zwei Übernachtungen im Gasthaus Hasrat geschenkt. So sehr er ihn auch angefleht habe, berichtete Papa, Doktor Schejch habe weder Geld genommen noch andere Gegenleistungen erwartet. Sein Sohn habe eine leichte geistige Behinderung, wir sollten unbedingt für ihn beten. Die Familie stammte aus Maschhad, lebte aber in Teheran und besuchte den Imam mehrmals im Jahr in der Hoffnung auf Heilung.

Ich wollte Papa fragen, warum er das Abteil wieder verließ und mit Mama in großer Entfernung sprach, wurde aber so schlagartig müde, dass ich, bevor ich meine Frage stellen konnte, einschlief.

Viele Stunden später weckte mich Nasrin.

„Steh auf, wir sind schon fast da. Gleich gehen wir zum Arzt!"

In Maschhad war es genauso heiß wie bei uns zu Hause. Am Bahnhof wimmelte es von Menschen, ein Gewirr aus Stimmen und Sprachen. Ich konnte Araber heraushören, die so laut redeten, als lägen sie im Streit und könnten jeden Augenblick aufeinander losgehen. Omids Eltern küssten uns zum Abschied. Sie wünschten uns Erfolg für die Heilung und luden uns zu sich nach Hause ein. Papa lehnte das Angebot dankend ab.

Ich fuhr zum ersten Mal in meinem Leben in einer zweirädrigen Pferdekutsche und wäre am liebsten auf dem Kutschpferd geritten, wie im Dorf auf Opas Esel, aber noch bevor ich darum bitten konnte, stiegen wir ein.

„Gasthaus Hasrat!", rief mein Vater dem Kutscher zu.

„Jaja, Sie haben's doch schon gesagt!", erwiderte der und peitschte auf das Pferd ein, das wohl der zugefügten Schmerzen wegen in Trab verfiel. Unterwegs hörte ich mehrere andere Kutschen, dann und wann auch ein Auto. Mama war angespannt, ständig hörte ich sie seufzen.

Überhaupt sprachen unsere Eltern jetzt deutlich leiser miteinander, als seien sie andächtig ins Gebet vertieft. An einem großen gepflasterten Platz stiegen wir aus. Es duftete nach Reis, nach Bratöl und Safran und ich bekam sofort Hunger.

Schon am frühen Vormittag lag das Sofreh, unser etwas speckiges Mittagsgedecktuch, ausgebreitet auf dem Teppich unseres Zimmers. Es roch nach Rosenwasser und Schafswolle. Durchs offene Fenster hörte man Tauben gurren. Man reichte uns Tee mit Kardamom und Sesamgebäck, das ich, statt Reis, gern zu Mittag gegessen hätte, doch dafür war die Portion zu klein. Bis zum Mittagessen hieß es noch lange warten. Unsere Eltern wurden freundlich begrüßt, für uns Kinder aber hatten die Leute meist nur ein mitleidiges Zungeschnalzen übrig. „Möge der Herr sie heilen!", sagten sie und meinten mit dem Herrn wohl Imam Resa. Plötzlich hörte ich eine Art Autohupen, laut und lang anhaltend, begleitet vom Klang dessen, was ich später als Kesselpauke kennenlernte. Mir war der Lärm der Hupe unangenehm, meine Eltern bewog er jedoch dazu, die Grußformel an den Propheten aufzusagen und ihr Gebet zu verrichten. Nasrin und ich mussten uns auf unsere Matratzen zurückziehen, damit den Eltern genug Platz blieb, um sich angemessen zu verneigen. Ich dachte nur an meinen Magen und fand die Hupe lästig, aber lustig.

Beim Mittagsschlaf träumte ich von Doktor Schejchs Sohn Omid, der mittlerweile zum Imam Resa aufgestiegen war und mich heilen wollte. Er hatte jetzt eine ganz tiefe Stimme und murmelte viele

Sprüche, wobei er sich an meinem Kopf zu schaffen machte. Da ihn aber die Hupe bei seiner Arbeit störte, verletzte er mich am Ohr, woraufhin Doktor Schejch mir zum Trost zwei Sonderkarten für den Gasthof des Herrn schenkte.

Nach dem Nachmittagstee brachen wir gemeinsam mit vielen anderen Gästen zu Imam Resa auf. Endlich. Die Pilger murmelten unterwegs Beschwörungsformeln vor sich hin oder plauderten in gedämpften Ton miteinander. Sogar die Araber unterhielten sich leiser. Papa reichte mir seinen Daumen und zog mich hinter sich her. Bald gelangten wir an einen Basar, eine Halle mit unzähligen kleinen Ständen und Händlern, die ihre Waren leise zum Verkauf anboten. Von allen Seiten stach mir der Geruch von Kreuzkümmel in die Nase. Während Mama immer wieder stehen blieb und Sachen betrachtete, ohne sie zu kaufen, nörgelte Papa leise: „Später würdest du den Kram sowieso zurückgeben."

Der Basar mündete in einen großen Hof, auf dem ein chaotisches Gewimmel von Menschen und Tauben herrschte, mitten im Hof rauschte Wasser. Ein riesiger Springbrunnen. Es gab Gedränge und Geschubse, alle wollten unbedingt an dieses Wasser gelangen! In der Menge waren Männer – alle schienen sie Herr Motavalli, Herr Betreuer zu heißen –, die den vielen Menschen befahlen, beiseitezutreten. Sie gewährten nur ausgewählten Pilgern Zugang zur gesegneten Flüssigkeit. Meine Mutter ging zu einem dieser Männer, gab ihm etwas und sagte: „Das ist eine Hochzeitsgabe meiner Mutter. Nimm sie und bring uns zum Schrein. Allah und der Herr seien mit dir."

Dieser Herr Motavalli bahnte uns einen Weg durch die Menge. Sein Ton, anfangs auch uns gegenüber barsch, wurde freundlich, und unsere Eltern nutzten die Gelegenheit, um uns die rituelle Waschung beizubringen. Schließlich gaben wir unsere Schuhe am Eingang eines Saals ab, der mit Teppichen ausgelegt war und Haram hieß. Der beißende Geruch, der uns empfing: ein Gemisch aus Rosenwasser, Fuß- und Achselschweiß.

Einer der Herren Motavallis beruhigte ein Kind, das wohl Prügel bekommen hatte. „Kein Problem, passiert ist passiert", wiederholte er ein paarmal und goss Wasser auf die Stelle des Teppichs, an der dem Kind ein Malheur passiert war. Alle Menschen im Saal summten Gebete vor sich hin. Ich kam mir vor wie in einem übelriechenden Bienenstock. Meine Schwester und ich wurden in einen Innenraum des Saals gebracht und mit Seilen an Gitterstäbe gebunden, die sich hinter uns befanden. Kaum war das geschehen, fing Mama an zu weinen, sogar Papa schluchzte, nie zuvor hatte ich ihn weinen sehen, also heulten auch Nasrin und ich los – um unsere Eltern zu beruhigen. Ihnen aber schien das gar nicht recht zu sein, sie wollten weiter weinen, und jedes Mal, wenn ich fragte, wo denn der Arzt sei, hieß es, ich solle den Mund halten.

Jemand brachte Brot und Halwa. Viele Menschen brachten uns etwas zu essen und stimmten in den Chor der Heulenden um uns herum ein. Irgendwann leistete Herr Motavalli mir Gesellschaft. Er legte mir einen Armreif aus Holz an. Die Seile waren so lang, dass ich ein wenig Bewegungsfreiheit hatte, ich konnte zum Glück also ein paar Schritte gehen, inmitten all der Menschen, die massenhaft ans Gitter um den heiligen Schrein drängten, da ertönte plötzlich wieder dieser schrille Hupton, den wir am Mittag schon gehört hatten. Ich fragte Herrn Motavalli, was das sei, und er erklärte: „Der Ton ist wie ein Gebetsruf. Er kommt aus dem Naghareh-Chaneh, dem Paukenhaus des Mausoleums, und ist die einzige erlaubte Musik hier."

Die Menschen ringsum wurden stiller, auch meine Eltern gingen beten. Herr Motavalli blieb bei uns. Bald nahmen wir das

Abendessen am Gitter des Schreins ein. Für die Nacht bereitete man uns einen Schlafplatz dort im Innenraum. Ich protestierte nicht. Weil Mama ununterbrochen weinte, brachte ich nicht den Mut auf, nochmals zu fragen, wo denn der Arzt bleibe. Ich legte mich schlafen und wurde erst vom Gehupe am nächsten Morgen geweckt.

Direkt nach dem Morgengebet war, aus der Ferne, wieder ein Summen wie von einem Bienenschwarm zu hören. Völlig unverhofft stürmten Menschen zu uns herein, wie wahnsinnig klammerten sie sich an die Gitterstäbe, und im Nu herrschten Gedränge und Geschiebe um uns herum.

„Was fehlt den Kindern denn?", wollte jemand von Mama wissen.

Die flüsterte: „Sie sind blind."

Ein Mann fragte mich: „Wie viele Finger sind das?"

„Vier", sagte ich.

„Das Kind sieht! Der Blinde sieht! Kommt her, seht euch das an! Allahu Akbar!"

Sofort packten mich Leute wie wild von allen Seiten. Ich schrie auf. Die Leute rissen mir fast die Kleider vom Leib und beleckten mich, so wie ich es bisher höchstens von unserem Schäferhund im Dorf gewohnt war. Mama schrie verzweifelt und verwünschte Papa, der nicht bei uns geblieben, sondern in den Gasthof zurückgegangen war, um ein Auge auf unsere Sachen zu haben. Mit vereinten Kräften zerrten Mama, Herr Motavalli und Nasrin mich aus dem Haram und bahnten sich einen Weg durch die brodelnde Menge. Herr Motavalli brachte uns zum Gasthof, nahm aber vorsorglich nicht den Weg durch den Basar, weil uns noch immer eine Meute auf den Fersen war. Sie hoffte, einen Fetzen meiner Kleidung zu ergattern. Erst als wir wieder in unserem Zimmer in Sicherheit waren und Mama Papa sah, hörte sie auf zu weinen. Sie schöpfte Atem und fragte mich: „Kannst du denn wirklich ein bisschen sehen?"

„Das weiß ich nicht. Wie sieht man denn, Mama?", fragte ich zurück.

„Wie viele Finger sind das?", fragte sie.

„Drei", sagte ich, etwas ängstlich.

„Und das?"

„Zwei."

Da brach sie in bittere Tränen aus.

Als wir wieder zu Hause waren, verlor Papa sein wiedergewonnenes Interesse an der Tageszeitung nicht, er zeigte seiner Umgebung aber nicht mehr, was er las. An einem warmen Herbstabend jedoch kam er wieder mit der *Keyhan* in der Hand nach Hause und rief: „Sie haben es gedruckt. Hier steht es schwarz auf weiß."

„Hast du wieder einen Arzt gefunden?", veralberte ihn Onkel Mohammadali.

„Quatsch, schau nur hin", lachte Papa.

Unsere Cousins und Cousinen schrien: „Das sind doch Nader und Nasrin!"

Als ich das hörte, bekam ich Angst. Ich wagte nicht, etwas zu sagen, damit ich nicht wieder etwas Falsches von mir gab, wie damals in Maschhad. Seither befürchtete ich nämlich, meine Mutter mit meinen Antworten zur Verzweiflung zu treiben.

„Sag ich doch. Schwarz auf weiß", antwortete er.

„Wie?", wunderte sich Onkel Mohammadali, als lögen seine Kinder, obwohl auch er die Bilder deutlich sah. „Warum sind da ihre Bilder?"

„Ich hab mir eine Kamera geliehen und sie fotografiert", klärte ihn Papa auf.

Ich war beleidigt. Papa hatte unsere Gesichter gestohlen und in die Zeitung gesteckt! Onkel Mohammadali las nun laut: „Das sind meine zwei blinden Kinder, fünf und acht Jahre alt. Sie müssen zu Hause bleiben. Sie gehen nicht wie normale Kinder zur Schule. Wenn sie in England oder in Amerika geboren wären, würden sie zu nützlichen Bürgern der Gesellschaft heranwachsen. Bei uns aber können sie höchstens betteln gehen. Ich habe zigmal in der Zeitung über Blindenschulen in Europa und Amerika gelesen, warum gibt es solche Einrichtungen nicht in unserem Land? Die Verantwortlichen reden vom modernen, zivilisierten Iran. Modern ist Europa, wo Blinde studieren und arbeiten können. Ich bitte alle, die diese Zeitung lesen, mir zu helfen, meine Kinder nach Europa zu schicken, damit sie unserer Gesellschaft nicht zur Last fallen."

Onkel Mohammadali hatte anderen noch nie vorgelesen, aber auch er selbst schien seinen fast nicht stockenden Vortrag genossen zu haben. Zwar herrschte Stille, aber alle müssen ihn bewundert haben.

„Ich gehe nicht von meiner Mama weg!", warf ich plötzlich in die Stille ein; niemand beachtete mich. Papa faltete die Zeitung und wartete auf das Abendessen.

Keine zwei Wochen waren vergangen, da kam an einem späten Nachmittag der Nachbar Edmund Schmuil in Begleitung zweier älterer Damen zu uns. Papa mochte ihn nicht, weil er ein Hündchen hatte, mit dem Nasrin und ich gerne spielten.

„Armenier kennen keine Unreinheit. Sie behandeln die Hunde wie Menschen, und wenn ich nicht aufpasse, machen sie Hunde aus meinen Kindern", trug er wie die Mullahs vor. Wie fast alle anderen bezeichnete er jeden iranischen Christen als Armenier, obwohl Edmund Assyrer war.

Nur widerwillig ließ Papa uns zu den Schmuils gehen. Das Paar war kinderlos, und Edmunds Frau behandelte uns Blinde wie ihre eigenen Kinder. Sie brachte uns Lieder bei und schenkte uns Spielzeug oder etwas zu naschen.

Nun kam Edmund mit den fremden Damen und rief uns zu sich.

„Hier sind unsere Kinder. Ihr Vater ist bestimmt einverstanden", meinte Edmund sehr freudig.

„Was meinst du, Nachbar? Einverstanden womit?", wunderte sich Papa.

„Frau Shiliker und Frau Cross verwalten eine Blindenschule in Isfahan. Das ist doch das, was du wolltest. Meine Frau und ich werden Nasrin und Nader am meisten vermissen, aber die Damen könnten sie gleich mitnehmen."

„Ich gebe meine Kinder nicht weg, es sei denn, ich kann mitgehen."

Nach einer Weile schwer im Raum lastender Stille begann Frau Shiliker zu sprechen:

„Gott hat gewollt, dass Sie, Herr Bandari, diesen rührenden Brief in der *Keyhan* publizieren. Gott hat gewollt, dass wir Sie finden, und wenn Gott will, können Ihre Kinder bei uns zur Schule gehen. Wenn Gott etwas will, können wir alle nichts anderes wollen. Und Sie, liebe Frau, müssen sich daran gewöhnen, dass Ihre Kinder selbständig werden."

Ich lachte über den Akzent der Frau.

Sie sprach wie jemand, der einen Ausländer nachmacht, oder wie eine Frau, die kokettieren will.

„Sie sollen selbständig werden, aber nicht fortgehen", erwiderte Mama lauter.

„Ich arbeite hier mit Engländern. I can speak a little bit English", sagte Papa, zum ersten Mal an die Gäste gewandt. „Geben Sie mir Ihre Adresse, und wir werden Sie besuchen. Ich muss mir das alles überlegen", sagte er, als hätte er Mama nicht gehört.

Mama ging mit uns ins Hinterzimmer, da sie anscheinend die Freude und den Entschluss in Papas Augen gelesen hatte. Papa beorderte uns alle drei zurück, und da geschah ein Wunder: Papa rief nicht Mama, sondern ging in die Küche und brachte eigenhändig Tee und Gebäck herein.

„Wie heißt die Schule denn?", fragte er begeistert.

„Es ist eigentlich ein Heim. Es heißt Nurestan. Wir sind zwar christliche Missionarinnen, zwingen aber niemanden, unsere Religion anzunehmen."

„Ein Moslem bleibt auch in einem Kloster ein Moslem", prahlte Papa und zwang die Gäste beinahe, von den Keksen zu nehmen, die offensichtlich zu hart für englische Zähne waren.

„Wir sind wie eine Familie. Unsere Leiterin, Frau Caster, wird von den Kindern Mama genannt, ich Chaledschan und Frau Cross Auntie Ruth."

„Okay, Chaledschan", sagte Papa in einem Tonfall, als wollte er sagen: „Abgemacht!"

Es dauerte einen Monat, bis Papa Mamas Einverständnis erwirkt hatte – oder besser gesagt: Mama stimmte Papa um. Papa versprach, alles zu tun, um in eine Zweigstelle der Nationalen Ölgesellschaft in Isfahan versetzt zu werden, und bis dahin für Mama in der Nähe des Blindenheims ein Zimmer zu mieten.

So fuhren wir Anfang November 1964 mit dem Nachtzug nach Isfahan.

Da unsere Familie mal auf dem Dorf, mal in Mahschahr wohnte, gestaltete sich der Abschied nicht so aufwendig.

Der Einzige, der bitterlich weinte, war einer meiner Cousins, der nach einem kürzlich erlittenen Unfall für längere Zeit an den

Rollstuhl gefesselt war. Ich hatte nachmittags immer seinen Rollstuhl geschoben und mit ihm Spaziergänge um die Häuser gemacht.
Dieser Cousin lachte dabei und sagte: „Nader, wir sind ein gutes
Paar. Du läufst für mich, und ich zeige dir den Weg." Nun verlor er
seinen Spaziergenossen.

Familie Hamidi hatte schon in ihrem Haus ein Zimmer für uns
Umsiedler freigemacht. Iradsch, der mich vor ein paar Monaten
meiner Blindheit wegen ausgelacht hatte, freute sich nun sehr über
mein Kommen und wollte sofort mit mir spielen. Papa musste sich
eine halbe Stunde lang Herrn Hamidis Vorwürfe anhören, weil er
für die nächste Zeit ein Zimmer in der Nähe des Blindenheims
mieten wollte.

„Du hast einen Verwandten in Isfahan und willst hier ein Zimmer mieten? Was werden die Leute nicht alles über mich sagen? Ich
glaube, es geht los."

Am selben Nachmittag brachte Herr Hamidi uns zum Blindenheim. Papa musste ein paarmal gerufen werden, weil er von der
Siosehpol-Brücke und der Schönheit der Aussicht ergriffen war
und nur langsam vorwärtskam. Nasrin und ich genossen das rau-
schende Wasser und den frisch duftenden Rasen. Mama und Herr
Hamidi sprachen über die Stadt Isfahan und darüber, dass deren
Bewohner entgegen den allgemein verbreiteten Gerüchten sehr
freigiebig und spendabel seien und dieses Heim, trotz der christlichen Missionierung, kräftig unterstützten.

In der Chaharbagh-Straße musste man nun Mama rufen, die mit
uns Kindern trödelte, da sie derart viele Geschäfte und eine so breite Straße noch nie gesehen hatte; selbst in Teheran konnte sie sich
nicht an eine so prächtige Allee erinnern. Wir bogen in eine kleine Straße ein, die von schönen alten Bäumen und Villen gesäumt
war. Nach der Kreuzung kam links ein großes Krankenhaus, das

englische oder christliche Krankenhaus, wie Hamidi begeistert zu verstehen gab. Daran angelehnt war ein altes, steinernes weißes Gebäude.

Die übermäßig dicke, robust wirkende Haustür und die zwei kleineren Fenster links und rechts mussten ebenfalls sehr alt sein. Herr Hamidi klingelte einige Male, weil man die Klingel nicht hörte und die Tür so dick war, dass das Klopfen nur einen sehr dumpfen Ton hervorrief.

Eine alte Frau machte auf und kreischte mit armenischem Akzent: „Was ist denn los? Wer ist denn da? Kannst du nicht ein bisschen warten?"

„Entschuldigung, wir dachten, die Klingel sei kaputt. Chaledschan hat uns eingeladen. Wir haben zwei Blinde mitgebracht", sagte Papa, der vergeblich den Blick der alten Frau suchte. Ihre künstlichen Augäpfel seien das Einzige, das sich in ihrem Gesicht bewegte, flüsterte Herr Hamidi meinem Papa zu.

„Kommen Sie rein, alle Neulinge denken, dass man klopfen muss. Weil man von draußen nichts hört." Sie ging nach rechts und wies uns an, uns auf alte Sofas zu setzen, die unter einem Treppenaufgang platziert waren.

Unerwartet flink eilte die Pförtnerin die Stufen hoch, rief laut nach Chaledschan und kam dann mit Frau Shiliker und einer ruhig und besonnen wirkenden Greisin zurück.

„Ich heiße Frau Caster, werde aber Mama genannt", fing sie freundlich an und gab vor allen anderen uns Kindern die Hand.

„Meine Mama ist aber Fereschteh."

„Das ist schön", lachte Frau Caster, „sie ist deine eigene Mama, ich bin die Mama aller Kinder. Manche unserer Kinder haben nämlich keine Mama."

„Ich habe schon mit unserem Personalbüro gesprochen, Chaledschan", lächelte Papa. „Die Nationale Iranische Ölgesellschaft ist bereit, eurem Heim einen Gas- und Dieselzuschuss zu gewähren, falls meine Kinder hierbleiben."

„Wir haben gute Plätze für sie", freute sich Mama Caster sichtlich, „sie werden hier in die Schule gehen und sich wohlfühlen. Sie können sie später jederzeit besuchen kommen, in der ersten Eingewöhnungszeit dürfen Sie sie aber einen Monat lang nicht sehen."

„Ich kann meine Kinder nicht einfach hierlassen. Haben Sie denn keinen Platz für mich?", fragte unsere Mama besorgt.

„Sie brauchen nicht hierzubleiben. Ihre Kinder werden lernen, ohne Sie zurechtzukommen", meldete sich Chaledschan, die deutlich hinter Mama Caster zurückstand, zum ersten Mal zu Wort.

Es läutete irgendwo. Mädchen und Jungen verschiedenen Alters schlurften im typischen Blindenzickzack von zwei Seiten in Richtung der beiden Damen, wobei sie mit den Füßen zur besseren akustischen Orientierung absichtlich Laute produzierten. Sie gingen, lachend und sich unterhaltend, flink an den beiden vorbei.

„Es ist Zeit für das Abendbrot", kam es aus Mama Casters Mund wie eine Aufforderung. Sie schien mit ihrem Blick und ihren Händen alle mit sich in den Speisesaal zu ziehen.

Ich erinnere mich kaum an meine ersten Tage im Heim. Was mir aber im Gedächtnis haftet, ist, dass ich Tag und Nacht weinte und nach meiner Mama rief. Ich suchte meine Schwester auf, die sich offenbar schon nach dem dritten oder vierten Tag an die Situation gewöhnt hatte, und heulte so lange bei ihr, bis die Arme mitweinen musste. „Komm, bitte", flehte ich sie an, „wir wollen an Mama denken."

Dabei hatte ich allen Grund, mich über mein neues Leben zu freuen. Ich hatte mein eigenes Bett, meinen eigenen Essteller, einen eigenen Trinkbecher, Spielzeuge und viele Spielkameradinnen und -kameraden. Zwar durfte ich in Gesprächen nicht ausschließlich mit dem Kopf nicken oder ihn schütteln und musste immer mit „Ja" oder „Nein" antworten, egal, ob der Ansprechpartner sehen konnte oder nicht, musste pünktlich sein und Ordnung halten, mich selbständig ankleiden, essen und schlafen gehen lernen, ansonsten erlebte ich aber so viel Neues, dass ich mich fast wie ein Erwachsener fühlte: erfahren.

Die dicke Vartui war die erste Person, die ich im Heim kennenlernte. Sie spielte Mädchen für alles und war wie eine fest stehende Statue. Ihr Alter und Aussehen änderten sich in meiner Vorstellung im Laufe der Jahre nicht. Sie kreischte, anstatt zu sprechen, und schien stets einen verbitterten Ton zu haben. Doch lernte man sie näher kennen, erschloss sich eine weichherzige, mütterliche Person.

Ich konnte von Glück reden, dass uns Miss Caster, die von allen, außer von mir, Mama gerufen wurde, während meiner gesamten sechsmonatigen Eingewöhnungszeit erhalten blieb. Sie gab niemandem Prügelstrafen und war tatsächlich eine freimütige Christin, die niemanden zu etwas zwang und alle lediglich mittels ihrer freundlichen Autorität in ihren Bann zog. Sie aß mit uns und verbrachte die meiste Zeit mit den Blinden, während wir Chaledschan und Auntie Ruth seltener zu sehen bekamen.

Am ersten Abend saß ich im Speisesaal neben Nasrin und einem Mädchen namens Sima. Sima fragte mich nach meinem Namen, begrapschte mich ständig und machte sich über meinen flachen Hinterkopf lustig, jedoch auf eine Art, die mich nicht kränkte.

Plötzlich aber schrie ich: „Wo ist meine Mama hin, Papa?"

Er rief von einem weit entfernt stehenden Tisch, an dem er bei Chaledschan saß: „Sie ist nur kurz rausgegangen, Kind. Bleib artig und schrei nicht."

„Wie hast du denn gemerkt, dass deine Mama weg ist?", wunderte sich Sima, die so alt wie Nasrin sein musste, acht oder neun Jahre. „Merkst du denn nicht, wenn deine Mama weg ist?", fragte ich. „Ich habe keine Eltern. Ich weiß nicht, wo sie sind, deshalb sagen wir doch zu Miss Caster Mama", sagte sie völlig unbekümmert. „Jetzt ist auch mein Papa weg!", schrie ich und sprang auf. Miss Caster holte mich ein, legte beruhigend ihre Hand auf meinen Kopf und versicherte mir, dass meine Eltern noch nicht weg seien. Ich heulte so lange, bis meiner Mama die Haustür geöffnet wurde. Sie umarmte mich, versuchte mich zu beruhigen und versprach mehrfach, mich immer besuchen zu kommen.

Sima und einige andere Kinder kamen, um mich mitzunehmen, aber ich hängte mich an meine Mama, bis mein Vater laut wurde.

„Jetzt reicht es!", schrie er. „Du bleibst hier, bis wir wiederkommen. Du bist nicht der Einzige, der eine Mama hat und sie nicht sieht. Denk an diese Kinder, die keine Mutter haben und hier trotzdem gut leben können."

Er zerrte mich von meiner Mutter weg und ging mit ihr hinaus.

Ich weiß nicht mehr, wann und wie ich danach schlafen ging, ich weiß nur, dass ich mir sehr bald als bockigstes Kind des Heims einen Namen machte.

Eines Tages, als ich mit meinen Zimmerkameraden an der Pforte vorbeiging, um zum Abendessen zu gehen, spürte ich plötzlich meine Mama in der Nähe. Ich sprang zum linken Fenster und hätte beinahe das Glas kaputtgeschlagen. Vartui rannte zu mir und haute mir zum ersten Mal fest auf den Kopf.

„Bist du wahnsinnig, du störrischer Esel? Wo soll denn deine Mama sein?", kreischte sie.

„Meine Mama ist hinter dem Glas. Mama! Mama!", johlte ich und sprang vor Aufregung hin und her.

Unsere Erzieherinnen, Parvin und Sepideh, Letztere nannten wir meist die „stille Schwester", weil sie kaum sprach, eilten herbei und sagten gleichzeitig: „Jesus, sieht der Junge etwa doch?"

Miss Caster kam heran und öffnete die Haustür. Ich rannte meiner Mutter direkt in die Arme und, als hätten wir es vereinbart, fingen wir beide an zu weinen.

„Sie sollten doch einen Monat nicht herkommen", warf ihr Miss Caster vor.

„Aber Sie haben doch selber vorgeschlagen, meine Kinder von draußen zu beobachten", verteidigte sie sich.

„Stimmt", sagte Miss Caster leise. „Ich wusste nur nicht, dass Ihr Junge so etwas wie übersinnliche Kräfte besitzt. Wenn unsere Ärzte ihn nicht untersucht hätten, hätte ich gesagt, er sieht. Sie dürfen Ihren Jungen besuchen kommen, wann immer Sie möchten", gab sie schließlich nach und brach somit die Regel des Heims, „aber wir müssen wissen, wie er Sie erspürt hat. Außerdem dauert die Eingewöhnungszeit so viel länger."

An diesem Tag fiel ich Parvin, unserer Erzieherin, zum ersten Mal auf. Ich selbst wurde nie so recht schlau aus ihr, weil ich nicht verstand, ob die anderen Kinder sie respektierten, weil sie folgsam waren, oder umgekehrt. Sie hatte Spaß daran, sich heimlich wie ein Kind an mich heranzuschleichen und von mir entdeckt zu werden.

„Woran merkst du denn, dass ich es bin?", bedrängte sie mich.

„An Ihren Sandalen", lachte ich.

„Aber ich habe doch überhaupt keine Sandalen an", antwortete sie nachdenklich.

„Dann an Ihrem Atem", fügte ich hinzu.

„Und jetzt, wo ich ganz still zu dir gekommen bin?", fragte sie.

„Ich rieche es."

Auch bei meiner Mutter war es so. Sie roch, nein, sie duftete nach frischen erlesenen Kräutern und nach Geborgenheit. Ja, wenn die Liebe einen Geruch hätte, dann roch sie bestimmt so. Übrigens roch meine Großmutter Fatemeh genauso. Ich weiß noch, dass sie immer, wenn ich mich nicht wohlfühlte und mich irgendwo hinlegte, ihren Tschador wie eine Decke über mir ausbreitete und dass bei mir die Besserung einsetzte, sobald ich sie an dem Tuch gerochen hatte.

Außer Nasrin halfen mir hauptsächlich drei Personen, mich an das Heim zu gewöhnen: Zuerst Miss Caster, die fast immer da war, wenn ich weinte, und entgegen dem, was wir über sie gehört hatten, nie ungeduldig, geschweige denn grob wurde. Als Engländerin versuchte sie, in einem sehr korrekten Persisch mit uns zu sprechen und nicht, wie einige der Erzieherinnen oder Hilfskräfte, in einem kindlichen Ton, als wären wir taub und nicht blind. Ihre freundlich-autoritäre Art erinnerte mich ein wenig an meine Großmutter Fatemeh. Sie wurde nie laut, außer mit dem Personal, zum Beispiel wenn sie erfuhr, dass jemand uns geschlagen hatte oder denjenigen gar selbst dabei ertappte.

Morgens betete sie mit uns. Ihre Gebete waren freundlich, aber doch recht merkwürdig. „Gott, wir danken dir, dass wir frühstücken können, während viele in Afrika oder hier in den Dörfern kaum etwas zu essen haben."

Immer wenn sie uns abends eine gute Nacht wünschte, flüsterte sie mir zu: „Bete zu Gott, dass er in deinem Herzen einen Platz für mich findet." Ich verstand nur, dass sie damit etwas sehr Nettes meinen musste. Eines Abends antwortete ich: „Okay, Mama", und sie streichelte mir mit zitternder Hand den Kopf und gab mir einen Kuss auf die Stirn.

Vartui erzählte mir stundenlang Geschichten über das Blindenheim in Täbris, aus welchem sie nach dem Zweiten Weltkrieg hinausgeworfen worden war. Sie streichelte mich geduldig, flehte mich fast an, nicht zu weinen, und versicherte mir jeden Tag tausendmal, dass meine Mama mich besuchen kommen würde. Sie wohnte mit einer blinden und taubstummen Frau zusammen, die manchmal irgendetwas brummte und ausschließlich von Vartui verstanden wurde.

Vartui zeigte mir die Zimmer des Heims und ließ mich in ihrem Kleiderschrank herumwühlen. „Hier ist die Küche. Unser Koch klingt zwar manchmal verärgert, aber er ist sehr nett", erklärte sie mir. „Und von hier aus kommst du aus dem Speisesaal in den Hof. Der Walnussbaum trägt jedes Jahr so viele Nüsse, dass alle etwas abbekommen."

Dann setzte sie mich auf die Schaukel und spielte so lange mit mir, bis ich müde wurde. Mal nahm sie mich huckepack und rannte durch den Hof, mal ging sie mit mir in den zweiten Stock und zeigte mir die einzelnen Schlafzimmer und sogar die Suite, in der Mama, Chaledschan und Áuntie Ruth wohnten. Sie schien überall willkommen zu sein, denn selbst Chaledschan und Auntie Ruth begrüßten uns freundlich, was andere, die davon hörten, in Erstaunen versetzte. Auntie Ruth hatte eine heisere Stimme, die dem Blinden ein böses Weib verriet. Entsprechend stank sie immer nach Essig. Es hieß, sie öle ihre Haare mit irgendetwas Säuerlichem ein, weil ihr das hiesige Wasser nicht bekomme.

Die dritte und einprägsamste Person aber war Parvin. Durch sie wurde das Leben im Heim für mich interessant. Für sie war ich von Anfang an ein normaler Schüler. Sie schimpfte mit mir, wenn sie mich beim Weinen ertappte. „Ich glaube", meinte sie, mich veräppelnd, „du heißt Nasrin. Nader weint doch nicht."

Parvin brachte mir alltägliche Fertigkeiten bei, zum Beispiel, wie man sich die Schuhe bindet, wie man sich ankleidet, das Bett macht, Zähne putzt, gerade geht und mit Löffel und Gabel isst. Sie ermunterte mich sogar, auf den Walnussbaum zu klettern und mit ihr hin- und herzurennen. Wenn ich mich an etwas stieß, wunderte sie sich über meine Unkonzentriertheit, statt Mitleid zu zeigen. All das tat sie auf eine Art, die mich herausforderte und die ich trotzdem als unterstützend wahrnahm. Während sie anderen eine kleine Tracht Prügel gab oder sie schmerzhaft kniff, wenn sie etwas Schlimmes angestellt hatten, brauchte sie nur vorwurfsvoll „Verdammt noch mal, Nader!" zu sagen und ich schämte mich wie ein reuiger Verbrecher. Eigentlich klang sie nicht wie eine nette Erzieherin, eher geheimnisvoll, fast hinterlistig, aber sie roch freundlich nach Büchern, nach sauberer Kleidung und einer unergründlichen Frische.

Als ich im zweiten Jahr im Nurestanheim am Nikolaustag unseren Koch unter dem Kostüm erkannte und von ihm deshalb den Besenhieb viel fester als sonst erhielt, forderten mich meine Zimmerkameraden auf, herauszufinden, wer den Weihnachtsmann spielen und uns in der Heiligen Nacht heimlich unsere Weihnachtsgeschenke auf die Bettkante stellen würde.

Weihnachten war für uns wirklich ein Fest. Die Heimleitung steckte mit ihrem freundlicheren Verhalten die Erzieherinnen an. Es gab weniger Prügel und weniger Essensentzug; auch war das Essen besser. Dafür mussten wir ein Krippenspiel aufführen: wir Kinder auf Persisch und die Älteren auf Englisch. Ich war so zierlich, dass ich mich in einer Szene sogar als kleiner Jesus in die Krippe legen konnte.

An Heiligabend durften wir länger wach bleiben und konnten doch nicht genug bekommen von der besonderen Stimmung.

Die stille Schwester schnarchte zum Glück, sodass ich immer merkte, wenn sie eingeschlafen war. Mich hielten Spannung und Vorfreude wach. Zum einen wollte ich erraten, wer den Weihnachtsmann spielte, zum anderen freute ich mich auf ein kleines Aufziehauto mit Martinshorn, das ich mir gewünscht hatte. Ich hatte dieses Auto einmal in einem Geschäft gesehen und mich sofort in das Ding verliebt. Vartui hatte mich nach meinem Weihnachtswunsch gefragt und versprochen, so lange zu beten, bis der Weihnachtsmann ihr Gebet erhören und mir das Spielzeug bringen würde. Ich wusste natürlich, dass der Weihnachtsmann jemand aus unserem Heim war, aber im Jahr zuvor war ich eingeschlafen, sodass ich sein Kommen verpasst hatte. Dieses Jahr hatte Vartui mir, wie so oft, die Ohren zugehalten, meinen Namen geflüstert und sich gewundert, warum ich es trotzdem hören konnte. Sie testete gerne mein Gehör und prahlte vor anderen mit mir. Nun hörte ich, wie sich die Tür leise öffnete. Ich hätte schwören können, dass es die Sandalen von Parvin waren, die ich hörte – dann roch ich ihren frischen Büchergeruch.

Sie legte jedem von uns einen Beutel auf die Bettkante und ging, noch leiser, als sie gekommen war, wieder hinaus. Unter der Decke kroch ich bis zur Bettkante und genoss es, den Beutel zu betasten. Ich hob ihn hoch und ließ ihn fallen, doch plötzlich machte es *peng*, der Beutel war zu Boden gefallen. Ich blieb wie versteinert unter der Decke liegen, dann vernahm ich das Schnarchen der Erzieherin, also wagte ich mich aus dem Bett und nahm den Beutel wieder an mich. Erst aß ich ein Stück Schokolade – ich fühlte mich wie im Paradies –, dann ein paar Mandeln, wieder ein Stück Schokolade und schließlich eine Feige. Erst danach bemerkte ich die weiche Pappschachtel und wurde unruhig, weil ich unbedingt wissen musste, ob mein Wunschgeschenk darin war oder nicht. Nachdem ich die Schachtel ganz behutsam geöffnet und das Auto betastet hatte, fühlte ich eine Art Fieber im ganzen Körper. Das arme Teil musste wie ein Baby aus dem Bauch der Mutter heraustreten. Ich durfte seine Gefangenschaft in der Schachtel nicht länger zulassen und musste es schnellstmöglich befreien, aber dazu blieb mir keine Zeit: Das Auto befreite sich selbst, rieb sich ganz fest an der Matratze und machte ein heulendes, befreites Polizeigeräusch.

Es war das erste und einzige Mal, dass ich von der stillen Schwester einen heftigen Hieb auf den Kopf bekam. Meine Verwunderung verdoppelte sich, als Parvin hereinkam, mir aber keine Tracht Prügel verabreichte. Stattdessen nahm sie mir das Spielzeugauto weg. Erst jetzt fing ich an, bitterlich zu weinen, sodass nun auch noch Auntie Ruth eintraf und mich weiter verhaute.

„Bitte, bitte bringen Sie Parvin dazu, mir mein Auto zurückzugeben", flehte ich Vartui an. „Bitte, ich mache auch keine Schereien mehr. Versprochen!" Doch auch sie, die mich sonst immer besuchen kam und mich anflehte, noch ein paar Minuten bei ihr zu bleiben, wurde meiner Bitten bald überdrüssig. Erst an Silvester bekam ich mein Auto zurück. Es waren sieben Tage, die mir wie ein ganzes Leben vorkamen.

Ich hatte mich gerade an das Leben im Heim gewöhnt, als wir eines Nachmittags in den Mehrzwecksaal zu einer Versammlung gerufen wurden. Der längliche Saal, der als Spielhalle, Andachtsraum und Festsaal genutzt wurde, lag zwischen Haustür und Hof. Er hatte eine Bühne, auf der wir Krippenspiele und andere Aufführungen veranstalteten. Nur zu besonderen Anlässen wurden dort Tische aufgestellt, so auch an diesem Nachmittag. Vor jedem von uns stand ein Teller mit ein paar Keksen, was ebenfalls eine große Ausnahme war.

Der Gong schlug. Mama – also Miss Caster – erschien auf der Bühne und begann zu sprechen: „Liebe Kinder, liebe Freunde, liebes Personal. Seit fünfzehn Jahren versuche ich hier in Gottes Namen meinen Dienst zu tun. Nun ist es an der Zeit, nach England zurückzukehren."

Ein vielstimmiger Seufzer ging durch den Saal, denn anscheinend hatte niemand davon gewusst.

„Chaledschan", sprach sie weiter, „wird dieses Heim genauso gut führen und immer bei euch sein. Ich hoffe, dass ihr ihr gegenüber genauso treu und gehorsam sein werdet, wie ihr es mir gegenüber wart." Im nächsten Atemzug begann sie, das Vaterunser aufzusagen, in das alle einstimmten.

Chaledschan, die leicht und oft Tränen vergoss, betete für Mama und für uns; als ein gutes Kind Christi hoffe sie, Jesus und uns weiter zu dienen, und beendete ihr Gebet mit „Amen".

So einfach und prosaisch war der Abschied von Mama. Zwar umarmte sie jeden Einzelnen, aber schon zum Abendessen war sie fort. Chaledschan sprach das Tischgebet und ging hinaus; wir aßen in Stille.

Danach versammelten wir uns wieder im Mehrzwecksaal und beteten in der Andacht hauptsächlich für Mama, dass sie gesund und froh in England weiterleben würde. Wir mussten an diesem Abend früh in unsere Schlafzimmer gehen.

Von der Leitung kam niemand, um uns eine gute Nacht zu wünschen, deshalb hatten die Erzieherinnen es schwer, uns ruhigzustellen. Ich dachte an den Abend, an dem ich zum ersten Mal zu Miss Caster „Okay, Mama" gesagt hatte, und in meinen Gedanken gab sie mir einen Gutenachtkuss. Dann schlief ich ein.

* * * * *

Nader hatte diesen Textabschnitt mit „Die Welt erblicken" über-
schrieben, als ob dieses christliche Heim ihm die Augen für das
Paradies oder für die Welt hätte öffnen können. Was ist schon der
Unterschied zwischen Herrn Motavalli im Heiligtum des Imam
Resa in Maschhad und Chaledschan in Isfahan? Nutzen sie nicht
jeweils auf ihre Weise nur die Not derjenigen aus, die uns Blinde
umgeben, indem sie ihnen Geld abpressen oder das Himmelreich
für sich selbst erlangen wollen? Ich habe in Naders Aufzeichnun-
gen eine Geschichte gefunden, die dies verdeutlicht.

* * * * *

Geld spielte in meiner frühen Kindheit nur in der Form von Münzen eine Rolle. Münzen konnte ich gut lesen, ich konnte mit ihnen
wie mit Kreiseln spielen, sie rollten und drehten sich und ich konnte schöne Klänge mit ihnen erzeugen. Sie kamen mir viel brauch-
barer und wichtiger vor als Scheine. Nur einmal wurden sie mir
zum Verhängnis.

Ich hatte mich bereits gut im Blindenheim eingelebt, da mussten
wir an einem warmen Sonntagnachmittag unsere beste Sonntags-
kleidung anziehen, um in die Kirche zu gehen. Es war mein erstes
Mal.

Mir kam das Ganze eher wie ein Ausflug vor, nicht wie eine Gelegenheit zum Beten, weil ich mich, wenn wir früher in die Moschee
gegangen waren, nie gut gekleidet und meine Schuhe dort sowieso
immer ausgezogen hatte.

Die Kirche lag inmitten eines kühlen, großen Gartens, der im
Grunde eine Erweiterung unseres Heims war.

Oft spielte ich mit anderen Kindern in diesem Garten und ich
hatte ab und zu überlegt, bei der nächsten Strafmaßnahme seitens

der Heimleitung einfach auf einen der Walnussbäume zu klettern und dort zu übernachten. Mein Entschluss stand fest, als ich mir einmal ein Weinblatt in den Mund gesteckt hatte und dafür bestraft wurde: Ich würde auf einem Weintraubenbaum leben, mich von den säuerlich-wohlschmeckenden Blättern ernähren und nur dann heruntersteigen, wenn meine Mama mich abholen käme.

Bei der Lukaskirche machten wir halt, sogar davor mussten wir bereits still sein. Jedes Kind bekam von Auntie Ruth, Chaledschans Stellvertreterin, die wir nur bei bestimmten Anlässen sahen, eine Münze geschenkt. Es war ein Zwei-Rial-Stück.

Bei einem Sonntagsausflug hatten wir schon einmal eine solche Münze bekommen; die Erinnerung stimmte mich traurig, weil ich die Münze damals gleich für zwei Minzbonbons ausgegeben hatte und nicht mehr damit hatte spielen können. Was für eine Freude, die Münze nun wiederbekommen zu haben!

Ich rollte sie einige Male in meiner Tasche hin und her, beklopfte sie, und obwohl ich ihren Klang eigentlich nicht wahrnahm, hörte ich ihn doch innerlich. So kommt es also, dass manche Kinder jeden Sonntag unbedingt in die Kirche gehen wollen, dachte ich mir.

Als wir hineinkamen, spielte die Orgel das Lied Nummer zwei, das wir oft im Heim gesungen hatten. Ich lauschte und nahm wahr, dass die Decke hoch und der Raum sehr groß sein musste. Der Geruch dieser Kirche setzte sich sogleich in meinem Kopf fest. Ich weiß nicht, was es genau war, aber es roch nach Buchbinderleim und nach Steinen – ein Geruch, der wohl in allen Kirchen anzutreffen ist.

Die Bänke waren zu hoch für mich. Die Ablage vor mir hätte ich nicht als Tisch nutzen können, denn auch sie war zu hoch.

Ein Pfarrer, der oft zum Predigen ins Heim kam, las aus dem Alten Testament vor, dann sangen wir wieder das Lied Nummer zwei, bevor er aus dem Neuen Testament las: „Jesus sagte: ‚Ich bin in diese Welt gekommen, damit sich an mir die Geister scheiden. Blinde sollen sehen können; aber alle Sehenden sollen blind werden.‘ Einige Pharisäer standen dabei und fragten ihn: ‚Soll das etwa heißen, dass wir blind sind?‘ Jesus antwortete: ‚Wärt ihr tatsächlich blind, dann träfe euch keine Schuld. Aber ihr sagt ja: ‚Wir sehen.‘ Deshalb kann euch niemand eure Schuld abnehmen.‘“

Im Anschluss wurde das Lied Nummer zweihundertfünfundzwanzig gesungen. Den Refrain „kuri budam, binajam alan“ – blind war ich, sehen kann ich nun – schrien alle um mich herum geradezu. Zwischendrin aber konnte ich zwei tiefe Stimmen wahrnehmen, die sangen: „Blind war ich, blind bin ich nun.“

Dann fing der Pfarrer an zu reden und hatte offenbar nicht die Absicht, seine Rede jemals zu beenden. Er erzählte uns, dass Wissen wie Sehen sei und Glauben Blindsein, aber dass Wissen uns böse und schuldig mache und nur der Glaube uns retten könne. Auch Kinder seien wie Blinde, unschuldig und ohne Sünde. „Wie schön“, rief er, „dass wir blinde Kinder unter uns haben.“ Und er fuhr fort, dass jeder, der in das Reich Gottes eintreten wolle, zuerst ein Kind werden müsse. Da wünschte ich mir, so ein Mann könne an die Stelle unserer Erzieherinnen treten, die uns fast jeden Tag schlugen, weil wir angeblich immer etwas falsch machten und sündigten.

Der Pfarrer hatte eine tiefe, warme Stimme und kam – endlich! – zum Schluss: „Und in diesem Sinne knien wir nieder und beten.“ Alle fingen an, das Vaterunser zu beten.

Anschließend mussten wir aufstehen. Der Pfarrer sagte etwas über die vielen Armen, die Unterstützung brauchten, die Orgel spielte und ein mir unbekanntes, wohlklingendes Lied wurde gesungen. Aber es war noch etwas Schöneres zu bemerken: Ich hörte jemanden, der sich mir mit klingenden Münzen näherte!

Ich hörte, dass die Leute vor mir ihre Hände in einen Beutel hinein-steckten und, *klingeling*, sich Münzen herausnahmen.

Ich beschloss auf der Stelle, jeden Sonntag in die Kirche zu gehen. Vor lauter Freude berührte ich meine Münze, die einsam in meiner Tasche lag, und dachte: Ich besorge dir gleich ein paar Freunde. Keine Angst, dann könnt ihr richtig Musik machen.

Jemand führte meine Hand in den samtweichen Beutel, ich nahm dankend ein paar Münzen und war im Begriff, sie zu dem einsa-men Freund zu stecken, als ich von hinten einen heftigen Schlag auf den Kopf bekam. Gewaltsam entriss der Beutelbesitzer mir die Münzen. Ich wurde von Chaledschan persönlich hinausgeworfen und hatte keine Gelegenheit, zu fragen, warum.

„Du blödes, geldgieriges Kind! Du geborener Dieb! Vor unseren Augen klaust du das heilige Kirchengeld, statt die Münze, die wir dir gegeben haben, in den Beutel zu werfen?"

„Aber …", heulte ich.

„Kein Aber! Ich werde mit deinem Vater reden, du Lausbub, du Schwein!"

Die stille Schwester, die mit herausgekommen war, brachte mich direkt in unseren Schlafraum und fragte freundlich, warum ich denn Geld klauen wollte. Ich würde zur Strafe kein Abendessen bekommen, eröffnete sie mir. Ich erklärte ihr, dass ich nur gedacht hätte, ich dürfte mir ein paar Münzen nehmen, weil niemand etwas anderes gesagt hatte. Sie schien mir nicht zu glauben, aber da sie einfach nett war, beruhigte sie mich und wünschte mir, obwohl es erst später Nachmittag war, eine gute Nacht.

* * * * *

Offensichtlich wusste Nader nicht, wie er dieses eigentümliche Ereignis in seine Erzählung einbinden sollte. Er muss diese Seiten hundertmal gelesen haben, die Punkte auf dem Blindenschriftpapier waren ganz abgegriffen und teils ganz verschwunden, die dünne Pappe zerfleddert, so dass ich mich lange abmühte, um diesen Text überhaupt entziffern zu können. Was faszinierte Nader so an dieser Erinnerung? War es die bestrafte Unschuld? Oder war es das allgemeine Problem, dass uns niemand zutraut, mit Geld umzugehen, egal ob wir es nehmen oder geben? Ich kam zu dem Schluss, dass er an diesen Seiten so sehr hing, weil ihn hier seine Selbstsicherheit zum ersten Mal zum Verhängnis wurde.

Mein ganzes Leben besteht aus solchen Szenen. So vergesse ich nie den Taxifahrer, der behauptete, ich wolle nicht bezahlen. Ich studierte in Marburg und mein Freund Clemens hatte mir das damals übliche Trampen beigebracht. Eines Tages, als ich zu einer studentischen Kennenlernfete auf dem Richtsberg eingeladen war, hielt ich ein Auto an, das genau vor meinen Füßen zum Stehen kam.

„Wohin soll's gehen?"

„Sind Sie Iraner?"

„Woher wissen Sie das, Sie sehen mich doch nicht?"

„Wir haben alle unsere Akzente", sagte ich auf Persisch und stieg auf seine Einladung hin ein. Wir fuhren zum angegebenen Ziel.

Ich fühlte, dass er seinen Kopf zum Rückspiegel gereckt hatte, um mich zu beobachten. „Entschuldigen Sie, aber sind Sie im Krieg erblindet?"

„Ach wissen Sie, mein ganzes Leben ist ein Krieg", wich ich aus. Er stellte das Radio lauter. Der Nachrichtensprecher redete über Glykol im Wein und eine auf Nordhessen zukommende Gewitterfront, als das Auto bremste und sanft anhielt.

„Macht 8,80 Mark", drehte sich mein Landsmann zu mir um und

hauchte mir einen von deutschem Kaffee angereicherten, säuerlichen Atem ins Gesicht, der eine Palme sofort hätte verwelken lassen.

„Entschuldigung, nehmen Sie denn Geld, wenn Sie einen Tramper mitnehmen?"

„Ich bin seit achtzehn Jahren Taxifahrer und fahre oft für die Blindenschule hier. Ich weiß ganz genau, dass die eine Mercedestür von einer Opeltür unterscheiden können. Tun Sie nicht so."

Ich gab ihm einen Zehnmarkschein, ohne nach Rückgeld zu fragen, ich konnte mich einfach nicht wehren und blieb beschämt und voller Wut zurück. Bedrückt trat ich einen zweistündigen Fußweg zurück nach Hause an.

HEIMLICHKEITEN

Eigentlich müsste ich traumatisiert sein, wenn ich bedenke, wie genau ich mich an das folgende Ereignis meiner Kindheit erinnern kann. Ich bin es aber nicht; weder dieses Drama noch andere dramatische Ereignisse meiner Kindheit haben Spuren in meinem Bewusstsein hinterlassen. Da ich bisher keiner psychologischen Untersuchung unterzogen wurde, weiß ich allerdings nichts über mein Unterbewusstes.

Und das Ereignis?

Ich war fünf Jahre alt, als ich in das Blindenheim Nurestan in Isfahan kam. Nach etwa einem Jahr hatte ich mich endlich an das Leben im Heim gewöhnt und wünschte mir nur noch selten heulend meine Mama herbei. Die meiste Zeit verbrachte ich mit Gleichaltrigen im Spielsaal oder abends, bevor wir schlafen gingen, im Schlafzimmer.

Wir waren drei Jungs und vier Mädchen und schliefen in Gitterbetten in einem großen Schlafraum. Sara, unsere Nachtschwester, die ihr Bett am hinteren Ende des Raumes hatte, erzählte uns immer dieselbe Geschichte: Ein armes Dorfmädchen aus Hamadan schläft beim Schuften ein und, schwupp!, wird aus ihr die Königin

Esther, die Frau des prächtigen Xerxes, und sie wird von über einhundert liebreizenden Mädchen und jungen Männern umgarnt.

Sara war nett zu allen Kindern, uns Jungen aber mochte sie ganz besonders. Musa, Ali und ich wurden von ihr regelrecht verwöhnt. Sie schenkte uns ein zusätzliches Kopfkissen, das wir Kuschelbär tauften, sie streichelte uns länger als die anderen, und Musa und Ali durften abwechselnd nachts bei ihr schlafen, damit sie sich vor nichts zu fürchten brauchten.

Ich wollte nicht zu ihr, weil ich, wenn überhaupt, nur bei meiner Mama, oder ersatzweise bei meinem Kuschelkissen, schlafen wollte und sonst niemanden an mich heranließ. Dafür verzichtete ich gerne auf die dreieckigen Minzbonbons, die Musa und Ali jeden Morgen von Sara bekamen und die sie prahlend laut zwischen ihren Zähnen zerkrachen ließen.

Eines Tages im Winter ging eine Erkältungswelle im Heim um, und es hieß, Musa und Ali müssten für paar Tage in Quarantäne, also in ein Extrazimmer, und im Bett bleiben, damit sie die anderen nicht ansteckten.

Ich spielte mit den Mädchen und bekam mein Kissen von Sara, die an diesem Abend viel mehr Zeit für mich hatte. Sie erzählte uns die Geschichte des Mädchens aus Hamadan und streichelte mit ihrer zwar rauen, aber warmen Hand die ganze Zeit über meinen Kopf.

Als Königin Esther dem König Xerxes eine gute Nacht wünschte und von ihm einen Kuss bekam, ließ sie mir beim Streicheln meiner Lippen ein Minzbonbon in den Mund gleiten und bedeutete mir, zu schweigen, indem sie mir leicht den Mund zudrückte, so als hätte sie Angst, ich könne mich bedanken und sie so verraten. Ich lutschte und schlief in dem Gefühl, Xerxes zu sein, ein. Plötzlich wachte ich in Saras Armen auf. Flüsternd bat sie mich, ganz ruhig zu bleiben, als ich merkte, dass ich mich in ihrem Bett befand. Sie flüsterte mir ins Ohr, dass ich sie beschützen solle, da sie nachts Angst habe und weder Musa noch Ali da seien.

„Du bist jetzt mein König, aber du musst ganz ruhig sein, um die anderen nicht zu wecken. Okay?"

Ich fühlte, wie sie mein Nicken in ihren Händen genoss, und duldete, dass sie mich fest an sich presste. Sie zitterte, und ich versuchte, sie zu beruhigen und ihr die Angst zu nehmen.

Sie legte mich auf sich, kugelte sich zusammen und begann, mich heftig zu streicheln, als würde sie mich im Bad mit einem Waschlappen sauber wischen.

„Danke, mein König", flüsterte sie und küsste mich mehrmals an verschiedenen Körperstellen.

Da sie offenbar immer noch Angst hatte, murmelte sie zitternd: „Im Namen Gottes, des Barmherzigen und des Erbarmers", nahm aber plötzlich meinen Pimmel in die Hand und *kitzelte* ihn, indem sie ihn an einer tiefen, haarigen Stelle zwischen ihren Schenkeln rieb. Sie drückte ihn so fest, dass ich vor Schmerz aufschrie und rief: „Hey, Sara fickt mich, sie hat mich gefickt."

Das Wort hatte ich häufig von älteren Jungen gehört, wenn keine Erzieherinnen oder Mädchen da waren, und ich hatte eine ungefähre Vorstellung, was es bedeutete.

Augenblicklich ergriff sie mich und warf mich auf den Boden, sodass mir die Schmerzen erst richtig zu schaffen machten und ich deshalb noch lauter und aus voller Kehle schrie. Meine Spielkameradinnen stimmten in mein Geheul mit ein und so dauerte es nicht lange, bis Parvin und die stille Schwester ins Zimmer stürmten. Während sie die anderen Kinder noch zu beruhigen versuchte, hob mich Parvin hoch und schlug mir auf den verletzten Kopf, sodass ich noch lauter heulte und schrie.

Chaledschan eilte herbei und schnitt mit ihrer autoritären Stimme allen sofort das Wort ab.

„Sara, schnell, was ist passiert?", herrschte sie unsere Nachtschwester an.

„Der Junge ist bestimmt krank. Er ist wohl aus seinem Bett gefallen. Ich sah ihn auf dem Boden, aber er lässt sich nicht beruhigen und redet wirres Zeug."

„Wie hat er denn über das Gitter springen können?", zweifelte Parvin.

„Alle sind sofort still!", befahl Chaledschan. „Morgen sehen wir weiter. Vielleicht haben die Jungs ihn angesteckt. Alle schlafen jetzt und Nader macht keinen Mucks", beendete sie ihren Satz und eilte fort.

Ich verkroch mich unter meine Decke und heulte lautlos weiter. Ich fragte mich, weshalb Parvin mich nicht verteidigte und warum Sara Chaledschan nicht gehorchte, sondern im Zimmer auf und ab ging. Ihre Schritte klangen wie unsere Wanduhr zu Hause und halfen mir, schneller einzuschlafen.

Ich fand mich in einer Krippe wieder. Sara versuchte, meine Füße aus dem kratzigen Kreuz unter mir zu lösen, an das sie mich gebunden hatten. Aber Chaledschan, die im Stall auf und ab stampfte, hinderte sie daran, indem sie Saras Hände mit ihren glühenden Hörnern, die nach Weihrauch rochen, versengte. Sara schrie dabei gurgelnd auf. Da kam die stille Schwester und brachte mich, mich dabei mütterlich streichelnd, zur Toilette.

Ich wachte in meinem nassen Bett auf und bekam von der Schwester, die uns üblicherweise nicht schlug, eine Kopfnuss.

Alles blieb still, als Chaledschan sich näherte und die Mädchen mit der stillen Schwester in den Speisesaal schickte, Sara, Parvin und mich aber zu sich in den Spielsaal, der auch unser Gebetsraum war, beorderte. Immer, wenn etwas Bitterernstes passierte, beklagte sich Chaledschan in der Abendandacht vor dem Herrn Jesus. Sie schüttete Gott ihr Herz aus und mischte ihre Anweisungen hinein. Es war das erste Mal, dass sie das an einem Morgen tat. Auch war es sonst immer umgekehrt: Während wir auf den Bänken saßen, predigte sie im Stehen. Nicht aber dieses Mal.

„Oh mein Gott", begann sie, „was habe ich getan, dass meine Missionsschule mit solch teuflischen Kindern und Schwestern verseucht werden musste?" Und wie immer führte sie ihre Wehklagen heulend, doch gleichzeitig herrisch fort.

„Ich habe ihnen doch nur Gutes getan! Müssen sie es mir auf diese Weise vergelten? Was würden die Eltern denn sagen, wenn sie diese Geschichten und Gerüchte hören würden? Können diese undankbaren Personen es nicht für sich behalten? Kann Parvin das Kind zur Vernunft bringen? Kann ich Sara in ihrer Position behalten? Ich habe doch kaum jemanden! Soll ich am Ende etwa die Leitung aufgeben und selber die Nachtschwester spielen? Wer würde dann diesen Teufelchen den Weg, Deinen Weg, zeigen? Oh mein Gott, hilf mir, dass ich nie wieder so etwas zu Gehör bekomme. Nie wieder! Amen."

Sie verließ weinend den Saal. Offenbar war Parvin die Einzige, die die Ruhe bewahrt hatte. Sara entfernte sich weinend und Parvin brachte mich in ihr Zimmer und setzte mich auf einen Stuhl, der mir sehr hoch erschien, obwohl ich mit ein wenig Mühe den Boden berühren konnte. Ich musste etwas Schlimmes getan haben, weil ich heute offenbar zur Strafe kein Frühstück bekam. Das war bei uns die erste Stufe der Bestrafung. Schläge zählten nicht als Strafe, sie wurden einfach so ausgeteilt.

„So", begann Parvin vorwurfsvoll, „jetzt erzählst du mir die Wahrheit."

„Ich bin aufgewacht und wusste nicht, wieso ich in Saras Bett liege. Dann hat sie mich fest an sich gedrückt, weil sie Angst hatte. Dann war ich der König Xerxes und dann hat sie meinen Pimmel genommen und ihn an ihrem Schenkel gerieben und es hat gejuckt und so hat sie mich gefickt. Dann habe ich geschrien und sie hat mich aus dem Bett geschmissen, dann sind Sie gekommen, dann gab die stille Schwester mir eine Kopfnuss, dann …"

„Still! Was heißt denn gefickt?"

„Also …"

„Nicht also, was heißt gefickt?"

„Ja …"

„Nicht ja! Sag, was heißt hier gefickt?"

Bis dahin hatte ich Parvins Stimme nie so laut gehört. Ich sagte nichts, und sie drängte weiter.

Plötzlich sagte ich: „Ich sag es meinem Vater, wenn er kommt."

Stille.

„Wenn du diese Lügen jemals wiederholst, bekommst du es mit mir zu tun."

Ich verstand sie nicht und wiederholte, dass ich meinem Vater alles erzählen würde.

Sie gab mir eine Ohrfeige und ging aus dem Zimmer.

Da ich es gewohnt war, geschlagen zu werden, wackelte ich einen Moment mit den Füßen und versuchte den Boden zu berühren, was mir in dem Moment nicht gelang, und da ich befürchtete, dass sie zurückkommen würde, versuchte ich, ruhig zu sitzen und meinen Gedanken freien Lauf zu lassen.

Ich war ihr Lieblingskind und liebte ihre Stimme, obwohl ich eigentlich hohe Frauenstimmen lieber mochte. Ich hatte sie lieb, weil sie nicht nett klang und nicht Ersatzmutter spielen wollte. Sie war mir wie ein weiblicher Vater, der mich genauso wie mein

Papa zwang, schnell zu lernen, zu gehen, zu schreiben, ruhig zu sein und so weiter. Sie war genauso ernst und rechthaberisch wie er und setzte sich immer durch. Dabei hatte sie eine tolle Seite, die mein Papa nicht hatte: Für sie war ich nicht der Blinde, aus dem vielleicht etwas werden würde, sondern ein Musterkind. Sie führte mich immer als Musterbeispiel an. „Lernt wie Nader, ihr müsst wie Nader laufen, nicht immer im Zickzack und so vorsichtig. Schaut ihn euch an, er gibt nie auf. Er strengt sich so lange an, bis er sein Ziel erreicht. Er wird bestimmt ein guter Christ, denn er lügt nicht."

Ich war stolz auf mich und sehnte mir eine Situation herbei, in der ich mich beweisen konnte. Schon im Kindergarten lernte ich bei ihr die Blindenschrift und schrieb den Tagesablauf eines braven Kindes auf fünf Seiten. Die nannte ich „Mein Buch". Oft forderte sie mich auf, aus einem Erwachsenenbuch vorzulesen, und schmatzte vor Freude und Stolz, wenn unsere Gäste, die mich sahen und hörten, staunten. Ich erkannte sie immer an ihrem Geruch und ihren Sandalen und begrüßte sie mit den Worten: „Hallo Parvin, kann ich etwas für Sie tun?"

Sie hatte stets eine Aufgabe für mich: „Geh mir Wasser holen. – Komm, ich habe Gäste hier, du sollst ihnen vorlesen."

Chaledschan kam herein.

„Warum bist du nicht beim Frühstück? Es ist fast zu Ende. Beeil dich!" Sie packte mich am Arm. Hieß das, ich hatte meine Strafe abgesessen?

Ich aß Fladenbrot, trank Milch, ging in den Spielsaal, begann, mit den Mädchen zu spielen, und vergaß die vergangene Nacht.

Auch Parvin hatte wohl alles vergessen, denn sie kam nach dem Mittagsschlaf zu mir, holte mich ins Büro und erzählte einigen Gästen davon, wie gut ich schon lesen könne. Ich las ihnen aus meinem Buch vor, wurde gelobt und bekam einen dicken Keks von einem der Gäste, der Doktor hieß, doch nicht wie normale Doktoren nach Medizin oder Papier, sondern nach Parfüm roch.

Aber nein, sie hatte nichts vergessen.

Nach dem Abendessen durfte ich nicht mit den anderen spielen, sondern musste wieder in ihr Zimmer.

„Erzähl mir, was heute Nacht passiert ist", begann sie. „Aber pass auf, denn wenn du lügst, verspreche ich dir, dich ans Kreuz zu nageln. Genauso wie unseren Herrn Jesus."

„Hat er denn gelogen?", dachte ich laut und bekam die erste Ohrfeige von ihr.

Sie hatte mich immer mal wieder gehauen, aber nie ins Gesicht. Entweder auf den Kopf, auf den Rücken oder auf den Po.

„Erzähl nun die Wahrheit! Was meinst du mit ficken?"

„Was Sara mit mir gemacht hat. Sie hat meinen Pimmel in ihr Loch gesteckt. Die erwachsenen Jungs wollen sie alle ficken. Das sagen sie jedenfalls immer, wenn Sie nicht da sind."

„Und die erwachsenen Mädchen?", fragte sie interessiert und weicher.

„Sie sagen auch manchmal, dass sie gefickt werden wollen."

„Wie konnte Sara das denn mit dir machen?"

„Ficken?"

„Halt den Mund! Ich möchte dieses Wort nie wieder von dir hören."

Schweigen.

„Du hast bestimmt schlecht geträumt. Du hast weder Fieber noch siehst du krank aus, also kannst du nur schlecht geträumt haben."

„Aber ich bin in Saras Bett aufgewacht, und als ich dann sagte, dass sie mich gedingst hat, hat sie mich runtergeschmissen."

„Ich sage es dir noch einmal: Du hast nur geträumt!"

„Nein, sie hat mich …"

Parvin gab mir die zweite Ohrfeige und brachte mich, ohne dass ich mir die Zähne putzen durfte, zu Bett.

Sara sahen wir daraufhin nicht mehr und die stille Schwester passte in der Nacht auf uns auf. Musa und Ali meckerten die ganze Zeit, fragten, wann Sara zurückkomme, und die stille Schwester beruhigte sie, mal verärgert, mal einsilbig oder indem sie fragte, ob sie selbst denn nicht gut genug sei. Musa und Ali aber vermissten ihre Bonbons sehr, und die stille Schwester wurde daraus nicht schlau, da sie nur erzählten, dass gute Kinder von Sara Bonbons bekamen.

Ich wurde in Ruhe gelassen und versuchte, Parvin aus meinem Herzen zu vertreiben, was mir nur mühsam gelingen wollte. Außer bei Gästevorführungen sprach sie mich nicht mehr an und erwähnte mich nicht vor anderen Kindern, dafür wurde ich aber auch nicht mehr von ihr oder anderen Erzieherinnen verhauen.

Am Freitag, an dem ich normalerweise meinen Vater oder meine Mutter erwartete, überraschte mich Parvin, indem sie mich nach dem Frühstück zu sich nahm und mich freundlich aufforderte, meine Sonntagsklamotten anzuziehen, da wir in die Stadt zum Einkaufen gehen würden. Ausflüge waren eigentlich eine Sonntagsangelegenheit. Warum heute? Wieso ich alleine? Weshalb so freundlich? Ich hatte keine Bedenkzeit, denn Parvin hatte es anscheinend sehr eilig. Sie zwang mich in die Klamotten und Schuhe, nahm mich hastig bei der Hand und zischte hinaus, sodass ich es ein wenig mit der Angst bekam. „Wo gehen wir hin?", versuchte ich mich fragend zu beruhigen.

„Du brauchst neue Klamotten, wir erwarten Gäste. Du musst schön aussehen", sagte sie im Befehlston.

„Aber heute kommen bestimmt meine Eltern. Ich muss schnell zurück", plärrte ich.

Ihre Hand zitterte und ihre Schritte verlangsamten sich.

„Und was willst du deinen Eltern sagen?"

„Alles."

„Was heißt hier alles?", brummte sie und tat mir mit ihrem Händedruck ein bisschen weh.

„Dass mich seit einigen Tagen niemand mehr verhaut. Aber ich sage niemandem, dass Sie mich geohrfeigt haben, weil ich Sie lieb habe."

Sie stoppte an der Kreuzung, obwohl kaum Autos vorbeifuhren.

Erst einige Zeit später sagte sie heiser: „Wenn du mich lieb hast, darfst du nicht lügen. Sonst zwingst du mich, dich ans Kreuz zu nageln."

„Ich werde nie lügen. Ich sage immer die Wahrheit, auch wenn Sie mich ans Kreuz nageln wie unseren Herrn Jesus. Er hat auch die Wahrheit gesagt, oder?"

„Grüß Gott, Parvin", rief mein Vater von hinten und hob mich hoch.

„Wo gehst du mit deiner lieben Erzieherin denn hin, Junge? Hast du sie wieder genervt, dass du raus musst? Oder bist du artig gewesen?"

„Guten Tag, Herr Bandari. Ihr Junge ist meistens in Ordnung. Er hat nur in letzter Zeit oft schlecht geträumt und redet wirres Zeug."

Mein Vater stieß mich fast hinunter.

„Ich erwarte nur Artigkeit und Wahrheit. Alles andere wird mit Hieben und Stichen bestraft. Saadi sagte einst: ‚Lieber des Meisters Hiebe als des Vaters Liebe.' Verstanden?"

„Ich habe immer die Wahrheit gesagt, aber niemand glaubt mir", heulte ich plötzlich heraus.

„Beruhige dich, Kind. Ich habe dir Bonbons mitgebracht. Nimm eins und dann erzähl, was du meinst. Aber quatsch keinen Unsinn!"

Wir schwiegen, bis wir im Heim ankamen.

Vartui machte uns auf, freute sich über die Tüte, die mein Vater ihr gab, und rief meine Schwester Nasrin hinzu.

Chaledschan rief Parvin zu sich und ich merkte, wie sie sich schwerfällig und unter heftigem Räuspern entfernte.

Wir setzten uns im Flur unter die Treppe, die zu den Schlafsälen führte. Mein Vater gab uns zwei kleine Päckchen, die ganz sicher Süßigkeiten enthielten, und begann seine üblichen Predigten: „Ihr müsst alles lernen. Ich möchte, dass du so berühmt wie der blinde Professor Chasaeli und du so beliebt wie die Schriftstellerin Helen Keller wirst."

Nasrin ärgerte ihn: „Aber ich möchte nicht taubblind werden."

„Du Dummerchen. Ich meine, dass du es wie Keller zu etwas bringen sollst. Obwohl es nicht schlecht wäre, wenn du stumm würdest ... aber nicht taub! Vielleicht hörst du dann dieses eine Mal besser auf mich."

Plötzlich ergriff er meine Hand, als hätte er etwas Wichtiges vergessen, und wurde unerwartet freundlich. „Was war das mit der Wahrheit, die du mir sagen wolltest?"

„Sara hat mit mir etwas gemacht", sagte ich, weil ich vor dem Wort, das ich gelernt hatte, mittlerweile Angst hatte.

„Wer ist das?", kam es ungeduldig aus ihm heraus, aber erstaunlicherweise ohne abwertenden Kommentar. Er musste wohl einen Verdacht geschöpft haben.

„Ich weiß nicht, wie man es richtig sagt. Sie hat mich gefickt."

Ich spürte seine Ohrfeigenhand, aber er schlug nicht zu.

„Was sagst du da? Was hat sie genau gemacht?"

Ich berichtete und Nasrin bestätigte es, als wäre sie dabei gewesen.

Er schwieg einen Moment, dann erlebte ich meinen Papa zum ersten Mal freundlich.

„Mein Sohn, so darfst du nicht reden. Du kannst sagen, sie hätte mit dir geschlafen, und ich glaube dir. Du hast immer die Wahrheit gesagt. Ich kläre das gleich. Ab jetzt müsst ihr mir alles, aber auch wirklich alles erzählen, was man hier mit euch anstellt." Nachdem wir es erzählt hatten, sagte er: „Geht spielen. Ich muss zu Chaledschan", und küsste uns auf die Köpfe.

Die ersten Stufen ging er bedächtig, dann hörten wir, wie sich seine Schritte beschleunigten und er fester auftrat, schließlich seine laute Stimme, die nach der Heimleiterin fragte.

Nasrin und ich standen Hand in Hand, als beschützten wir uns vor einer undefinierbaren Gefahr.

Alles wurde still.

Wahrscheinlich hörten alle zu.

Er schrie: „Ich werde dafür sorgen, dass dieser Puff geschlossen wird. Meinem Sohn, meinem eigenen Leib, musste so etwas passieren? Ihr habt nicht ihn, sondern mich vergewaltigt. Wo bleibt diese Hure? Bringt sie mir, sofort!"

Chaledschan und Parvin versuchten, ihn zu beruhigen. Sie sei nicht da und Nader habe wirklich schlecht geträumt. Diese Frau sei immer verlässlich gewesen, aber trotzdem hätten sie sie in die Werkstatt versetzt.

Ich war stolz auf meinen Vater. Er nannte mich seinen eigenen Leib, außerdem schrie er meinetwegen die Erwachsenen an. Das hat es später so nie wieder gegeben.

Er versicherte, dass er nicht ruhen werde, bis alles aufgeklärt sei, und wenn er auch bei den Erzieherinnen, Parvin und der stillen Schwester, ganz sicher sei, seinen lieben Sohn in besten Händen zu wissen, müsse er doch beim nächsten Treffen eine Maßnahme zur lückenlosen Klärung solcher Schweinereien ergreifen. Er werde sonst Anzeige erstatten und es auch seinem Arbeitgeber, der Iranischen Ölgesellschaft, melden, damit sie die monatlichen Heizölunterstützungen aussetze.

Chaledschan versicherte unter Tränen, alles für die Sicherheit der Kinder getan zu haben und, falls es tatsächlich so etwas gegeben habe, die Täterin zu entlassen. Sie sagte aber gleichzeitig, dass Kinder oft Träume hätten, die sie für die Wirklichkeit hielten, und dass Nader das Vorzeigekind des Heims sei und Parvin deshalb ein besonderes Augenmerk auf ihn gerichtet habe.

Mein Vater kam zu uns zurück, küsste uns wieder auf die Köpfe und befahl uns, jede Einzelheit, die uns unangenehm sein könnte, mit ihm zu bereden.

Nach dem Mittagsschlaf rief mich Parvin zu sich.

Ich fand Sara weinend in ihrem Zimmer und musste mich auf einen hohen Stuhl setzen. Sara wiederholte, dass sie mich schreiend auf dem Boden gefunden habe und nicht wisse, woher ich meine Behauptung hätte.

„Hast du vielleicht das Bettgitter offen gelassen?", wollte Parvin wissen.

„Ich weiß es nicht, wirklich nicht. Lasst mich doch hier mein Brot verdienen. Warum tut ihr mir das an?", heulte sie weiter.

Offenbar winkte Parvin sie weg, denn sie hörte auf zu weinen und verließ den Raum.

Parvin aber kam geräuschlos zu mir, nahm mich zu sich auf eine Bank und setzte sich, mir gegenüber, auf einen Stuhl. Dann schloss sie ihre Zimmertür ab und befahl mir, beide Hände vorzustrecken.

„Du musst jetzt stark sein. Ich habe dich sehr lieb, aber deine Seele ist krank. Ich werde dich heilen. Solange du glaubst, Sara habe mit dir geschlafen, bist du krank."

Dann begann sie, mir mit Nähnadeln in die Handflächen zu stechen.

Ich versuchte, stark zu sein, aber es gelang mir nicht, besonders als ich meine Hände umdrehen musste, um die Stiche auf den Handrücken entgegenzunehmen.

Nach einer Weile, die mir wie eine Ewigkeit erschien, fragte sie, ob ich immer noch dasselbe behaupten würde, und als ich nickte, seufzte sie und brummte mit zittriger Stimme: „Jetzt musst du besonders stark sein."

Diesmal musste ich meine Zunge herausstrecken ...

„Das bleibt unser Geheimnis", flüsterte sie später. „Wenn du willst, dass dein Vater mich umbringt, dann kannst du unser Geheimnis verraten. Obwohl dann auch er weiß, dass du krank bist. Wenn das aber unser Geheimnis bleibt, bleiben wir Freunde auf ewig. In Ordnung?"

Ich weinte lautlos, sie streichelte mir den Kopf und ließ mich irgendwann gehen.

In der nächsten Zeit kam mein Vater jeden Tag mit Mama zu uns und besprach sich mit den Erzieherinnen und der Heimleitung. Meine Mama weinte jedes Mal und ich musste mitweinen. Ich wurde weiterhin nachmittags von Parvin geheilt, sie konnte mich aber nicht umstimmen.

Tatsächlich wurde ich krank: Ich bildete mir ein, Wespen würden mich verfolgen und musste einige Tage das Bett hüten. Ein englischer Doktor kam und meinte, ich sei traumatisiert, entweder weil ich mit Sara recht hätte oder weil mir irgendetwas in meiner frühen Kindheit widerfahren sei, was jetzt seine Auswirkungen zeige.

Sara wurde in die Stoffwerkstatt des Heims versetzt, auch Parvin ließ mich fortan in Ruhe.

Sie spielte nun eine besonders nette und mütterliche Frau, was es mir leichter machte, sie aus meinem Herzen zu vertreiben.

Stattdessen begann ich, von Parvin zu schwärmen, der Starsängerin im Radio, deren Stimme der meiner bisherigen Lieblings-Parvin ein wenig glich.

* * * * *

Ich habe bei der Entzifferung und Niederschrift dieser Seiten mit Nader gelitten, obwohl ich ihn vor allem als sturen und dominanten Menschen kannte. Nicht nur rebellierte er gegen Ungerechtigkeiten, er traute sich auch, solche innerlich erniedrigenden Erlebnisse in die Welt hinauszuposaunen. Mir kommt es so vor, als hätte er uns schon als kleiner Junge des Opportunismus anklagen wollen. Seine Unnachgiebigkeit durchzieht sein gesamtes Konvolut. Waren etwa seine Vorfahren am Ende doch Zoroastrier, die alles in Gute und Böse, Himmel und Hölle, hoch und niedrig, hell und dunkel, Täter und Opfer, oder eben in schwarz und weiß einteilten? Wer ist eigentlich hier der Täter, oder besser gesagt die Täterin? Sara vergewaltigt Kinder, Parvin foltert sie, und Chaledschan gibt ihnen dazu die Möglichkeit. Aber unabsichtlich hat sich in diese krasse Geschichte der Gewalt gegen Wehrlose ein Grauton eingeschlichen. Der Vater, eine grob geschnitzte Figur, zeigt hier plötzlich eine wohlwollende Seite, er verteidigt seinen sturen Sohn, das Opfer. Aber wenn ich darüber nachdenke, hat sein Vater das eher für sich selbst und seine Mannesehre getan. Ja, Angelika hatte recht: Ich habe mich nie ganz aus dieser zurückgebliebenen Gesellschaft mit ihren moralischen Mauern lösen können, durch die Menschen, Dinge und Kräfte eindeutig eingeordnet sind.

So war das auch, als Nader und ich später in die Schule gingen. In der fünften Klasse hatten wir damals bei Herrn Afschin Naturkunde. Er kam eines Tages in unsere Klasse und machte unserem Tuscheln ein Ende, indem er rief: „Heute werde ich euch eine moralische Physiklektion erteilen."

Der Schulaufseher und der Direktor des Blindeninternats, von dem ich später berichten werde, hatten gerade Kamal vor allen Schülern bei der Morgenbegrüßung ausgepeitscht, sodass ich ganz verängstigt in die Klasse gegangen war. Man hatte Kamal in der Nacht wieder auf frischer Untat ertappt: Er habe versucht, mit dem schlafenden, geistig behinderten Abbas Analverkehr zu haben. Abbas soll laut gelacht und andere geweckt haben, die wiederum den Direktor benachrichtigt hätten. Kamal habe aber nicht von seiner Untat abgelassen. Anscheinend war er so auf sich konzentriert gewesen, dass er erst bemerkte, dass er entdeckt worden war, als der Direktor ihn von Abbas' Bett wegzerrte und mit einer Ohrfeige auf sein Bett zurückwarf.

Die Morgenzeremonie hatte länger als sonst gedauert, weil verschiedene Lehrer uns furchteinflößende Vorträge über Anstand und Moral hielten und potenziellen Tätern diesseitige und jenseitige Strafen androhten. Dann war der arme Abbas vorgeführt und verhört worden.

„Wieso hast du die ganze Zeit gelacht, statt den Leuten Bescheid zu geben?", hatte ein Lehrer geschimpft.

„Weil es mich kitzelte", hatte Abbas auch hier lachend gesagt. Man hatte ihn weg- und Kamal vorgeführt.

„Warum hast du das verbrochen, du dreckiges Schwein aus dem Stamme Lot?"

„Aber ich habe doch geschlafen! Es ist alles im Traum passiert!", hatte Kamal geheult, denn er wusste, was ihn erwartete. Er war ein Wiederholungstäter. Ich konnte mir gut vorstellen, wie ihm zumute war.

„Wenn jemand dich gefickt hätte, hätte ich es durchgehen lassen. Aber du fickst jemanden und behauptest, es sei im Traum gewesen?"

„Haltet die Fresse! Allesamt!", hatte der Direktor uns angeraunzt, als die Älteren den Aufseher auslachten, dessen Wortwahl genauso unanständig schien wie Kamals Tat. „Wenn ich so etwas noch einmal in unserem Heim und unserer Schule erlebe, werdet ihr allesamt schrecklich bestraft."

Ich hatte an Chaledschan denken müssen, die manchmal aus Verzweiflung allen einen Hieb versetzte, wenn sie den kindlichen Täter nicht ermitteln konnte. Dann waren wir alle in die Klassen zurückgedrängt worden und wisperten, wie gesagt, über Kamal und Abbas, als Herr Afschin eintrat.

„Hört bitte gut zu und redet nicht dazwischen. Zuerst erinnere ich euch an etwas, was ihr eigentlich wisst: Gott hat uns Menschen, aber auch die Tiere, als Mann und Frau, als männliche und weibliche Wesen geschaffen. Diese Männer und Frauen, oder Männchen und Weibchen bei den Tieren, paaren sich, passen ineinander wie Schlüssel und Schloss, wie Schraube und Mutter, damit sie sich fortpflanzen können."

„Entschuldigung?", rief Ali. „Ich habe nichts verstanden."

„Brauchst du nicht, Idiot. Jetzt kommt das verständliche Physikbeispiel. Das solltest sogar du verstehen."

Ich hörte, wie alle anderen sich gerade hinsetzten.

„Es geht um magnetische Felder", fuhr der Lehrer fort. „Ihr wisst doch, dass nur gegensätzliche magnetische Pole sich anziehen. Der positive Pol zieht den negativen an und umgekehrt. Sobald ihr aber zwei gleiche Pole einander annähert, merkt ihr eine Schubkraft. Die Magnetteile schieben sich gegenseitig weg, gehen also auseinander. Wie können dann zwei Menschen gleichen Geschlechts, was gleichen Polen sehr ähnlich ist, einander anziehen? Das geht nicht."

Die Klasse lachte herzlich über sein Beispiel.

Er klang verärgert.

„Wir Männer sind also positive Pole mit Schubkraft?", fragte Mortesa, dem ich eine solche Frage nicht zugetraut hätte.

„Schnauze, du Hundesohn! Du bist überhaupt kein Mann. Wenn du deine Aufgaben immer schaffst und vielleicht irgendwann mal erwachsen wirst, was ich mir nicht vorstellen kann, dann kann man erst sagen, ob du dazu in der Lage bist." Mir wurde angst und bange, als hätte Afschin mich aufs Korn genommen. Die anderen aber lachten, denn diesmal war Mortesa das Opfer ihres Spotts.

Als ich Angelika diesen Vorfall erzählte, hatte sie wieder einmal Grund, mich Weichei zu nennen. Danach wandte sie sich von mir ab und rief theatralisch durch die Kneipe: „Ach Afschin, lange bevor die Interdisziplinarität an der Universität zur hohlen Mode wurde, hast du sie umfassend angewandt!" Doch kehren wir zu Naders Kindheit zurück.

VERLUST

Unser Neujahr am 21. März und den Frühlingsbeginn feierte meine Familie in jenem Jahr zum ersten Mal in Isfahan. Wir waren Gastgeber unserer Verwandtschaft aus Chusestan, der heißen Tiefebene im Südwesten: Isfahan duftete nach Blüten und Bäumen, nach Kräutern und Rasen, erst noch nach Staub und etwas später nach der Sauberkeit der Häuser, nach Schneiderstuben und Schustereien und vor allem nach frischem Gebäck.

Der Frühling stand vor jeder Tür, und meine Schwester und ich waren über die Neujahrstage zu Hause.

Die Erwachsenen meckerten ständig über die Enge in unserem neu gemieteten Haus, in dem fast jeden Tag ein neuer Gast aus Chusestan eintraf. Wir Kinder freuten uns über so viele Menschen um uns herum, oft boten sie uns Leckereien an. Die halb reifen Datteln schmeckten besser als die beste Schokolade und all die Cousins und Cousinen waren gute Spielkameraden.

Als der Augenblick der exakten Jahreswende im Radio durch ein Kanonengeräusch verkündet wurde, küssten wir uns gegenseitig und bekamen von den Onkeln und Tanten kleine Geldbeträge, die wir meinem Vater zum Sparen übergeben mussten. Er selbst reichte als Segenswunsch einen großen Schein herum, der von allen betastet und weitergegeben wurde und anschließend zu ihm zurückkehren sollte, aber mein Cousin erlaubte sich einen Streich, nahm das Geld und rannte hinaus. Meine Tante Touran, die die Grobheit eines Mannes besaß, verfolgte ihn und brachte ihn samt der Beute unter Hieben und Prügeln zurück.

Süßigkeiten wurden herumgereicht, Pistazien und Mandeln geknabbert. Meine Nase zog die Frische und Reinheit ein. Was mich noch mehr freute, war, dass wir schon am selben Tag die Nachbarn, Verwandten und Bekannten der näheren Umgebung besuchen gingen, um uns wieder mit N.schereien vollzustopfen. So vergingen einige Tage, bis uns mein Vater, wie im letzten Jahr, zu sich rief und zu predigen begann: „Nicht bei ihm. Wenn ich erfahren sollte, dass jemand von euch bei ihm ein Körnchen gegessen hat, werden eure Ohren eure größten Körperteile sein. Ihr müsst immer wieder, zu jedem Angebot, sagen, dass ihr schon überall gewesen seid und gar nichts mehr essen könnt. Gar nichts, verstanden?"

Er wartete natürlich keineswegs unsere Bestätigung ab, sondern ging seiner Wege. Meine Mutter wies er an, ihn zu entschuldigen, er liege krank zu Hause und wolle niemanden anstecken, könne deshalb aber auch keine Gäste empfangen.

Der ominöse Mann, vor dem mein Vater uns gewarnt hatte, war sein Vetter Hadschchanali. Er hatte unsere Familie eingeladen, und wir Kinder gingen gerne dorthin. Die Familie Hadschchanali war uns Kindern gegenüber nämlich am freundlichsten und beschenkte uns immer mit Essbarem und mit Geld. Mein Vater aber sah sich in seiner Ehre verletzt, wenn wir von seinem reichen Vetter irgendetwas annahmen. Besorgt, weil wir die fantastisch süßen Plätzchen nicht bekommen würden, plagte ich unterwegs meine Mutter mit der immer gleichen Frage: „Ja, aber wenn sie wieder darauf bestehen, dass wir doch eine Kleinigkeit essen sollen, was dann?" „Kindchen, dann sagst du tapfer: Schade, aber ich bin so satt. Schade, schade", versuchte meine Mutter mich zurechtzuweisen, und bekam die Frage im nächsten Moment wieder gestellt. Schließlich wurde sie weich und sagte bedächtig: „Gut, dann bringst du deine Hand ganz vorsichtig ans Tablett, greifst nach dem ersten Keks, und wenn der Keks klein ist, nimmst du ihn. Wenn er aber groß ist, nimmst du nur die Hälfte, okay?" Ich schrie fast vor Aufregung: „Gut, mache ich. Ich halbiere den Keks, aber erst sage ich immer: Nein, danke."

Sie lobte mich und wir traten ein.

Wir wurden wie seltene, gern gesehene Gäste begrüßt und bekamen die geräumigsten Sofas zum Sitzen.

Die Gäste kamen nacheinander von rechts herein und verteilten sich in dem großen Salon, der noch viel mehr Platz zu bieten schien. Meine Mama unterhielt sich mit Tante Golab, Hadschchanalis Frau. Sie lachten und begrüßten zugleich die eintreffenden Gäste. Niemand schien von mir Notiz zu nehmen. Ich saß auf einem Sofa am Ende des Saals und versuchte, wie so oft, mit den Füßen zu baumeln und auszuprobieren, ob ich den Teppich erreichen konnte. Links von mir musste ein riesiger Tisch stehen, der längs zu den großen Fenstern aufgestellt war. Der Gästesaal duftete nach Hyazinthen und Rosenwasser.

Ich hatte immer davon gehört, dass die Hadschchanalis einen Fernseher hatten, und meine Mama, die ihn offenbar schon gesehen hatte, bat Frau Hadschchanali, das Gerät einzuschalten. Schöne Musik erklang aus gewaltigen Lautsprechern; ich hatte das Gefühl, dass das Orchester live hier bei uns spielte. Einen so klaren Klang hatte ich bis dahin noch nie gehört. Radioklänge waren viel dumpfer und deshalb hatte ich sogar das Gefühl, ich könne etwas sehen.

Solange der Fernseher lief, hörte ich aber auch noch einen zwar leisen, aber sehr hohen Piepton. Was das Rauschen fürs Radio, war anscheinend dieser Ton für den Fernseher. Es lief ein Film, so etwas wie ein Hörspiel im Radio, aber ständig klingelte es und weitere Gäste traten ein, sodass der Fernseher bald wieder ausgeschaltet wurde. Ich hatte mich nicht getraut zu fragen, ob ich den Wunderkasten berühren dürfe, und beschäftigte mich weiter mit dem Versuch, den Boden mit den Füßen zu erreichen.

Seitdem Nasrin und ich ins Heim gegangen waren, wurden wir als eigenständige und unterschiedliche Personen behandelt. Sie spielte nun für gewöhnlich mit den Mädchen und ich mit den Jungs. Erstaunlicherweise gab es hier jedoch gar keinen, mit dem ich spielen konnte, und meine Mama unterhielt sich angeregt und lachend mit ihrer Verwandtschaft.

Ich brannte vor Ungeduld und hielt nur mit Mühe still. Die Neujahrstafel mit der traditionellen Zusammenstellung von Naturgegenständen, die alle mit S anfangen, war bestimmt auf dem großen Tisch aufgestellt, denn der Duft der Hyazinthen und des Gebäcks stach mir von links in die Nase. Ich grübelte darüber nach, was das für sieben Dinge waren, die im Persischen mit S anfangen. Mir fielen nur drei ein: Sib, Apfel, Sir, also Knoblauch, und das Gewürz Somagh. Irgendwo musste hier auch ein Glas mit fetten Goldfischen sein, die ich gerne durch meine Hände hätte flutschen lassen, aber mein Magen knurrte, obwohl ich mir vor einer halben Stunde bei der Familie Eftechar, entfernten Verwandten, mit allen möglichen Süßigkeiten und Obst den Bauch vollgeschlagen hatte. Gefühlte hundert Mal fragte ich mich, ob ich meine Mama rufen solle, hatte aber Angst vor möglichen Konsequenzen. Mein Vater hatte Nasrin heute Morgen fünf Minuten lang gedroht und ihr verboten, auch nur eine winzige Rosine bei den Hadschchanalis zu essen!

Mein Vater hielt Hadschchanalis Aufmerksamkeiten für Mitleid und hasste den netten Onkel, der immer nach Lavendel roch. Er äffte ihn nach, indem er sich eine hohe Fistelstimme gab und sagte: „Bitte, bitte, mein Haus ist euer Haus." Dann schickte er dem armen Onkel ein paar Schimpfwörter hinterher: „Du versoffener Gauner, wir brauchen dein Geld und deine Speisen nicht. Wir haben unseren Stolz nicht verloren. Du tust nur so großzügig, eigentlich würdest du, selbst wenn du vierzig Grad Fieber hättest, keinem auch nur ein einziges Grad davon umsonst abgeben." Auch an diesem Morgen hatte Papa Drohungen ausgestoßen und mich damit, seltsamerweise, nur noch gieriger gemacht. „Sie bringen euch Kuchen", hatte er gesagt, „und Obst und duftendes Gebäck wie Ghotab und Baghlava, aber ihr müsst immer wieder sagen, dass ihr satt seid und keine einzige Kichererbse mehr essen könnt. Wenn ich höre, dass ihr einen Keks gegessen habt, dann zerreibe ich eure Knochen zu Krümeln."

In dieser Manier zählte er in einem fort alle wohlschmeckenden Speisen auf, darunter Tahdig, die Reiskruste, und schärfte uns und meiner Mutter ein, dass wir ja nicht zum Abendessen bleiben dürften. Hadschchanali war nicht da, sonst hätte meine Mutter mich sicher nicht allein auf dem Sessel gelassen. Er hatte ein Herz für Kinder und steckte uns immer Süßigkeiten und Spielzeuge zu.

Plötzlich roch es nach Reis und ich konnte mich nicht mehr halten. Ich rief meine Mama.

„Ja, mein Kind?"

Als wollten alle hören, was ich zu sagen hatte, wurde es augenblicklich still im Raum.

„Die bringen ja gar nichts! Wie sollen wir denn da etwas ablehnen?"

Meine Mama raunte: „Was quatschst du denn da?"

Aber Tante Golab ließ ihr keine Gelegenheit mehr, mich auszuschimpfen, sie rannte auf mich zu und rief: „Gott strafe mich, mein Junge! Wie recht du hast. Ich bringe sofort etwas, und du darfst nicht ablehnen!"

Alle lachten, und ich fragte mich, ob über mich oder über Tante Golab.

Hadschchanali kam und wir mussten zum Abendessen bleiben. Nach einer gefühlten Viertelstunde schrie ich plötzlich: „Mama?", und wiederholte es, bis sie mich fragte, was ich denn nun schon wieder wolle.

„Ja, die bieten doch immer noch nichts an, wozu ich ‚Nein, danke‘ sagen könnte. Was nun?"

Frau Hadschchanali rannte lachend und sich entschuldigend zu mir und brachte mir alles gleichzeitig: Getränke, Süßigkeiten, Obst und Naschzeug. Meine Mutter entschuldigte sich bei ihr mit zitternder Stimme und betonte, dass ich normalerweise überhaupt nicht frech sei und sie sich ohnehin wundere, wo ich in meinem vollgegessenen Bauch noch Platz für Essen finde.

Onkel Hadschi, der kurz zuvor eingetreten war, lachte freundlich und versuchte vergeblich, meine Mutter zu beschwichtigen: „Die Wahrheit bekommst du nur von Kindern und Betrunkenen zu hören."

Er nahm mich mit in den Hof und zeigte mir die Rosensträucher, die Bäume und das Bassin, und dann steckte er mir einen Geldschein als Neujahrsgeschenk in die Hosentasche.

Auf dem Rückweg nach Hause war meine Mutter so still, dass ich fast weinen wollte. Wie wortlos vereinbart schwiegen wir beide vor meinem Vater, aber als ich ihm das Geschenk übergab, bekam ich doch einen Klaps auf den Po. Der Klaps war aber anders als üblich, sehr harmlos, und fühlte sich beinahe wie ein netter Spaß an. Ob es an der Größe des Scheins lag?

Bald nach Neujahr wurde meine Mutter wieder schwanger. Als sie ihr drittes Kind, meinen Bruder Madschid, gebar und bei diesem eine Herzschwäche festgestellt wurde, meinte meine Großmutter Fatemeh, eine Bestätigung ihrer Ansichten gefunden zu haben: „Jetzt ist es belegt. Aller schlechten Dinge sind drei." Die Leute stempelten meine Mutter als eine schlecht gebärende Frau ab, auf der ein Fluch laste. Und dies, obwohl Madschids Krankheit, laut den Ärzten, auf die Einnahme von Medikamenten während der Schwangerschaft zurückzuführen war. Der Druck auf meine Mutter war so groß, dass sie ihr Schicksal ebenfalls so wahrnahm und meinen Vater geradezu dazu animierte, sich eine zweite Frau zu nehmen. So hätte ich mit neun Jahren, als mein Vater ein siebzehnjähriges Mädchen zur Frau nahm, seine Hochzeit miterleben können – wenn wir denn eingeladen worden wären.

Mahschid war ein lebensfrohes und ehrgeiziges Mädchen. Sie geriet jedoch in gefährliches Fahrwasser, als sie anfing, gegen meine Mutter zu opponieren. Sie intrigierte auch gegen meine Geschwister, bevorzugte meine Stiefgeschwister, wo sie nur konnte, und übernahm keinerlei Verpflichtungen im Haushalt. Stattdessen ging sie zur Schule, um ihr Abitur nachzuholen, besuchte Tipp- und Nähkurse, lernte das Dekorieren, belegte einen Kosmetikkurs und noch vieles mehr.

Mein Vater begann, sich nach und nach von meiner Mutter und uns Kindern zu distanzieren. Er hatte für sie und uns nur noch Meckereien, Ratschläge und leider auch oft Schläge übrig. Sein Hobby war es, Kinder zu zeugen. Unsere Familie vergrößerte sich jedes Jahr um ein Kind, bis wir bald zu einem Fünfzehn-Personen-Haushalt angewachsen waren: zwei Frauen, mein Vater und zwölf Kinder in einem Haus mit drei Zimmern. Im Sommer hatten wir mehr Platz, da wir auf dem Hof schliefen, aber im Winter passten wir nur gerade so in die Räumlichkeiten hinein. Mich schlug mein Vater selten, weil ich ja die meiste Zeit nicht zu Hause, sondern im Heim war, aber er wurde immer gröber zu meinem Bruder und sparte sich alle Nettigkeiten für meine Halbgeschwister auf. Meine Mutter verhinderte mit ausgeprägter Freundlichkeit und Ergebenheit uns allen gegenüber, dass Abneigung oder gar Hass zwischen uns geschürt werden konnten aber Mahschid entwickelte sich immer mehr zu einer Stiefmutter, wie sie sonst nur im Märchen vorkommt. Da sie mehr mit sich selbst als mit den Kindern beschäftigt war, wurde sie, anders als meine Mutter, die für alle nur „Mama" hieß, auch von ihren eigenen Kindern „Mama Mahschid" gerufen. Das ging so lange, bis es einmal aus ihr herausplatzte und mein Vater infolgedessen das Gebot erließ, dass sie von nun an auch „Mama" gerufen werden müsse, was wir aber nur sehr inkonsequent taten.

Meine Mutter bekam starke Migräneanfälle und wurde zur Stammpatientin der örtlichen Arztpraxen und Krankenhäuser. Da sie uns nicht vernachlässigen wollte, nahm sie immer ein paar Kinder mit sich, und so lernte ich die Abteilung 77 der Klinik der Iranischen Ölgesellschaft in Isfahan gut kennen: Doktor Pischewar, der eine autoritäre Fistelstimme hatte, Doktor Fotuhi, der gleichzeitig telefonieren, ein Rezept schreiben und meiner Mutter zuhören konnte, Doktor Sadeghpour, der meinen Vater, mit oder ohne Termin, immer eine Stunde warten ließ, während er meine Mutter immer gleich aufrief und untersuchte.

Je abwertender mein Vater über und mit uns sprach und uns behandelte, desto fremder wurde er mir, bis er sich eines Abends für immer in eine nur noch geduldete Übergangsautorität verwandelte: Ich war gerade von einem Besuch bei meiner Mutter in der Klinik zurückgekommen. Sie hatte ein Extrazimmer bekommen, damit Nasrin und zwei meiner Halbschwestern bei ihr übernachten konnten. Mahschid hatte also etliche Kinder zu betreuen, wobei mein Vater überraschenderweise tüchtig im Haushalt mithalf. Abends konnte mein kleiner Bruder Madschid nicht einschlafen und fragte ständig, wann Mama zurückkäme. Es war Sommer. Wir schliefen auf der neu gebauten Terrasse. Je größer die Kinder wurden, desto häufiger holte mein Vater Maurer und einen alten Architekten aus der Gegend ins Haus. Diesmal hatte er die Terrasse den Wohnräumen angliedern und so die Zimmer erweitern lassen und aus einem Teil des Hofs eine neue Terrasse gemacht.

Mein Vater versuchte, mit Geschrei und Prügeln, Madschid zu beruhigen, aber als das nicht half, nahm er das wild gewordene Kind mit Mahschids Hilfe fest in die Hand und hielt es kopfüber aus dem Kellerfenster in die Dunkelheit, um ihm Angst zu machen und es so ruhigzustellen.

Ich kochte über, beschimpfte ihn und Mahschid und bekam von meinem Vater eine der seltenen Trachten Prügel. Dafür wurde Madschid losgelassen.

Lautlos schluchzte ich unter der Decke und war mir nicht sicher, aus welchem Grund – wegen der Prügel, wegen meines Bruders, oder weil ich meinen Vater aus meinem Herzen verjagt hatte? Ich hatte ihn für immer verloren.

* * * * *

Ich bin fast über mich selbst verwundert, dieses Kapitel unter einigen Mühen getreulich übertragen zu haben. Familienschwierigkeiten hat jeder, wozu dies also? Ich kenne mich da theoretisch aus, weil mich Frau Fadensticker zum Psychologen Dr. Altenburg getrieben hatte, dem nichts Besseres einfiel, als mich auf eine

Couch zu legen, damit, wie er erklärte, ich ihn nicht sehen könne. Die Fragen nach meinen Erinnerungen an meinen Vater führten auch zu nichts, da ich meine Eltern nie kennengelernt habe, wie es auch so vielen anderen Blinden in unserem Heim ging. Dr. Altenburg bohrte in mir nach meinen Eltern, als würde er nach Öl suchen. Die Sache war für mich zunächst einfach zu beantworten, denn man hatte mir mehrmals erzählt, dass mich ein alter Kaschkai-Nomade am Stadtrand von Schiras neben einer Müllhalde gefunden und nach Isfahan gebracht hatte. Doch der Psychologe insistierte, dass ich sehr wohl unterbewusste Kenntnisse haben müsse, die ich nur verdrängte.

Eines Abends, als ich mit meinem Freund Schahrjar kiffend bei mir zu Hause saß und ihm mein Leid über die Fadensticker-Altenburg-Verschwörung klagte, fand dieser die Lösung meines Problems.

„*Wie der eigne Sohn, erlegt vom Vater, starb* – weißt du, woher diese Zeile ist?"

„Na klar, das ist der Tod des Helden Sohrab durch die Hand seines Vaters Rostam im berühmten persischen Königsepos *Schahnameh* – und was meinst du damit?"

„Siehst du, du bist ein richtiger Sohrab, mit dem Unterschied, dass Rostam unwissentlich seinem Sohn im Ringkampf das Rückgrat brach, um ihn anschließend zu erstechen, während dein Vater dich wissentlich töten wollte. Du brauchst hier keinen Ödipuskomplex aus der Altenburg-Psychologie, bei uns läuft das genau umgekehrt wie im Westen."

Mit jeder neuen Rauchschwade, die aus meinem Mund kam, fühlte ich mich unbesiegbarer. Später, als ich an dem Kapitel über Naders Familie arbeitete, fiel mir der Abend mit Schahrjar wieder ein. So gesehen mutierte Naders Klage über den angeblichen Verlust seines Vaters zu losem okzidentalem Geschwätz, das er unbewusst in den christlichen Heimen aufgesaugt hatte.

VERLETZUNGEN

Am Tag nach meinem achten Geburtstag wurden Ali, Musa und ich in einem VW-Bus vom Nurestan- ins Ölbergheim gefahren. Ich packte meine Sachen in eine dicke Tüte, die ich seit letztem Weihnachten meine Privattasche nannte: meine Schreibtafel, Griffel, zwei Hefte, die für mich Bücher hießen, das Aufziehauto und ein Armband, das mal Nasrin und mal ich getragen hatte, das sie mir aber irgendwann geschenkt hatte, damit ich immer an sie denken möge.

Chaledschan stellte uns einer Frau und einem Herrn Stamm vor. Der Mann schien sich immer wieder mit der Hand über das Kinn zu streichen, dabei sagte er bedächtig ein, zwei Worte, immer wieder „bale, bale", „ja, ja". Die Frau dagegen sprudelte über vor Redefreude, nur war das, was sie sagte, für uns schwer verständlich. Wir waren zwar an ein Persisch mit britischem Akzent gewöhnt, nicht aber an eine Aussprache, die klang, als ob man die Wörter durch ein Reibeisen treibt. Sie strich uns freundlich über den Kopf, wozu auch ihre weiche, aber bestimmte Stimme zu passen schien. Die Stamms waren sehr freundlich zu uns. Nur wenn sie miteinander sprachen, kamen sie uns ein wenig gereizt vor. Schließlich stiegen wir in den Bus ein. Während Herr Stamm am Steuer saß und mit seinem „Ja, ja" fortfuhr, hatte sich Frau Stamm, die neben ihm saß, nach hinten gewandt und redete mit uns, als ob sie uns nicht aus dem Blick verlieren wollte. Wenn sie untereinander sprachen, lachten wir über die deutsche Sprache, welche viel zu viele Kratzbuchstaben enthielt, wie „Krach machen" oder „Nachtwachen".

Am Tor des Heims angekommen, stiegen wir aus. Herr Badri, der Pförtner, begrüßte uns. Er führte meine Hand auf seinen Bauch, auf dem ein Teller lag, und sagte: „Das ist mein Esstisch." Er war ein übergewichtiger alter Mann, der etwas nach Gammelfleisch roch. Er sprach leise, klang gebildet und rückte jede Minute seine Brille zurecht.

Das Heim war viel größer als das Nurestan. Wenn man hineinkam und die Pforte hinter sich ließ, stand links das schönste Gebäude des Komplexes, das sogenannte Marmorgebäude, ein zweistöckiger Block. Im Hochparterre befanden sich rechts ein Medizin- und Untersuchungsraum sowie die Heimapotheke, links die Büros der Heimleitung. Im ersten Stock wohnte das Ehepaar Stamm, das häufig Kontakt mit uns hatte, wenn sie auch, wie erwähnt, in einem kläglichen Persisch radebrechten.

Heimleiter waren die Beinhorns, die eigentlich gar kein Persisch sprachen. Sie wohnten im sogenannten „Anderen Garten", einem riesigen Gelände mit Bäumen und Beeten, an dessen Ende sie sich eine große Wohnung erbaut hatten, um unter sich zu sein. Wir gingen nicht dorthin, weil es da einen an seiner Kette rasselnden großen Hund gab. Wir wussten aber, dass irgendwo auch Schafe waren, weil sie abends blökten.

Langsam ertastete ich mir diese neue Umgebung. Bis sich ein Gefühl für das riesige Gelände bei mir eingestellt hatte, sodass ich mich dort unbeschwert bewegen konnte, hatte ich mir mehrmals

die Füße verstaucht, Beulen zugezogen und schmerzhafte Schürf-
wunden davongetragen. Leicht zu erkennen war hingegen das
Ende des Marmorbaus, da sich dort eine Garage mit einem VW-Bus
befand, dessen Öl- und Abgasgestank den Ort für mich markierten.
Vor dem Gebäude befand sich ein großes steinernes Bassin, in dem
wir Kinder später das Schwimmen lernen sollten. Ältere Heimbewohner erzählten uns, dass es im „Anderen Garten" ein größeres,
tieferes Schwimmbad gab. Zentral für uns war aber der Marmorbau mit einem Wegegeviert aus Platten. Egal, ob für Lästereien
oder eine ernsthafte Unterhaltung, oft spazierten wir stundenlang
um dieses Gebäude herum, diskutierten wie die griechischen Peri-
patetiker und kamen uns dabei äußerst klug vor.

Wenn man den Hof hundert Meter durchschritt, gelangte man
auf der linken Seite zur Nähstube und zur Waschküche des Heims.
Jedes Kind hatte eine Nummer, die auf alle Kleidungsstücke genäht
wurde. Ich hatte die Nummer einundvierzig, was besagte, dass ich
der einundvierzigste registrierte Bewohner des Heims war. Im
Waschbereich arbeiteten nette, mir allesamt älter vorkommende
Personen, die beim Sprechen alles dehnten, darunter Schogher, die
mit ihrer Familie in einer Zweizimmerwohnung hinter der Waschküche lebte.

Den ersten Zusammenstoß gab es gleich am zweiten Tag. Ali,
Musa und ich hatten jeweils einen Schlafplatz in einem Doppel-
stockbett zugeteilt bekommen – jedoch in unterschiedlichen Zimmern. Wir drei trafen uns auf dem Flur vor dieser Zimmerreihe
und erforschten die Zimmer; dabei fanden wir heraus, dass sie alle
gleich groß waren und jedes vier Doppelstockbetten hatte. Wir
gingen zu Schogher, die abends von der Nähstube zur Aufsicht
kam, und wollten zusammengelegt werden, doch sie blieb uner-
bittlich. Ali war in dem Zimmer nahe den Toiletten, während sie

Musa am anderen Ende des Flurs in ein identisches Zimmer neben dem Mehrzwecksaal des Heims gesteckt hatten, der abends als Andachtsraum benutzt wurde; sonst spielten wir Kinder dort. Auf der gegenüberliegenden Seite des Mehrzwecksaals gab es eine gleiche Reihe von Zimmern, in denen ältere Heimbewohner zu viert wohnten.

Lief man einen etwa einhundert Meter langen Weg unter Kiefern entlang, erreichte man, genau gegenüber den Erwachsenenschlafzimmern, die Reihe mit den Klassenzimmern. Nach sechs Klassenzimmern, die jeweils Platz für bis zu acht Schüler boten, kam das Büro der Schule. Neben diesem befanden sich der Unterrichtsraum der sechsten Klasse, die Druckerei sowie die Bibliothek, die in einem Durchgangszimmer untergebracht war.

An Feiertagen dienten die Klassenzimmer als Strafräume. Wer etwas Falsches getan hatte, wurde einen Tag lang ohne Nahrung dort eingeschlossen. Ich gehörte zu den Dauergästen dieser Räume und hatte bald eine Möglichkeit entwickelt, aus den Fenstern in die Freiheit zu gelangen – und rechtzeitig wieder zurück.

Es hieß, ich sei ein Beelzebub, da ich wie ein Gecko an einer steilen Wand hochklettern konnte. Einmal probierte ich es tatsächlich aus, stieß aber mit dem Kopf heftig ans Dach und fiel herunter.

Bei meinem Eintritt in das Heim wimmelte es von Kindern, Jugendlichen und erwachsenen Männern, die mir alle sehr fremd vorkamen. Viele von ihnen bewegten sich schneller und unvorsichtiger als die Mädchen und Frauen im Nurestan. Sie stießen ab und zu gegen Pfosten und Pfähle oder gegeneinander und ich wunderte mich, wieso die Sehenden sich nicht darüber wunderten und dies offenbar als natürliche Blindenschwäche interpretierten. Ich selbst konnte Hindernissen leicht ausweichen, da ich wie die Fledermäuse jedes Echo wahrnahm und sogar oft Gegenstände wie Autos,

Glastüren oder gar Pfosten und Pfähle bemerkte. Eine Sache, mit der jedoch jeder Blinde seine Probleme hat, sind Vertiefungen.

In dem Schuljahr gab es keine zweite Klasse in der Schule des Heims, doch ich arrangierte mich in kürzester Zeit mit meiner Zwangsrückversetzung in die erste und wurde natürlich Klassenbester, weil sich für mich ja alles wiederholte. Ich brauchte mich nicht auf irgendetwas zu konzentrieren und wurde kaum getadelt, wenn ich einmal fehlte.

Vieles hatte ich bei Parvin gelernt, Kinderlieder und Gedichte konnte ich jedoch wegen der „schlechten Lehrerin" auswendig. Die schlechte Lehrerin war eine Nordiranerin gewesen, die nicht nur Lieder oder Gedichte mit uns übte, sondern uns auch schon mal die Milchzähne zog, indem sie uns an den Zähnen an die Klassentür band und diese dann ruckartig aufriss.

Während der Sommerferien brachte mein Vater meine Schwester und mich in einem Zug von Isfahan nach Mahschahr, um mit uns die Verwandtschaft zu besuchen. Immer, wenn er das Dritte-Klasse-Abteil verließ, um Besorgungen zu machen, fing ich an, etwas zu singen; schnell hatte ich ein beachtliches Publikum.

Unser Lehrer in der neuen ersten Klasse hieß Herr Assad. Er war ein Augengenosse, alt und klein, hatte eine hohe, leise und freundliche Stimme und erweckte nicht den Eindruck, die Schüler je schlagen zu wollen; meinen ersten Hieb im neuen Heim nahm ich trotzdem von ihm entgegen. Es war in der Diktatstunde. Er fragte mich, wie man das Wort „Stuhl" schreibe, und ich erwiderte: „Man nimmt einen Stift und ein Stück Papier."

Der Hieb war nicht sonderlich heftig, sodass ich innerlich über meinen Witz lachen konnte.

Die zweiten Prügel fielen wesentlich schlimmer aus.

Von Herrn Assad wussten wir, dass er fünf Jahre in Deutschland gelebt hatte und ein wenig Deutsch sprach. Er erzählte uns immer wieder dieselbe Geschichte aus Deutschland. Ein alter blinder Mann kam darin vor, der sich im Wald verlief und in der Kälte den Tastsinn verlor. Fünf Stunden dauerte es, bis der Arme mit Hilfe eines Spaziergängers seine Wohnung wiederfand, und fünf Tage, bis er seinen Tastsinn wiedererlangte.

Herr Assad mit seinem türkisch klingenden Akzent erzählte diese Geschichte in einem langsamen, langgezogenen Tonfall und brauchte dafür vierzig Minuten. Neben mir in der Klasse saß Musa, mein Freund, der mit mir vom Nurestan- ins Ölbergheim gezogen war. Immer wieder bat ich Herr Assad, die Geschichte des alten Mannes aus Deutschland zu erzählen, und immer, wenn er sich nach ein paar Minuten warmgeredet hatte, zog ich Musa ganz leise mit aus der Klasse und wir spielten draußen etwa eine halbe Stunde, ohne dass Assad je unser Fehlen bemerkte! Einmal aber hatten wir wohl die Zeit überschritten, sodass wir erst an der Tür ankamen, als er gerade fragte: „Nader, was meinst du zum Verlieren des Tastsinns?"

Keine Antwort.

„Nader?"

„Ja?"

„Warum stehst du an der Tür?"

„Ich muss."

„Warum hast du nicht um Erlaubnis gefragt?"

„Weil ich Sie nicht unterbrechen wollte."

„Das glaube ich dir nicht, aber mach schnell."

Seitdem war Herr Assad misstrauisch.

Als ich das nächste Mal die Geschichte hören wollte und im Begriff war, mit Musa die Klasse zu verlassen, ertappte er mich an der Tür und schlug wild auf mich ein.

„Seit wann machst du das?"

Mir tat zwar der ganze Körper weh, ich ertrug aber alles mit Würde und war auf Rache aus, beziehungsweise auf der Suche nach einem besseren, noch schlaueren Streich. Die Idee dazu offenbarte sich mir in einem steifen Schlauch, den ich in die Klasse mitnahm und benutzte, um bei einem Diktat den armen Assad zu quälen. Ich streckte den Schlauch in seine Richtung und pustete hinein. Er versuchte, so schnell er konnte, den Ort zu erreichen, wo er den Urheber des Geräuschs vermutete, fand dort aber nichts und niemanden. Stattdessen hörte er das Geräusch nun von der anderen Seite des Klassenzimmers. Da er für das Diktat Texte aus unserem Lesebuch nahm und ich sie auswendig konnte, schrieb ich flink alles fertig und spielte dann getrost weiter meinen Streich.

Wie lange ich den armen Lehrer damit plagte, weiß ich nicht, es muss aber lange gewesen sein, denn die Prügel, die ich von ihm bekam, als er mich endlich ertappte, weil er allmählich bemerkt hatte, dass ich der Einzige war, der nicht mitschrieb, bestand aus den harten Schlägen eines sehr verbitterten blinden Menschen.

Auch in der zweiten Klasse gab es für mich kaum etwas zu lernen. Das Lesebuch hatte ich in der ersten Klasse längst durchgelesen und abgeschrieben, viel Neues kam nicht hinzu. Herr Safari, unser Klassenlehrer, war ein untersetzter und phlegmatischer Mensch, der immer so sprach, als diktierte er. Seine Abwesenheitsvertretung war Herr Naser, ein kurzgewachsener und langsamer Typ, der seinen Beruf aber viel ernster nahm. Er brachte oft Pflanzen und Gegenstände, die wir nicht kannten, mit in die Klasse – getrockneten Mohn, eine Wasserpumpe oder einen kleinen Elektromotor, der aus seinem Rasierapparat stammte.

Die Bastelstunden, die wir nachmittags mit Frau Stamm hatten, fand ich am interessantesten. Sie zeigte uns, wie man einen Korb flicht und eine Nadel einfädelt. Sie war eine resolute Frau mit winzigen Händen, die nur wenige Worte Persisch sprach, sich damit aber gut bei den Erzieherinnen und uns durchsetzen konnte. Ihr Mann war deutlich ruhiger und ihr ergeben. Er war immer hinter ihr her, mischte sich jedoch nie in unsere Angelegenheiten ein. Nie erteilte er jemandem eine Tracht Prügel. Mich nannten die beiden „Floh", weil ich sehr zierlich war und mich in allen Winkeln versteckte.

Am interessantesten aber waren die Stunden mit Frau Ludwig, die wir Lui nannten. Sie war eine hochgewachsene, ruhige Frau, die nur für kurze Zeit an der Schule war. Sie lief stets barfuß und sprach kein Wort Persisch, wollte uns aber unbedingt Zeichnungen zeigen und uns das Zeichnen beibringen. Dafür schnitt sie Autos, Bälle, Häuser und Bäume aus Pappe aus, ließ uns diese in ein Album kleben, das sie mit uns herstellte, und fragte uns immer wieder, was was sei.

Wir lachten sie beim ersten Mal aus, als sie uns einen Kreis aus Pappe in die Hand gab, uns diesen auf das erste Albumblatt kleben ließ und uns weismachen wollte, dass dies ein Ball sei. Der schlagfertige Hamid sagte: „Wenn, dann hat jemand die Luft aus diesem Ball gelassen."

Herr Arschavir, unser blinder Schulaufseher, den Frau Ludwig als Dolmetscher engagierte, schrie uns an, weshalb wir lachten und uns dagegen sträubten, dass dies ein Ball sei. Nachdem er aber mit der Hand über die runde Karte fuhr, diskutierte er länger mit Frau Ludwig, und wir verstanden alle, dass auch ihm sich nun die Frage stellte, wie denn eine flache, kreisförmige Karte einen Ball darstellen könne.

Es dauerte Jahre, bis ich mir halbwegs einen Reim darauf machen konnte, wie man ein dreidimensionales Objekt auf einer Fläche darstellen kann und wieso die Sehenden dies ohne Weiteres herauslesen und wir nicht.

Im Jahr darauf fuhren wir nach Kerman, wo wir eine Kirchenanlage mit Haus und Garten bewohnten.

Obwohl ich schon acht Jahre alt war, widerfuhr mir auf der Hinfahrt eine Peinlichkeit, die mir so lange in Erinnerung geblieben ist, dass ich sie mir immer wieder erzählen musste, um sie zu verarbeiten: An einem Montag im August versammelten wir uns nach dem Frühstück am Empfangstor des Blindenheims und warteten auf einen Bus, der uns nach Kerman fahren sollte. Achtzehn Blinde und vier Erzieher und Mitglieder der Leitung waren dabei, darunter auch Herr Davudi, ein untersetzter Herr mit einer typischen Baritonstimme, die ein fleischiges Gesicht verriet und so klang, als würde er ständig ein Bonbon lutschen. Davudi forderte uns zum letzten Mal auf, die Wartezeit zu nutzen und auf die Toilette zu gehen, weil der Bus sechs Stunden bis Kerman brauchen und keine Pause machen würde. Da ich meine schwache Blase kannte, ging ich rasch zur Toilette und kam mit einem befreiten Gefühl zurück.

Der Bus fuhr los, es wurden Bonbons und Wasser ausgeteilt. Nach etwa anderthalb Stunden fragte ich Herrn Davudi dezent, ob ich trotz der vorigen Ankündigung irgendwie zur Toilette gehen dürfe. Schroff wies er mich zurück und wiederholte auch für die anderen laut, dass wir erst in viereinhalb Stunden in Kerman halten würden.

Nach einer Viertelstunde des Mich-Krümmens und -Schlängelns konnte ich mich sitzend nicht mehr ruhig halten. Ich stand auf und tat so, als suchte ich die Kameraden im hinteren Busbereich. Dann ging ich nach vorne und flehte Davudi an, mir einen großen Gefallen zu tun, aber er wies mich noch schroffer ab. Wieder hinten angekommen, bemerkte ich, dass ganz hinten, anstelle der fehlenden Sitze, ein Teil unseres Gepäcks und unsere Schlafmatratzen Platz gefunden hatten.

Vor lauter Ratlosigkeit legte ich mich unter die erste Matratze und deckte mich damit zu. So konnte ich mich besser drücken und wühlen. Einen Moment lang schien meine Blase leerer geworden zu sein und der Harn sich nach oben verzogen zu haben. Mir war, als wäre ich gerannt oder als hätte ich mich angestrengt. Ich lockerte meine Muskeln und wäre beinahe eingeschlafen, als es unter mir plötzlich warm und kurz darauf nass wurde.

Von Weitem hörte ich meine Kameraden singen und Witze machen und beschloss, bis Kerman nicht mehr hervorzukommen. Zum Glück fragte niemand nach mir. Ich malte mir aus, was ich in Kerman tun könnte, ob ich vielleicht noch tiefer unter die Matratzen kriechen und meine Hose trocknen könnte. Auch, was die Erzieherinnen wohl sagen würden und wie schwer die Strafe ausfallen würde, fragte ich mich. Mit diesen Gedanken schlief ich ein und wachte erst auf, als die Kameraden laut zu sprechen begannen und es hieß, dass wir in den nächsten Minuten an unserem Ziel ankämen. Niemand bemerkte mein Fehlen, also rührte ich mich nicht von der Stelle. Der Bus hielt und alle stiegen aus. Herr Davudi zählte ab, und erst dann fragte er, wo ich denn geblieben sei.

„Der kann sich nur im Bus versteckt haben", witzelte Pedram.

„Aber er kann doch nicht einfach verschwunden sein", sagte Davudi halb besorgt, halb zornig. „Wir laden aus, dann wird er sich von selbst finden."

Meine Freunde halfen, die Koffer hinauszutragen. Als Letztes kamen die Matratzen dran. Schon die erste Matratze, die Pedram anhob, verriet mich.

„Was treibst du denn hier, du Mistvieh?", schrie Davudi.

„Wo bin ich denn?", stellte ich mich unwissend.

„Steh auf, du Gauner!" Davudi durchschaute mich und zog zischend die Luft ein. „Ach du Scheiße! Hast du gepinkelt?" Und er gab mir einen schmerzhaften Schlag auf den Po.

Die Stamms kamen herbei und sagten laut einige Sätze, die ich nicht verstand. Dann sagte Frau Stamm in gebrochenem Persisch: „Ich denken, du bist hinaus aus dem Alter. Komm jetzt, ich will dir nicht töten müssen." Getötet hat mich keiner, aber nach einer gehörigen Tracht Prügel von Herrn Beinhorn und Essensentzug am ersten Tag des Ausflugs wurde ich für lange Zeit die Witzfigur meiner Freunde: der Pinkelmann.

In der dritten Klasse hatten wir Herrn Hormosi als Lehrer. Er hatte mit achtzehn sein Sehvermögen fast vollständig verloren. In solchen Fällen ist *fast vollständig* oft schlimmer als *vollständig*. Er konnte zum Beispiel ein leichtes Schimmern wahrnehmen und bemühte sich ständig, herauszubekommen, was er denn sah. Das kostete ihn unermesslich viel Anstrengung und Zeit. Alles an ihm war Ausdruck übergroßer Vorsicht: Laufen, Tasten, Nehmen und Geben.

Wie jemand, der eine Fremdsprache spricht und seine Sätze erst auf ihre grammatikalische Korrektheit prüfen muss, bevor er sie ausspricht, versuchte er zunächst, alles zu sehen, bevor er dann unweigerlich seine Blindensinne aktivieren musste. Selbst sein zu langsames Sprechen fiel auf, obwohl bei uns ohnehin fast alle langsamer als normal redeten.

Seine Prügelstrafen sorgten nicht selten für Amüsement, denn er suchte erst vorsichtig die Körperstelle des zu Schlagenden, bevor er dann überlegt zuschlagen wollte. Bis er ausholte, hatte man längst einen Weg gefunden, seinen Hieben auszuweichen.

Sein Idol war der Geiger und Radiosolist Homajun Chorram, der zwar, anders als er selbst, sehr korrekt spielte, aber dennoch weit davon entfernt war, virtuos genannt zu werden.

Ein weiterer Klassenkamerad war Hamid, der aus sehr wohlhabenden Verhältnissen kam und deshalb, trotz seines weit höheren Alters, unsere Klasse besuchen durfte. Hamid besaß unzählige Eigentümlichkeiten. Er wurde von einem Begleiter in die Klasse gebracht, aß zu Mittag ein wohlriechendes und großes Sandwich, welches er aus seiner riesigen Tasche herausnahm, und ging, außer in unserer Begleitung, nie aus dem Klassenzimmer hinaus, bis er nachmittags von der Schule abgeholt wurde.

Seine Tasche beinhaltete zusätzlich zu seinem Mittagessen viel Obst und Süßigkeiten, die bei uns stets Heißhunger hervorriefen. Das war bei der Rationierung unseres Essens im Heim nicht verwunderlich. Wie oft hatten wir in den Mülltonnen nach deutschem Brot gesucht und die Toastbrote verschlungen, die die Deutschen wohl wegen des Verfallsdatums weggeworfen hatten. In den Schulpausen stand Hamid auf und bewegte seinen Oberkörper wie ein Turner in alle Richtungen, egal wo sein Gesprächspartner stand oder saß.

Gespräche konnte er sehr gut führen. Er sprach ein perfektes Englisch und wusste, egal in welchem Fach, genauso gut Bescheid wie der Lehrer. Sein Gedächtnis glich einer Datenbank, auf die er jederzeit zugreifen konnte, und da er tüchtig Radio hörte, fragten wir ihn oft nach irgendwelchen Sendungen, die er uns vollständig nacherzählen konnte.

Der Haken daran war, dass er einen sehr schwachen Tastsinn hatte, der nicht ausreichte, um die Blindenschrift zu lernen beziehungsweise um Geschriebenes lesen zu können. Die Lösung seines Problems war ich: Er gab mir jedes Mal, wenn ich ihm in den Pausen die Lektionen für die Persischstunde vorlas, ein Stück Gebäck und lernte die Texte schon bei diesem einen Mal auswendig. Es war ein guter Deal: Er bekam den Text, ich die Kekse. Wir waren beide glücklich.

Herr Hormosi hatte großen Spaß daran, ihn des Öfteren vorlesen zu lassen, und wunderte sich darüber, wie schnell er vortrug.

Eines Tages, als wir wieder eine Doppelstunde Persisch und dazwischen zehn Minuten Pause hatten, kündigte der Lehrer an, dass wir in der nächsten Stunde versuchen wollten, etwas Unbekanntes zu lesen. Er schlug die nächste, noch nicht gelernte Lektion des Buches vor, das Gedicht über Moses und den Hirten. Es war ein Gedicht von Rumi, samt schwierigen Wörtern und Phrasen.

Hamid hielt Musa in der Pause fest, gab ihm zwei statt nur eines seiner leckeren Gebäckstücke und bat ihn, möglichst schnell die Lektion vorzulesen. Dann sagte er die Lektion auswendig auf, wobei er so schnell redete, dass wir mit Kontrolllesen nicht nachkamen.

Als er auf Herrn Hormosis Aufforderung vorlas, blieb der Lehrer, der um das Klassenzimmer herumlief, plötzlich bei ihm stehen und schrie: „Halt! Zeig mir das Wort ‚Mose‘, leg deinen Finger darauf."

Ich war wohl genauso überrascht und besorgt wie Hamid selbst. Hamid zeigte mehrmals auf irgendeine Stelle und behauptete, Herr Hormosis Finger sei verrutscht und deshalb an ein falsches Wort geraten. Dies tat er so lange, bis er zwei Hiebe bekam und für Gelächter sorgte, weil Hormosi erst mal, diesmal nicht auf Papier, sondern auf Hamids Kopf, die *richtige* Stelle suchen musste.

Statt für sein enormes Gedächtnis gelobt zu werden, erhielt Hamid so lange Vorwürfe und Strafen, bis nach etwa einem Monat medizinisch feststand, dass sein Tastsinn nicht funktionierte. Wir, seine Schulkameraden, benutzten ihn aber weiterhin als eine lebende Bibliothek und wussten, wen wir, egal in welchem Fach, nach Informationen zu fragen hatten.

Als ich mit acht vom Nurestan- ins Ölbergheim wechselte, hatte mich Onkel Mohammadali anstelle meines Vaters abgeholt und mich in den Sommerferien nach Hause gebracht. Er hatte damals gefragt, wie meine Noten in der ersten Klasse ausgefallen seien.

„Ich bin Klassenbester geworden", verkündete ich stolz.

„Schön, mein Junge", sagte er in seinem leisen, fast flüsternden Ton. „Wenn du nächstes Jahr auch Klassenbester wirst, kaufe ich dir ein Radio."

Ich strahlte vor Freude. Das Radio war unter uns ein geradezu heiliges Medium. Es war nicht nur unser Informations- und Unterhaltungsgerät, nein, wir bauten uns aus ihm eine virtuelle Welt zusammen, in der die Sprecherinnen und Sänger, Schauspielerinnen und Musiker jeweils ihren festen Platz einnahmen. Moloud Atefi, eine Geschichtenerzählerin, spendete uns mit ihrer Stimme Trost in Momenten des Kummers. Ich erkannte jeden Solisten an seiner Spielweise, und zu jeder Stimme erdachte ich mir das passende Aussehen. Ich konnte und wollte mir diese Stimmen außerhalb des Radios, in einer anderen Position, nicht vorstellen. Mariam Motaref war für mich der Inbegriff der weiblichen Schönheit, und Farhang Scharif bestand nur aus dem Klang seines Instruments. Dass wir überhaupt die Möglichkeit hatten, Radio zu hören, war keine Selbstverständlichkeit.

Sobald abends die Erzieherinnen weg waren, spitzte ich meine Ohren und Nase, ob nicht Herr Beinhorn in der Nähe sein könnte. Mal versammelten wir uns in einem der Zimmer und lästerten über Sehende, mal zwangen wir uns wie Männer den von einem von uns besorgten Schnaps zu trinken, mal versuchten wir, ein Detektorradio zu bauen, das aus einer einfachen Kupferspule, einer Diode und einer Antenne bestand. So eines hatte uns Bahman gezeigt, ein schlanker, mittelgroßer Heimbewohner, der so laut sprach, als bestünde er nur aus Stimme. Er roch immer nach Kabeln und Frauenschweiß. Man munkelte, dass er mit Frau Stamm intim verkehre. Das war nichts Außergewöhnliches, weil über jeden von uns in diesem Heim alle möglichen Gerüchte kursierten, die die jeweilige Person mehr oder minder treffend charakterisierten. Bei Bahman sprach man nur von seinem Intimverkehr und seiner Leidenschaft für Technik. Einmal, so erzählten wir uns, habe er am Rand des Daches gestanden, um eine Antenne anzubringen, als jemand ihn eindringlich warnte, er solle ein paar Schritte zurückgehen. Daraufhin sei Bahman so viele Schritte zurückgegangen, dass er auf der Rückseite vom Dach gefallen sei und sich einen Knöchel gebrochen habe. Bahman war ein großer Analytiker. Er analysierte akribisch fast alle Elektrogeräte, die ihm in die Finger kamen, öffnete sie, entnahm ihnen die Innereien und versuchte, daraus etwas anderes zu basteln. Wir sammelten unser Taschengeld, gaben es ihm und bekamen dafür einen Kopfhörer, eine Diode, eine Drahtspule oder einen Stecker. Als wir endlich alle Teile beieinanderhatten, zogen wir die Dachantenne heimlich vom Schornstein ins Zimmer, schlossen den Detektor daran an und empfingen so den Sender Radio Isfahan.

Immer wenn Parvin sang, hatte ich das Gefühl, sie mittels Draht und Spule und meines Willens ins Zimmer holen zu können, damit sie für uns ein Privatkonzert gäbe. Natürlich war mir klar, dass die anderen Parvin gar nicht hören konnten, aber wenn ich gut gelaunt war, reichte ich den Kopfhörer aus meinem Stockbett nach unten an Musa mit seiner heiseren Stimme oder an Bahman. Besonderes Vergnügen hatte ich, wenn neben Radio Isfahan Lautfetzen von Radio Teheran herüberschwappten und sich mit den Gesängen und Geschichten des Isfahaner Radios überlagerten. Es war nicht die Stimme des Ansagers, die zu mir kam, sondern ich selbst war zeitlos in die fremde Hauptstadt versetzt, wo mich der Mann im Studio ansprach und gleichzeitig mit Parvin zu reden schien.

So wurde das Radio mein Lieblingsgerät. Ich nutzte es als Einschlafhilfe und zum Aufwachen. Wenn ich freitags zur Strafe für irgendwelche Streiche in der Klasse eingeschlossen war und meine Versuche fehlschlugen, irgendwie hinauszugelangen, holte ich den Detektor aus meinem Versteck unter einer lockeren Bodenkachel hervor und hielt ihn an das blecherne, rußige Ofenrohr, das als Antenne fungierte! Gleich war ich mitten im geschäftigen Zentrum Isfahans und hörte dem Ney-Spieler Kassai zu, der mir persönlich vorspielte. Allerdings gab dieser Detektor mir als Neunjährigem ein zwiespältiges Gefühl. Ich freute mich jeden Tag über meine virtuellen Reisen und meine Macht, Raum und Zeit zu ignorieren, und doch wusste ich, dass meine technischen Möglichkeiten sehr beschränkt waren.

Was meinen Onkel Mohammadali betrifft, so zeichneten ihn drei Eigenschaften aus: Seine täglichen Gebete endeten schneller, als sie anfingen. Er nahm Kinder sehr ernst und war der Einzige, der uns geduldig in seinem Pick-up zu Ausflügen fuhr. Außerdem galt er als der Sparfuchs in unserer Verwandtschaft und verspottete deshalb meinen Vater, der sein Geld ausgab, bevor er es verdient hatte.

Nun versprach mein sparsamer Onkel mir also ein richtiges Radio, mit dem ich einen Großteil der Welt bereisen könnte. Ein richtiges Radio, dachte ich, mit dem man sogar Radio Ahwas und Radio Abadan empfangen kann, nicht nur einen kleinen Empfänger mit Ohrstöpsel. Ein Radio mit Lautsprecher, womit wir alle auf Reisen gehen und ich der Anführer sein kann.

Ich nahm mir fest vor, keine Gelegenheit zu versäumen, um wieder Klassenbester zu werden. Im meinem zweiten Schuljahr im Ölbergheim diktierte ich Herrn Badri vom Empfangsdienst jeden

Monat einen Brief an Onkel Mohammadali. Außer den typischen Sätzen, die bei keinem persischen Verwandtenbrief fehlen dürfen und aus Grüßen bestehen, die man Mutter, Vater, Geschwistern und Freunden ausrichtet, enthielten meine Briefe immer den Satz: „Bei den letzten Tests war ich der Allerbeste in der Klasse und sogar in der Jahrgangsstufe." Wie gern hätte ich ihn an sein Versprechen erinnert, aus Anstand hielt ich mich aber zurück.

Immer, wenn Herr Badri zum Schluss fragte: „Und welche Adresse darf ich auf den Briefumschlag schreiben?", antwortete ich stolz: „Mahschahr, Mohammadali Bandari."

„Und du meinst, dein Brief kommt an?", fragte Herr Badri jedes Mal erstaunt und fuhr fort: „Dann muss dein Onkel in eurer Stadt ein Prominenter sein."

Am Ende des Schuljahres enttäuschte mich Onkel Mohammadali. In seinem Brief schrieb er, dass ich mich noch mehr anzustrengen hätte und immer die Wahrheit sagen und schreiben müsse, dann wäre es nächstes Jahr so weit, dann bekäme ich das Radio.

Ich weinte bitterlich und gab doch nicht auf. Am Ende des nächsten Schuljahres war meine Spannung unermesslich, als ich den Brief an meinen Onkel von Herrn Badri schreiben und mir sicherheitshalber noch einmal vorlesen ließ: „Lieber Onkel Mohammadali, wie versprochen, bin ich auch diesmal Klassenbester geworden." Ich brachte es wieder nicht fertig, ihn an sein Versprechen zu erinnern, und hoffte, dass er selber darauf kommen möge.

Er kam in seiner Antwort darauf zu sprechen, aber: „Wenn du auch nächstes Jahr Klassenbester wirst, werde ich dir bestimmt das Radio kaufen. Das verspreche ich dir."

Im nächsten Jahr schrieb ich ihm den gleichen Brief, hatte aber im Grunde die Hoffnung verloren.

Zwei Wochen vergingen und es kam keine Antwort aus Mahschahr.

Herr Badri, der dicke Pförtner, der die Briefe verteilte und alle außer Herrn Arschavir, den Schulaufseher, mit „Hey" ansprach, sagte jeden Tag: „Hey, für dich habe ich auch heute keinen Brief."

Die Schulferien hatten schon angefangen und ich erwartete jeden Tag meinen Vater, der kommen und mich nach Hause mitnehmen wollte, als mich Herr Badri zur Pforte rief. In Gedanken packte ich schon meine Sachen, um für ein paar Wochen nach Hause zu gehen. Ich rannte in Richtung Pforte, aber mitten auf dem Weg vor dem Marmorbau schnappte mich ein kräftiger Mann und hob mich hoch.

Ich erkannte ihn, meinen Onkel Mohammadali, an seinem Geruch nach Öl und Staub. Keiner von uns sagte etwas, bis er mich in Herrn Badris Zimmer auf seinen Schoß setzte und mir einen ledernen Quader in die Hände gab.

„Es hat mich fünfundvierzig Toman gekostet. Es ist ein Sharp. Wenn du es, Allah bewahre, verlierst, kann nicht mal er dir ein neues kaufen."

Ich hielt mich fest, um vor Ergriffenheit nicht zu zittern und zu heulen. Beides gelang mir nicht.

Da gerade Herrn Badris Schicht anfing, musste es vier Uhr nachmittags sein. Beim Eintreten in den Raum sagte er: „Oh, ein Radio! Ich wäre vor Freude in die Luft gesprungen, und du weinst?"

Mein Onkel verabschiedete sich und erklärte, dass er nur ein paar Tage in Isfahan bleibe und dass mein Vater mich erst in zwei Wochen abholen könne. Ich hatte jetzt aber gar keine Sorge mehr. Ein Lebenstraum war mir erfüllt worden! Ich rannte in unser Zimmer und suchte zuerst Radio Isfahan, das ich zur Sicherheit mit dem Detektor abglich. Es stimmte. Dann versuchte ich, andere Sender auf der Mittelwelle, die das kleine Sharp-Gerät als einziges empfing, zu finden. Ich empfing Radio Teheran, und obwohl ich mehr Rauschen vernahm als Sendungen, hörte ich ihm eine ganze Weile zu.

Als die Erzieherinnen weg waren, hörten wir im Zimmer verschiedene Sender, die nur abends zu empfangen waren. Ich suchte Radio Abadan, fand das Signal jedoch nicht, dafür aber Radio Ahwas. Wir hörten so lange, bis wir einschliefen.

Am nächsten Morgen waren die Batterien des Radios leer. Bahman bot an, mir zwei Batterien zu geben, wenn ich ihm das Radio in zwei Wochen verkaufen würde. Da ich nicht darauf einging, dauerte es eine Woche, bis ich mit meinem und Musas Taschengeld, das ich mir von ihm lieh, zwei Batterien erstand.

Das Glück währte nur kurz. Wir hatten kein Schließfach und keinen Spind, deswegen hortete ich mein Hab und Gut auf der kleinen Fensterbank und war glücklich, oben auf dem Etagenbett schlafen und so die Fensterbank als meinen Abstellplatz nutzen zu können; dorthin legte ich also auch das Radio. Eines Dienstagnachmittags aber lag es nicht mehr dort! Diebstahl war in unserem Heim nicht üblich, aber nun war es passiert. Heulend klagte ich Frau Stamm meinen Kummer und wusste nicht, ob sie sich über den Dieb ärgerte oder über mich, weil sie jetzt überhaupt erst erfuhr, dass ich ohne Wissen der Heimleitung ein Radio besaß.

Es dauerte, bis ich mit dem Geruch des Kunststoffgehäuses und dem der ledernen Radiohülle klarkam, die noch in der Luft hingen, obwohl das Radio verloren war. Außerdem musste ich lügen und eine Geschichte erfinden, denn als mein Vater mich abholen kam, fragte er nach dem Radio. Ich erzählte lang und breit von dem Gerät und dass ich es meinem Freund Hamid ausgeliehen hätte, dem, von dem mein Vater meinte, er sehe so aus, als guckte er die ganze Zeit in den Himmel. Ihn kümmerte es anscheinend nicht, denn er bohrte nicht weiter nach.

Noch lange Zeit später schrieb ich meinem Onkel jeden Monat einen neuen Dank wegen des Radios. Ich ging sogar extra zu Bahman und bat ihn, an seinem Radio „Radio Ahwas" und „Radio Abadan" einzustellen, damit ich schreiben konnte, was ich alles mit dem Gerät angehört hätte. Das Traurige war, dass ich bei Bahman im Zimmer sowohl den Leder- als auch den Kunststoffgeruch wahrnahm. Wenn Herr Badri mir dann aus den Antwortbriefen vorlas, musste ich jedes Mal weinen, wenn dort stand: „Aber nicht verlieren!"

* * * * *

Als ich dieses Kapitel fast fertig geschrieben hatte, rief mich Manfred an und versuchte, mich zur Teilnahme an einer Demonstration gegen den Irakkrieg zu überreden. „Ich finde diese Imperialisten ja auch scheußlich, aber warum soll ausgerechnet ich meinen Kopf für eine bessere Welt hinhalten, die ich sowieso nicht sehen werde?", sagte ich. Manfred ist eine deutsche Ausgabe von Nader: Er will sich immer durchsetzen und behauptet, wir müssten kämpfen. Ich hingegen bleibe lieber zu Hause sitzen, zumal es die kalte und regnerische Jahreszeit ist.

„Du wärst sicher so ein Nazimitläufer", schimpfte es mir aus dem Telefon entgegen. „Du würdest dem Blockwart deines Hauses auch mitteilen, wenn deine Nachbarn eine Orgie feiern oder deine Freundin dealt."

„Wieso bin ich ein Nazi, wenn ich mich weigere, gegen die Amis Rabatz zu machen? Die haben ja schließlich die Nazis hier vertrieben."

„Es geht ums Prinzip!", sagte Manfred. „Man muss doch seine politischen Positionen auch verteidigen, wozu hat man denn welche?"

„Ich weiß gar nicht, ob ich solche Positionen haben muss. Ich sag dir was: Ich komme mit, aber weil ich das tue, bin ich doch erst recht ein Mitläufer, nämlich für deine Ziele."

Als ich dann drei Tage später in einem ekelhaft kalten Nieselregen an der Ecke Marbachweg/Gießener Straße von einem Bein aufs andere trat, vorsichtig im Hintergrund bleibend, um mich aus möglichen Zusammenstößen mit der Polizei herauszuhalten, fielen mir wieder Naders Sticheleien ein, die ich gerade zu Papier gebracht hatte. Anstatt das Leben ruhig an sich vorüberziehen zu lassen, musste er schon als Kind unbedingt ständig provozieren und seine Lehrer quälen. Deshalb hat er auch oft einstecken müssen. „Mit Zank und Streit kommt man nicht weit", sagt ein kluges deutsches Sprichwort. Das könnte ich zu meinem Lebensmotto machen. Was hat er schon davon gehabt, außer gehänselt zu werden? Den Verlust seines Radios und, letztlich, sogar seines Lebens.

REGELSCHULE

Dass wir anders als „normale" Menschen sind, wurde mir in vollem Umfang erst im Alter von dreizehn Jahren bewusst, als ich aufs Gymnasium Aburejhan kam. Natürlich hatte mir meine Umgebung schon vorher zu verstehen gegeben, dass ich eine „Krankheit" hatte und vieles nicht selbständig erledigen konnte. Oft sagten Leute etwas über mich, als befände ich mich nicht im Raum. Die meisten Erwachsenen hielten eine gewisse Distanz zu mir ein, als wäre ich kein Kind und als hätten sie ein Rätsel und keinen Gesprächspartner vor sich. Kein Wunder, dass ich ihnen nicht in die Augen schauen konnte.

Bis dahin hatte ich ja hauptsächlich mit Kindern zu tun gehabt. Unsere Unbeschwertheit erlaubte es uns, miteinander undistanziert umzugehen. Wenn ich einmal bei meiner Familie war und in der Straße mit Gleichaltrigen Verstecken, Fußball oder Fangen spielte, verlor ich immer, es machte mir aber nichts aus. Wenn ich einem Kumpel nichts von meinem Eis abgab, wurde ich als „blöder Blinder" beschimpft, aber das erschien mir ganz normal. Wahrscheinlich dachte ich: Der eine lispelt, der andere stinkt, die dritte ist eine Heulsuse und ich bin eben blind.

Oft spielte ich eine Art Monologtheater für meine Freunde und Geschwister, doch niemand scherte sich darum, dass ich keine, oder zumindest keine richtige, Mimik zeigen konnte. Ich besaß nicht mal einen Blindenstock, trotzdem bewegte ich mich auf den Straßen sicher.

Im Gymnasium änderte sich alles.

In unserem Heim hatten insgesamt etwa sechzig Personen gewohnt, unsere Klassenzimmer Platz für höchstens acht Personen geboten. Das Gymnasium dagegen bestand aus einem Vor- und einem Hinterhof, dazwischen lag der Unterrichtskomplex, eine ehemalige Autofabrik, die in ein Sekretariat mit Bibliothek und Lehrerzimmer sowie in sechs Klassenzimmer umgebaut worden war. Der vordere Schulhof war kleiner, aber gepflastert und frisch renoviert. Der hintere war ein offenes Gelände, welches in einen Friedhof mündete. Bis zu einer gewissen Linie gehörte das Gelände zum Schulhof und war mit Kies bestreut. Mit seinen dreihundert Schülern galt das Gymnasium als kleine Schule. In der sechsten Klasse waren wir zweiundvierzig Schüler, womit die Klasse als nicht voll besetzt galt.

An einem Montag zu Beginn des Herbstes wurden Mohammad, Musa und ich um halb acht vom Internatsfahrer zum Gymnasium gebracht. Wenn ich mich als Sanguiniker bezeichne, so galt Musa, mein Kindergartenfreund, als Mittelmaß und Mohammad als introvertierter Phlegmatiker. Er redete kaum und war mit dem Lernen und überhaupt mit allem Schulischen überfordert. Hier hatte er Glück: Wir wurden immer zusammen betrachtet, eingeschätzt und beurteilt.

An diesem Montag wurden wir vom Rektor wie Prominente ins Schulbüro geführt und den anwesenden Lehrern vorgestellt. Wir seien Genies, die alles nur einmal hören müssten und schon könnten sie es anderen beibringen, meinte der Rektor, ohne uns je gesehen zu haben. Unser Englischlehrer hatte von uns und unserem Internat gehört. Er sprach ein paar englische Begrüßungssätze mit uns und lobte uns überschwänglich. Herr Kuhi, der Mathelehrer, war eine beeindruckende Erscheinung. Seine Stimme kam wie von einem Minarett, so hochgewachsen war er, wobei er eine ziemlich kindliche, dünne Stimme hatte. Er fragte mich, wie viel dreizehn mal dreizehn sei.

„Einhundertneunundsechzig", antwortete ich.

„Und siebzehn mal siebzehn?"

Ich zögerte und antwortete: „Zweihundert..."

Er ergänzte und lobte grundlos: „Genau, zweihundertneunundachtzig. Sehr schön. Sie werden meine Rechenmaschine sein." Ich wusste nicht, ob er das ernst oder sarkastisch meinte, denn bisher hatte mich niemand ernsthaft gesiezt. Er schien es aber tatsächlich ernst zu meinen.

Alle Schüler mussten strammstehen und der Schulrektor hielt eine Ansprache über die Tugenden eines guten Gymnasiasten. Einige lachten lautlos, andere gaben immer wieder ein leises „Ja" zum Besten und viele bewegten sich einfach unruhig, weil sie nicht stillhalten konnten. Überall roch es nach Bleistift und alten Klamotten.

Nach dem Rektor stellte sich der Konrektor vor und warnte die Schüler davor, sich – Gott behüte – schlecht zu benehmen, wobei er allerdings nicht sagte, was „schlecht" bedeutete. Dann begann er einen Nationalspruch aufzusagen, der, wie das Vaterunser, immer morgens aufgesagt werden musste. Wir mussten seine Worte stets wiederholen.

„Ich schwöre einen Treueeid auf meine heilige Flagge, die die Unabhängigkeit meines Heimatlandes verkörpert ..."

Danach verlief sich die Menge und aus allen Ecken drangen

Schülergespräche, Schreie, Gelächter und Bewegung. Ständig wurden Namen gerufen und Klassen zugeordnet. Auch für die sechste Klasse, in deren Zimmer sich die Schüler dicht an dicht gedrängt hatten, einige standen auch noch draußen auf dem Gang, rief der Persischlehrer Herr Haschemi Namen auf. Als er zu unseren gelangte und „Hierbleiben!" sagte, wurde es schlagartig still. Ich hörte an Klamottengeräuschen und kleinen Bewegungen, wie sich uns alle zuwandten.

Der Lehrer sprach ganz leise, aber man hörte ihn bestimmt auch draußen: „Das sind unsere lieben Freunde, die mit ihrem inneren Auge sehen."

Einer rief: „Wo liegt das? Unter oder oberhalb der Gürtellinie?"

Ein anderer schloss sich an: „Vorne oder hinten?"

„Ich krieg dich, du Scheißkerl!", schrie der Lehrer.

Lautloses Lachen.

Wir saßen an einem Tisch in der zweiten Reihe. Warum setzt man Blinde immer nebeneinander, egal wie viele es sind und ob sie sich kennen oder nicht?, dachte ich.

Unser Persischlehrer begann seinen Unterricht damit, zu erklären, dass in seinen Stunden niemand flüstern dürfe, keiner etwas essen und alle nur zuhören beziehungsweise mitschreiben müssten.

Von ganz hinten kam: „Entschuldigung, Herr Lehrer, wie sollen denn die Blinden schreiben?"

Alle lachten.

„Wer war das?", schrie der Lehrer und holte die sechs Schüler aus der letzten Reihe nach vorne. „Entweder sagt ihr, wer es war, oder ihr bekommt alle die passende Strafe. Und? Wird's bald?"

Keiner rührte sich. Er holte sein hölzernes Lineal aus der Pultschublade.

„Hände nach vorne! Alle!", befahl er und schlug auf die

Handflächen der Schüler ein. Ich traute mich nicht, um Erlaubnis zu bitten, zu erklären, wie wir schreiben.

„Wenn jemand unsere lieben, hellherzigen Freunde verarscht, mache ich ihn zu Kebab. Verstanden?"

Danach fuhr er mit seiner Belehrung fort und erklärte, dass es für die Vernachlässigung von Hausaufgaben nicht nur Prügel, sondern auch schlechte Noten gebe. Er sei aber ein sehr freundlicher Mensch, der uns alle wie seine Söhne liebe und all diese Schwierigkeiten nur unseretwegen mache.

Das persische Wort für Literatur komme aus dem Arabischen und sei ein Synonym für Anstand, deshalb dulde er hier keine Unanständigkeiten. Aus der Mitte murrte jemand: „Aber sie selber haben keinen Anstand, oder?"

„Welches Schwein ...?" Er brach ab.

Der Schulrektor kam herein. Wir standen auf, bis er „Bitte schön" sagte und wir uns wieder setzen durften.

„Mit Herrn Haschemi", begann er, „habt ihr einen gesegneten Anfang eurer Gymnasialzeit eingeleitet. Ich hoffe, dass sich nur fleißige, brave Schüler angemeldet haben. Ihr habt unsere blinden Freunde kennengelernt. Sie können in ihrer Sprache schreiben und lesen. Wenn euer Lehrer ein paar Minuten Zeit hat, würde ich sie bitten, uns vorzuführen, wie sie schreiben." Er wandte sich an einen der blinden Schüler, an mich, und fragte: „Herr Bandari, können Sie das?"

Ich sagte vorsichtig, dass unsere Schrift keine Sprache und – entgegen allgemeiner Annahmen – keine Universalschrift sei. Sie bestehe aus demselben Alphabet wie Persisch, werde nur anders kodiert. Dann holte ich meine Tafel und meinen Griffel heraus und schrieb ein Saadi-Gedicht auf: „Die Menschen sind je alle Brüder / Aus einem Stoff, wie eines Leibes Glieder ..."

Als Musa das Gedicht vortrug, klatschten der Rektor und der Lehrer so lange, bis sich die anderen anschlossen. Die Schulglocke rief zur Pause und die Kinder sprangen in den Hof, als wären sie aus der Haft entlassen worden. Wir drei nahmen uns, wie im Heim, bei der Hand und gingen in den Vorhof. Da wir nicht wie gewohnt um den Hof oder um ein Gebäude herumspazieren konnten, liefen wir am Blumenbeet entlang und kehrten später die gleiche, etwa vierzig Meter lange Strecke zurück. Wir sprachen über den Persischlehrer, der wie ein untersetzter alter Mann klang und wie die Mullahs nasal redete. Unser Rektor dagegen sei bestimmt jünger, lang- und knochengesichtig und hochgewachsen.

Plötzlich wurde es ruhig um uns, ruhig, aber nicht still. Eine große Menge der Schüler, bestimmt mehr als fünfzig, liefen wie im Marsch hinter uns her, drehten sich gleichzeitig mit uns um und lachten dabei lautlos, sodass ihr Lachen wie Wind durch die Luft glitt. Mir wurde mulmig. Wir redeten nicht mehr, liefen aber unsere Strecke weiter hin und zurück, die Menge stets hinter beziehungsweise vor uns her. Dabei wurde das Lachen bei jedem Mal lauter. Ich hielt das nicht mehr aus, ich sprang in die Menge, griff mir irgendjemanden und schlug heftig auf ihn ein. Die anderen wichen zurück und der Junge begann zu kreischen und wiederholte ständig, dass er es nicht gewesen sei und er überhaupt nichts getan habe.

Der Konrektor kam heraus, trennte uns, gab dem armen Jungen eine Ohrfeige und zerstreute mit lauten Schimpfworten die Menge. Die Schulglocke läutete und der Konrektor führte uns in unser Klassenzimmer.

Herr Kuhi, der Mathelehrer, war schon da und begrüßte uns. Der Konrektor blieb eine Weile, beschimpfte allgemein die sündhaften Schüler, die nicht wüssten, was für eine harte Strafe sie, außer von ihm, von Gott bekämen, falls sie blinden Menschen Leid zufügten. Als er ging, begann Herr Kuhi seinen Unterricht, als wäre nichts gewesen.

Der verhauene Schüler hieß Sohrab oder, genauer, Tahmasbi, denn wir riefen uns immer mit dem Familiennamen. Er kam zwei Tage nach meinem Ausraster zu mir und stellte mich zur Rede.

„Bandari, alle haben euch nachgeäfft. Warum hast du nur mich verhauen?" Ich schämte mich unendlich und brachte nur eine Entschuldigung heraus. Er aber rief schockiert: „Nein, ich muss mich doch entschuldigen. Wir haben uns alle gefragt, wohin ihr gehen wollt, und sind zu der Ansicht gekommen, dass ihr verrückt seid. Hin, zurück, hin, zurück. Aber wir hätten euch ja fragen können."

Er gab uns dreien die Hand und wir wurden dicke Freunde. Es dauerte aber noch lange, bis ich individuelle Freunde fand, denn man hielt uns Blinde, mal wieder, für eine einzige Person. Wenn sich also jemand mit uns anfreundete, dann war es eine Beziehung zwischen ihm und uns dreien.

Wir ließen übrigens von unserer Hin-und-zurück-Gewohnheit ab und lebten uns schnell in der Schule ein; die Lehrer aber waren mit uns überfordert. Sie lobten uns grundlos und gaben uns immer gute Noten, ohne uns richtig geprüft zu haben. Nur zwei von ihnen beschäftigten sich aktiv mit uns: Herr Kuhi, unser Mathelehrer, und der Lehrer, bei dem wir unsere Aufsatzstunden hatten. Da ich mir in fast allen Unterrichtsstunden fleißig Notizen machte, fragten die Lehrer immer zuerst mich, ob wir alles verstanden hätten oder ob wir uns noch melden möchten.

Herr Kuhi aber fragte mich viel öfter als die übrigen Schüler und war begeistert von meinen Kopfrechenkünsten. Unser Aufsatzlehrer ließ immer Vorsicht walten, er wollte uns nicht blamieren, deshalb fragte er immer: „Bandari, hatten Sie denn letzte Woche schon einen Aufsatz geschrieben?", damit ich notfalls sagen konnte: „Ja, letzte Woche", um der Aufgabe zu entgehen. Ich sagte immer: „Ja, habe ich", wobei ich nicht selten log.

Wenn ich drankam, musste ich meinen Aufsatz vorlesen.

Hierzu hatte ich immer ein paar Brailleblätter dabei. Ich nahm einfach zwei davon heraus, fuhr mit meinen Fingern darüber und erzählte etwas über die Schönheiten des Frühlings, über den Respekt vor den Eltern oder las einen Kommentar vor: „Was ist besser, Wissen oder Reichtum?" Ich erfand alles im Moment.

Einmal, als meine blinden Kameraden geschwänzt hatten und ich einen Aufsatz über die Mutterliebe vorlesen beziehungsweise aufsagen sollte, erzählte ich angespannt, wie schwer sie es mit zwei blinden Kindern hatte und welche Unterdrückung und Diskriminierung sie in der Kleinstadt und auf dem Dorf über sich ergehen lassen musste. Ich konnte den Kummer vieler Schüler und des Lehrers wahrnehmen. Einige räusperten sich leise, wahrscheinlich um ihre Tränen aufzuhalten.

Der Aufsatzlehrer bat mich heiser und brummend, nach der Stunde für einige Minuten in der Klasse zu bleiben. Er wolle mich um etwas bitten. Er streichelte mir in der Pause den Kopf, lobte mich für meinen Aufsatz und bat mich, ihm diesen zu diktieren. Ich stotterte, dass die Schrift aus mir unerfindlichen Gründen plötzlich unleserlich geworden sei. Er aber schlug vor, Musa und Mohammad könnten ja versuchen, die Schrift zu entziffern. Dass sie an diesem Tag fehlten, ersparte mir einen Skandal.

Um mit uns zu verkehren, mussten unsere neuen Schulfreunde zwei Hemmschwellen überwinden: Zusätzlich zu unserer Blindheit hatte sich nämlich herumgesprochen, dass wir aus einem christlichen Internat kamen. Wir galten schlichtweg als Armenier.

Zu den uns Wohlgesinnten gehörte, wie gesagt, auch Herr Kuhi. Zwar hielt er uns nicht für Armenier, doch sprach er immer wieder darüber, dass man als Moslem seinen Glauben gut hüten und schützen müsse, besonders, wenn man unter Andersgläubigen lebe. Auf Kinder, die Gefahr liefen, ihren Glauben zu verlieren, gebe er besonders acht und fördere sie gerne, damit sie ihr Islambild immer klar vor Augen hätten, auch wenn sie blind seien.

Nun standen die ersten Prüfungen an und Herr Kuhi bestand als einziger Lehrer darauf, uns eine schriftliche Prüfung abzunehmen, auch wenn er selbst die Blindenschrift nicht beherrschte. Er wählte mich daher als Vorleser aus. Denn er wusste, dass ich alle Aufgaben ohnehin zu lösen vermochte. Das hieß also, dass ich sowohl meine eigene Prüfung als auch die der beiden Mitschüler vorlesen musste.

Eines Nachmittags, an dem drei Klassen frei hatten, bestellte er uns zu sich und setzte uns in getrennte Räume. Nach drei Stunden sollten wir die zehn Aufgaben gelöst haben. Da ich nach zwanzig Minuten fertig war, verkündete er mir sofort die sehr gute Note. Mohammad erhielt ‚gut‘, dann kam Musas Blatt dran.

Als ich, erst für mich, zu lesen begann, musste ich den Atem anhalten: Musa hatte zehn unsagbare Schimpfwörter an Herrn Kuhi gerichtet und seinen Aufgaben den Satz „Du Hurensohn, wie soll ich so viel Zeug überhaupt gelernt haben?" vorangestellt.

Herr Kuhi schien etwas bemerkt zu haben, denn er fragte: „Ist etwas? Können Sie es nicht lesen?" „Doch, doch", log ich, „ist nur ein wenig verschwommen, die Schrift. Deshalb habe ich gezögert." Ich hatte mich entschieden, ihm eine befriedigende Note zu verschaffen, indem ich jeweils zwei Aufgaben falsch und eine richtig vorlas.

Als ich aber zur neunten Aufgabe gelangte, unterbrach er mich: „Herr Bandari, ich weiß nicht, was Ihre christlichen Erzieher Ihnen im Internat beigebracht haben, aber ein Moslem lügt nie." Ich schwieg und brachte nur heraus: „Darf ich weiterlesen?" „Ja, aber entweder Sie lesen genau das, was auf dem Zettel steht, oder Herr Sadeghi liest mir vor und Sie kriegen dafür die Note ‚mangelhaft'. Beachte, mein Sohn: Wenn die Zunge lügt, verrät meist das Gesicht die Wahrheit."

Es war das erste Mal, dass er mich duzte. Innerlich glühte ich vor Scham und versank fast im Boden. Er verstand, schickte mich hinaus, holte Musa hinein und nach zehn Minuten wieder mich.

„Lieber Herr Bandari", begann er fast flüsternd, „können Sie die täglichen Gebetssuren auswendig?"

Ich freute mich unheimlich, dass er mein Schummeln nicht ansprach, und platzte heraus: „Sicher, sicher, soll ich sie aufsagen?"

„Nein, jetzt nicht", beruhigte er mich. „Gott hat Ihnen also nicht nur das Kopfrechnen beigebracht. Sehr schön. Bringen Sie die Suren Herrn Sadeghi bei", dabei wandte er sich Musa zu, „und ich gebe ihm die Note ‚ausreichend'. Nächste Woche, am Montag, teste ich ihn. Abgemacht?"

Ich spürte, wie seine Hand auf mich zukam, genauer gesagt hörte ich das Rascheln seiner Jacke und streckte ihm meine Hand entgegen. Er drückte sie so fest, dass ich mich fragte, ob es nur aus Freundlichkeit war oder ob sich auch Ärger hineinmischte.

Meine Hand nicht loslassend, kam es hastig aus ihm heraus: „Noch eine indiskrete Frage, Herr Bandari."

Scheiße, jetzt kommt's, dachte ich. Jetzt spricht er's doch an. Ich schwieg.

„Sehen Sie ein kleines bisschen?"

„Nein, gar nichts", atmete ich aus und freute mich über meine totale Blindheit, die mir diese sichere Antwort ermöglichte.

„Wie konnten Sie dann sehen, dass ich Ihnen die Hand geben wollte?"

„Ich habe sie gehört, die Hand."
„Gott ist groß", flüsterte er und geleitete uns hinaus.

Das Gymnasium Aburejhan lag an der Nasar-Straße, also zu weit von unserem Heim, als dass Musa, Mohammad und ich mittags hätten hinlaufen können. Da unsere Schule ganztägig war, verbrachten wir die Mittagspause im Hof oder in unserem Klassenzimmer. Wir bekamen ein Proviantpaket, bestehend aus drei kleinen Töpfen, in denen entweder Reis und Soße oder je zwei Eier mit Brot waren. Die Hausmeisterin kam jeden Tag und schaute uns beim Essen zu. Anfangs dachte ich, dass sie einfach neugierig sei, zu sehen, wie Blinde essen. Ich dachte dabei an einen Ausflug in ein Dorf in der Nähe von Isfahan, währenddessen jemand unseren Erzieher gefragt hatte, wie denn die Blinden ihren Mund zum Essen fänden, aber diese Frau hegte eine andere Absicht. Als sie uns gerade eine Woche kannte, in der sie uns jeden Tag beobachtet hatte, fragte sie plötzlich: „Soll ich euch das Essen vielleicht warm machen?"

Wir lehnten aus Höflichkeit ab, da wir ihr keine Mühe bereiten wollten. Als sie aber tags darauf wieder bei uns erschien und wir ihr Angebot wieder ablehnten, sagte sie: „Wenn ihr wollt, können wir unser Essen tauschen: Ihr kriegt meins und ich euers." Mohammad und Musa fragten, was sie denn habe. „Eine Suppe. Wie immer."

Da Suppe bei uns im Heim sehr verhasst war, lehnten beide wie im Chor schroff ab. Mir aber wurde plötzlich bewusst, wie gierig die Hausmeisterin uns die ganze Zeit beobachtet und mit welchem Ton der Verzweiflung sie gefragt hatte, ob sie unser Essen warm machen solle. Erst jetzt fiel mir auf, dass wir heute Eier hatten. Wie wollte sie denn gekochte Eier warm machen? Ich gab mein Einverständnis.

Sie lud mich zu sich ein.

Drei Jungen und ein Mädchen, alle jünger als ich, saßen an einem Esstuch und warteten auf ihre Mutter.

„Das ist Herr Bandari. Er war so gütig, seine Eier und sein gekauftes Brot mit uns zu tauschen", kündigte sie mich an der noch nicht ganz geöffneten Tür an. Die Kinder sagten, dass sie mich oft gesehen hätten. Ich sei blind.

„Seid still", würgte sie sie ab, als wäre Blindheit die schlimmste Beschimpfung. Die Kinder schienen nicht genau gehört zu haben, was ihre Mutter ihnen an der Tür gesagt hatte, denn als sie die Eier sahen, sprangen sie auf. „Sitzen bleiben!", sagte die Hausmeisterin verärgert. „Jeder von euch kriegt ein halbes Ei und ein Stückchen Brot."

Der Geruch von gebratenen Zwiebeln und Gewürzen stach mir in die Nase. Sie setzte mir eine kleine Schüssel Suppe und ein Stück dickes, selbstgebackenes Brot vor. Es schmeckte königlich. Der verschlissene Teppich, auf dem wir saßen, war alles andere als bequem und die Wände waren mit grobem Mörtel verputzt. Die Kinder freuten sich über mein Essen, als hätten sie noch nie im Leben Eier gehabt. Mich befiel ein seltsam mehrdeutiges Gefühl: Außer der Hausmeisterin bekamen offenbar alle im Raum ihr ersehntes Essen. Sie schien sich darüber sehr zu freuen, als hätte sie ein gutes Geschäft gemacht.

Wie arm muss denn diese Familie dran sein?, dachte ich. Wie blöd sind denn meine Schulfreunde, dass sie uns für arm halten? Sehen sie diese Familie nicht, die ihnen so nahe ist?

In dem Schuljahr, in dem ich zur Aburejhan-Schule ging, tauschte ich mein Essen oft gegen die köstliche Suppe der Hausmeisterin.

Ihr Mann war meist nicht da. Er arbeitete in der Mittagspause als Putzhilfe, um noch ein wenig Geld hinzuzuverdienen. Und immer

wenn er mich sah, grüßte er besonders respektvoll. Zu respektvoll
für meine Begriffe.

* * * * *

Ich kann nicht umhin, Naders Erzählung zu unterbrechen, denn
immer, wenn das Thema Blindenschrift und Schule vorkommt,
muss ich die folgende Begebenheit erzählen, die mir im letzten
Jahr meines Aufenthalts in der Heimat zustieß, also zu einem viel
späteren Zeitpunkt als die Ereignisse, um die es gerade ging,
zustieß.

Seit einer Viertelstunde stand ich auf der Schah-Resa-Allee, die seit
dem Regimewechsel „Enghelab", also „Revolution", hieß, und versuchte, ein Taxi zur Uni zu bekommen. Erst als ich mein auf drei
Toman erhöhtes Angebot ausrief, hielt ein Fahrer direkt vor meinen
Füßen und ließ mich einsteigen. Wir brauchten nur ein paar Kilometer geradeaus zur Uni zu fahren. Ich war der einzige Fahrgast
und erwartete, dass nun wieder eine Diskussion über die politischen Veränderungen im Land losgehen würde: Was ich vom neuen
Präsidenten hielte, ob ich an dem Referendum teilgenommen und
wie ich abgestimmt hätte, Ja oder Nein zur Islamischen Republik.
Doch der Fahrer blieb für die paar Minuten einfach still. Ich hörte weder Koranrezitationen aus dem Radio noch verbotene Musik
aus einem Kassettenrekorder. Nach ein paar Minuten schwer las-
tenden Schweigens fragte er plötzlich: „Was willst du denn an der
Uni? Willst dich wohl bilden? Kannst du denn überhaupt lesen und
schreiben?"

„Gebildet sein hat nicht immer mit Lesen und Schreiben zu tun",
gab ich großmäulig zur Antwort.

„Jetzt mal im Ernst! Was willst du denn an der Uni?"

„Was die anderen auch an der Uni wollen", sagte ich.

„Ja, die anderen studieren dort. Und du?"

„Wieso sollte ich denn nicht studieren?"

„Ja, wie willst du denn mit deinen blinden Augen studieren?", fragte er, holte einen Kugelschreiber aus der Tasche und drückte ihn mir in die Hand. „Wenn du die Wahrheit sagst, dann schreib doch einen Satz hier auf das Armaturenbrett." Er klopfte an die Stelle, wo ich den Stift ansetzen sollte.

„Wissen Sie, wir haben unsere eigene Schrift", versuchte ich zu erklären.

„Jaja, dann schreib in deiner Schrift. Ich will es sehen", sprach er ungläubig.

„Schauen Sie", versuchte ich es weiter, „wir haben unser eigenes Schreibwerkzeug, so einfach wie die Normalschrift ist das nämlich nicht."

„Also jetzt schieb mal keinen Vorwand vor", warnte er mich verärgert. „Entweder bist du alphabetisiert und schreibst etwas in deiner Sprache oder du lügst."

„Na gut." Ich sah ein, dass es keinen Zweck hatte. „Wissen Sie, ich habe nur eine Verabredung, ein Date, wenn Sie so wollen."

„Ich begreif' es nicht", fing er an und hörte erst vor der Uni auf. „Ich begreife es einfach nicht, weshalb dieses Volk immer heucheln muss. Wenn ich gegen diese neue Diktatur bin, dann muss ich doch so viel Mumm haben, es zu sagen. Aber nein, ich kann es nicht. Ich muss mir unbedingt einen Bart wachsen lassen und überall hinausposaunen, dass ich der erste Gefolgsmann von Revolutionsführer Ajatollah Chomeini war. Ich habe zwei Goldmedaillen im Marathon für den Iran geholt, obwohl ich lahm bin. So sind wir. Wir stehen nicht mal zu unserem Sexleben: ,Ich gehe doch nur zum Freitagsgebet!' Aber in Wirklichkeit gehen wir hin, um eine Frau abzuschleppen."

Er stand vor der Uni und redete pausenlos weiter, als meine Kommilitonin die Tür öffnete und mich herauszerrte. „Du bist aber spät."

Ich hielt dem Fahrer einen Fünf-Toman-Schein hin und verschwand mit der Kommilitonin in der Uni, ohne das Wechselgeld abzuwarten, weil ich wusste, dass er nun glaubte, den lebendigen Beweis für seine Behauptung zu haben.

Meine Kommilitonin wunderte sich über meine Wortkargheit. Sie konnte nicht ahnen, dass ich darüber nachdachte, ob ich tatsächlich lesen und schreiben konnte.

MUSIK

Gesungen habe ich schon mit fünf Jahren, auf den Zugfahrten von Isfahan nach Ahwas. Immer, wenn mein Vater aus dem Dritte-Klasse-Abteil ging, um Besorgungen zu machen, hatte er es beim Zurückkommen schwer, sich durch die Schar der Zuhörer zu kämpfen. Mein Repertoire bestand aus Erwachsenenliedern, von deren romantischen und melancholischen Inhalten ich keine Vorstellung hatte, deren Rhythmus ich aber problemlos beherrschte. Da ich jedoch wusste, wie teuer Instrumente waren, kam mir nie in den Sinn, eines zu spielen – bis mich unser Musiktalent Schahram entdeckte.

An einem Frühlingsnachmittag trafen sich Musiker des Ölberg-Blindenheims und spielten Volks- und Tanzlieder, jedoch ohne Trommelbegleitung. Ich, der ich vor lauter Aufregung nicht an mich halten konnte, nahm einen herumliegenden leeren Kanister und begann, mit aller Kraft das neun- oder zehnköpfige Ensemble zu begleiten.

Plötzlich stoppte Schahram, der mit seinem Akkordeon lauter als alle anderen war, und fragte: „Hey, wer schlägt denn da so gut den Rhythmus?"

„Das war ich! War das wirklich gut?"

„Und ob. Du musst was Ordentliches spielen. Komm, Junge, möchtest du Geige spielen?"

„Geige ist teuer."

„Stimmt. Aber bald haben wir Sommerferien und du kannst im Garten Unkraut jäten; mit dem Lohn gehst du dann zu Hairapetian und fragst ihn, was eine halbe Geige kostet. Für dich kommt sowieso höchstens eine halbe Geige infrage."

„Was soll ich denn mit einer halben Geige, mit der kann man doch gar nicht spielen!", rief ich entrüstet.

„Nein, du Depp, eine halbe Geige sieht wie eine ganz normale Geige aus, ist aber nur halb so groß", entgegnete Schahram.

Ich ging also zu Hairapetian.

Sein Geschäft für Musik und Elektrisches lag im Chaharbagh-Bezirk, eine gute Stunde Fußweg von unserem Heim entfernt. Alle staunten, als wir Blinde schnurstracks in sein Geschäft gingen, aber es war ganz einfach: Es roch nach den Verpackungen neuer elektrischer Gerätschaften, nach Radios, Kassettenrekordern und so weiter. Schon aus dem Taxi roch ich sein Geschäft und bat den Fahrer, dort anzuhalten.

Ich ging also zu ihm und fragte nach dem Preis einer halben Geige.

„Zu teuer für dich, Kleiner. Geh und spare erst sechzig Toman. Das ist mein letztes Angebot. Keinen Groschen weniger. Sechzig Toman. Hast du verstanden?", sagte er mit seinem armenischen Akzent — er sprach das lange A wie ein kurzes und das kurze wie ein langes.

„Sechzig Toman sind sechshundert Rial, oder?", fragte ich.

„Genau. Du kannst schon gut rechnen. Wie alt bist du denn?"

„Ich bin zwölf. Wir haben auch schon Bruchrechnung."

„Hier gibt's keine Brüche", erwiderte er. „Runde sechzig Toman. So. Und jetzt muss ich weiterarbeiten. Tschüss."

„Darf ich die Geige wenigstens mal sehen?"

„Wie willst du sie denn sehen? Du kannst sie nur kurz betasten. Hier."

Er gab mir eine Geige in die Hand. Vor Spannung hätte ich schreien wollen, wenn mich der Anstand nicht zurückgehalten hätte.

Die eine Stunde, die ich bis zum Heim brauchte, verging im Nu. In Gedanken zählte ich bereits die Scheine und Münzen, hielt die Geige bereits im Arm, ich spielte darauf bereits meine ersten Lieder und bekam Beifall von Schahram und anderen Freunden. Ich lachte die Erwachsenen aus, die eine so schöne und tadellose ganze Geige „halbe Geige" nannten.

„Du einen Toman am Tag kriegen. Wenn Feiertag, du auch arbeiten", radebrechte Frau Stamm und klang glücklich. Gleich am ersten Tag der Sommerferien war ich Punkt neun bei unserem Gärtner, der jedem von uns drei Kandidaten ein Stück mit Obstbäumen bestandenen Garten zuwies, das wir vom Unkraut befreien sollten. Ich arbeitete so eifrig, dass er mich oft eine Pause einlegen ließ und mit frischen, süßen Tomaten aus dem Garten belohnte. Oft ertappte ich mich dabei, wie ich das Unkraut rhythmisch aus dem Boden herausschnitt. Die Sichel war mein Bogen und der Unkrautstrauch der Geigenhals.

Bereits nach zwei Wochen mussten wir für ein paar Stunden auf die Unkrautberge steigen und sie platt stampfen, um mehr Raum zu gewinnen. War der Garten groß genug, um meine sechzig Tage dort abarbeiten zu können?, dachte ich besorgt und fragte mich, ob man auch mit wunden Fingern gut Geige spielen könne. Spielkameraden und Erzieher fragten mich, warum ich seit einiger Zeit immer nach ranzigem Fett stänke. Um später die Geigensaiten nicht zu beschädigen, cremte ich mir nämlich nachts die Finger mit Butter ein, die ich beim Frühstück heimlich in einem Taschentuch versteckte. Jede Nacht zählte ich die Löcher, die ich zum Feierabend in ein dickes Blindenschriftpapier stanzte, und begann immer wieder von vorne, weil ich annahm, ich hätte mich verzählt. Sobald ich mir der gezählten Anzahl sicher war, stellte sich ein Gefühl von Stolz auf meine Arbeit und mein zukünftiges Geigenspiel in einem Orchester ein.

Ich träumte davon, als Solist im Radio gespielt zu werden; meine Mama hielt dem Sprecher Rouhani den Mund zu, damit er meinen Namen nicht aussprechen konnte, aber seine Stimme kam so laut aus dem Gerät, dass mein Vater sich die Ohren zuhielt, bevor er mit meinem Blindenstock in der Hand zu mir sprang, um mich für meine Musik, die er als Sünde empfand, zu verhauen. Er reagierte fassungslos, als ich seinen Hieben auswich, er glaubte, ich könne plötzlich sehen. Meine Mutter sagte vermittelnd, dass mich vielleicht der Trost, den die Musik spende, sehend gemacht habe, und dafür bekam sie statt meiner die Schläge ab.

Endlich war es so weit. Frau Stamm rief uns zu sich und gab uns dreien jeweils einen Umschlag.

„Abdullah, du fünfundzwanzig Toman, Musa, du achtunddreißig, und Floh, du, du wie viele?", fragte sie und äußerte durch ihren Tonfall die Hoffnung, dass ich richtig antworten würde.

„Genau sechzig Toman!", schrie ich stolz.

„Nicht verlieren, schlampiges Flöhchen. Sonst erst nächstes Jahr deine Geige kaufen. Es sind zwölf Scheine", sagte sie mütterlich.

Es war ein Donnerstagabend, den ich verfluchte, weil die Geschäfte erst am Samstag öffnen würden.

In dieser Nacht zählte ich unzählige Male die Scheine, weil sie mal mehr, mal weniger als zwölf waren, und ich konnte meine

Panik nur mit Gewalt unterdrücken. Der Freitag dauerte für mich mindestens eine Woche, als ich aber endlich den Duft von Styropor und Elektrogeräteverpackung roch, war all mein Kummer vergessen. Stolz trat ich in das Geschäft und begrüßte herzlich Hairapetian, der mich offensichtlich sofort wieder loswerden wollte.

„Was willst du, Junge?", fragte er genervt und setzte sein Gespräch mit einem Kunden auf Armenisch fort, während er gleichzeitig Sachen hin- und herrückte.

„Ich wollte nur meine Geige abholen", platzte es aus mir heraus wie eine Selbstverständlichkeit.

„Deine Geige? Du hast keine Geige hier. Was meinst du denn mit ‚meine Geige'?"

„Ich habe jetzt das Geld. Sie haben mir doch die sogenannte halbe Geige gezeigt. Es ist so weit", versuchte ich ruhig zu bleiben.

„Ich habe niemandem was gezeigt. Eine halbe Geige habe ich schon, aber die ist zu teuer für dich. Bring mir fünfundsechzig Toman und ich gebe dir die halbe Geige. So, und nun verschwinde, ich habe zu tun."

Meine Welt brach zusammen. Ich brachte keinen Ton hervor. Ich wusste nicht, ob der Umschlag in meiner Hand brannte oder sich meine Nägel in meine Handfläche bohrten.

Schließlich brach es aus mir heraus: „Was erzählen Sie da? Ich war vor zwei Monaten hier und Sie sagten mir, ich solle sechzig Toman mitbringen. Sie haben mir selbst die Geige gezeigt. Ich habe genau sechzig Toman mitgebracht. Warum lügen Sie?"

„Hier wird nicht gefeilscht. Fünfundsechzig habe ich gesagt. Keinen Groschen weniger."

Ich war mit meinen Kräften am Ende: All die Arbeit, die mir wegen der Hoffnung so viel Spaß gemacht hatte, erschien mir jetzt wie eine Strafe. Das Unkraut, das ich gejätet hatte, stank mir wie

Schimmelpilz. Ich versuchte zu weinen, aber keine Träne tropfte. Gelähmt stand ich da und rührte mich nicht, als Hairapetian seine Stimme erhob: „Was willst du noch hier? Ich habe zu tun, du stehst den Kunden im Weg."

Ein alter Mann begann, mit ihm auf Armenisch zu schimpfen. Irgendwie verstand ich, dass es um mich ging. Ständig kam das Wort „Geige" in ihrem Streit vor. Und ein-, zweimal hörte ich „blind".

Der verfluchte Gauner Hairapetian sagte immer wieder Wörter, die ein „tsche" beinhalteten, und ich wusste, dass „tsche" auf Armenisch „nein" hieß und auch die Verneinung mit „tsche" gebildet wurde. Aber der alte Mann ließ nicht locker, immer lauter und bestimmter redete er auf Hairapetian ein. Dabei blieb er aber erstaunlich ruhig und freundlich. Der Alte hätte sein Vater sein können, dachte ich, und freute mich über diese Vermutung.

Plötzlich rief er mich zu sich: „Hör mal, Junge, bei wem möchtest du denn Geige lernen? Bei deinem Vater vielleicht?"

Ein kalter Schauer lief mir den Nacken hinunter.

„Ja genau. Bei meinem Papa", log ich.

„Eine Künstlerfamilie. Sehr schön", stellte er zufrieden fest.

Ich stand vor ihm wie jemand, der einen Auftrag erwartet.

„Wenn du mir versprichst, mir fünf Lieder vorzuspielen, sobald du ein wenig Geige gelernt hast, zahle ich dir diese fünf Toman. Abgemacht?", fragte er väterlich.

„Mach ich gerne! Mach ich unbedingt. Aber wo wohnen Sie denn?"

„Ach, das spielt keine Rolle. Ich bin normalerweise immer hier. Sobald du fünf Lieder kannst, kommst du hierher und spielst sie mir vor."

Nun konnte ich meine Tränen nur noch mit Gewalt zurückhalten. Ich merkte nicht, ob ich Hairapetian den Geldumschlag reichte oder ob er ihn sich griff, jedenfalls gab er mir einen kleinen Kasten und komplimentierte mich grob hinaus.

Der Laden, der für mich zwischenzeitlich nach verkohltem Kabel gestunken hatte, duftete wieder nach Elektrogeräteverpackung und ich konnte nicht umhin, immer wieder den Kasten zu schütteln, in der Hoffnung, irgendeinen Klang herauszuhören. Der Weg zum Blindenheim hätte meinetwegen zehn Stunden dauern können, denn alle dreißig, vierzig Schritte öffnete ich den Kasten und berührte die Geige, die wie ein Baby in seinem Bettchen schlief und nur zaghaft Laute von sich gab, wenn ich an einer der Saiten zupfte. Ich legte eine enorme Energie an den Tag, um schnellstmöglich fünf Lieder zu lernen. Es gelang mir tatsächlich innerhalb eines Monats.

Natürlich durfte *Garun Garuneh,* ein armenisches Frühlingslied, das ein Hit war, nicht fehlen. Auch nervte ich Hairapetian zigmal mit der Frage nach einem alten Mann, dem ich fünf Lieder vorzuspielen hätte, worauf er mal lachte, mal mich verärgert abwimmelte.

Von Anfang an unterrichtete mich Schahram. Er ließ mich einige Tage den Bogen streichen, dann den ersten Finger auf der jeweiligen Saite positionieren, dann den zweiten und so weiter, aber schon im Herbst ging er an die Uni nach Schiras und ließ mich mit meiner Geige allein. Er war der Einzige, der sich zum Unterrichten berufen fühlte. Alle anderen hatten bei einem Lehrer außerhalb des Heims gelernt. Sie konnten mir nichts beibringen, spielten mir nur etwas vor, was ich wiederholen sollte. Eine Methode gab es nicht.

Ich übte fast täglich. Zwar übte ich nicht lange, dafür aber immer sehr konzentriert. Ich hörte andere spielen und konnte sie erstaunlich präzise imitieren. Ich machte so große Fortschritte, dass ich bereits an Weihnachten mit unseren Musikern Weihnachtslieder spielen konnte. Dem Klang des Radios lauschte ich nun bewusst; ich versuchte, die Geigensolisten nachzuahmen.

Das Radio spielte für uns alle eine herausragende Rolle, es versorgte uns mit Informationen, unterhielt uns, beschäftigte uns, wenn wir nichts zu tun hatten. Es war ein Anziehungspunkt. Bahman hatte eine Box auf der Terrasse angebracht, wo wir uns oft versammelten, einfach, um Radio zu hören. Radiosprecher, Sänger und Solisten waren für uns nicht nur eine Stimme, sie erzeugten in uns ein komplettes Menschenbild. Wir diskutierten oft darüber, wofür die Stimme eines Menschen stand oder was sie über ihn verriet.

Wir bildeten uns ein, all diese Personen gut zu kennen, sie präzise nachzeichnen und sogar über ihre Eigenschaften urteilen zu können. Moloud Atefi beispielsweise, die abends um 19.30 Uhr den Kindern Gutenachtgeschichten erzählte, sah für mich fast wie meine Mutter aus: groß gewachsen, langes Haar und hohe Stirn. Hejdar Saremi, der Kriminalinspektor in den Hörspielen, dessen Stimme wie die des Pfarrers klang, musste genauso aussehen: dick, mit einem großen Mund und einer entsprechend langen Nase. Eine der süßesten, später erotischsten Figuren musste unbedingt Mariam Motaref sein, die Radiosprecherin, die immer die Rolle der Geliebten spielte. Das akustische Urteilen ging noch weiter. Oft fragte mich einer zum Beispiel: „Hast du den neuen Aufpasser Hasibi gehört? Er klingt sehr schlau und unehrlich, oder?"

In der Woche der Blinden sollten wir in diesem Jahr in der Wunschliedersendung von Radio Isfahan mit unserem Orchester auftreten und vier Lieder aufführen. Ich hatte zwei Lieder zu singen. Es sollte ein Besuch des Moderators im Blindenheim simuliert werden, obwohl wir in Wahrheit zum Sender fuhren und die Lieder und Interviews dort aufnahmen.

Als es so weit war, lag ich mit neununddreißig Grad Fieber im Bett. Ich war so geschwächt, dass Frau Stamm mir beim Umziehen helfen musste, damit ich mitfahren konnte. Die Spannung, mich einmal im Radio zu hören, war derart groß, dass mir die Grippe egal war. Meine einzige Sorge war, dass ich mir wegen meiner verstopften Nase und der fehlenden Konzentration das Funkhaus nicht genau genug vorstellen, es also gewissermaßen nicht blind sehen konnte.

Wir waren sichtlich überrascht, als uns verschiedene Sprecher und Sprecherinnen, mit denen wir täglich akustisch zu tun hatten, vorgestellt wurden und wir sie nicht identifizieren konnten. Sei es, dass sie vor dem Mikrofon ihre Stimme verstellten, sei es, dass wir sie nie, außer mit unseren alten Geräten, auf der Mittelwelle gehört hatten. Sie klangen völlig anders und erzeugten ganz andere Bilder in uns. Herr Borsoui zum Beispiel war überhaupt nicht untersetzt, sondern groß und schlank, genauso wie Frau Ghasi, die mir bis dahin füllig und viel älter vorgekommen war.

Der Moderator, Mehdi Asad, den ich mir als einen kurzbeinigen und geduldigen Sprecher ausnahmsweise richtig vorgestellt hatte, interviewte mich und fragte begeistert, wie alt ich sei, welche Klasse ich besuchte und was für Lieder ich singen würde. Ich antworte-te ihm und gab mit meiner heiseren Stimme mein Bestes, wobei das Beste für mich in diesem Moment die Nachahmung des Starsängers Aghasi bedeutete. Zwar hatte ich eine Kinderstimme, konnte aber die Ausdrucksweise des Sängers ziemlich gut imitieren, zumal ich meinem Gesang sein rhythmisches Klatschen und seine Ausrufe beimischte. Ich wurde zum ersten Mal von acht Musikern begleitet und von weiteren zwanzig Zuhörern bejubelt, wobei es eigentlich nur zehn waren, die anderen zehn spielten wir als Orchester in einer separaten Aufnahme selbst ein – dieser Beifall wurde später hinzugemischt. Meine damalige Anspannung und meine Krankheit erlauben es mir nicht, mich zu erinnern, ob dieses große Studio dasselbe war, in dem ich zwei Jahre später meine Prüfung zum Radiomusiker ablegen sollte …

Jedes Jahr finanzierte der Staat den Gewinnern eines landesweiten Musikwettbewerbs einen zehntägigen Ausflug zum Kaspischen Meer. Als ich zur Prüfung antrat, vergaß ich auf der Stelle, in welcher Situation ich war – meine Prüfer waren nämlich zwei Berühmtheiten, die ich tagein, tagaus im Radio hörte: der alte Sänger Tadsch Isfahani und Hassan Kassai, der Meister der Ney-Flöte. Nie hätte ich mir das tragische Schicksal dieser beiden Berühmtheiten träumen lassen, als ich damals voller Ehrfurcht vor ihnen stand.

„Spiel mal etwas, Junge", sagte Tadsch, indem er mir auf die Schulter klopfte. Ich fühlte mich wie im Himmel, weil ich vor solch einem Star spielen durfte. Ich weiß nicht mehr, was ich spielte, kann mich aber erinnern, dass Tadsch anfing zu singen und ich ihn begleiten durfte.

Eine Woche später bekam ich die Einladung, als einer von zwei Schülern aus Isfahan in den Sommerferien mit nach Ramsar ans Kaspische Meer zu reisen.

Auf einem riesigen Campus wurden Zelte aufgestellt, in denen wir schliefen. Zwar halfen mir die Reisegenossinnen und -genossen, doch war es für mich eine große Herausforderung, zum Essen oder zu den Aufführungen zu gehen und in unser Zelt zurückzufinden oder nachts die Toilette ausfindig zu machen.

Das Kaspische Meer roch ganz anders als der Fluss Karun, zu dem uns Onkel Mohammadali immer fuhr. Es roch nach salzigem Wasser, nach Meeresfrüchten und Fisch. Die Luftfeuchtigkeit war so hoch, dass unsere Perkussionisten ständig meckerten, ihre Trommeln klängen zu dumpf.

Farid, unser nervöser Sänger aus Isfahan, mochte es, mit mir zu musizieren. Er war ein paar Jahre älter als ich und träumte schon damals davon, mit mir bei Radio Teheran Musik aufnehmen zu dürfen. Er bedrängte mich, mich möglichst bald bei Radio Isfahan zu melden, um die Aufnahmeprüfung abzulegen und als Musiker eingestellt zu werden, ich aber wollte erst „gut spielen", um nicht durchzufallen. Die Musik von Radio Isfahan konnte ich auswendig spielen und ich wollte mich erst in Ruhe mit den Musikern dort vergleichen.

In all seiner Ungeduld wollte Farid aber nicht länger als ein Jahr warten. Er habe mich von sich aus für den nächsten Mittwoch angemeldet, eröffnete er mir. „Du musst kommen. Da kommen etliche Meister, um dich und noch weitere Kandidaten zu prüfen. Herr Moradi, unser Dirigent, ist auch blind."

Obwohl der Test erst um 18 Uhr begann, rannte ich gleich nach der Schule zum Funkhaus, das in der Tadsch-Gasse lag. Es war gegen 17 Uhr und der Pförtner wollte mich nicht hineinlassen.

„Heute werden keine Kinder geprüft", wies er mich ab, „nur richtige Musiker."

Ich ging die Straße auf und ab, bis Farid kam. Er schimpfte mit dem Pförtner und nahm mich mit hinein. Obwohl ich hier zwei Jahre zuvor meinen bis dahin größten Auftritt gehabt hatte, kam mir alles sehr fremd vor. Das große Studio roch nach Hairapetians Geschäft: nach Kabeln, neuen Elektrogeräten und Musikinstrumenten. Zum ersten Mal in meinem Leben durfte ich mir eine Menge Instrumente anschauen und sogar versuchen, auf ihnen zu spielen. Ich probierte die Laute, das Cello, das Tar, die Trommel, das Santur und sogar ein Klavier.

Ich kam mir wie ein Erwachsener vor, da mir Farid einige seiner Kollegen und Kolleginnen vorstellte und nicht umgekehrt. Ein Liedermacher, der mächtig nach Fleisch roch, was auch nahelag, da er im Hauptberuf als Fleischer arbeitete, bot mir in einem kleinen Besucherraum Tee an. Dort warteten noch vier weitere Prüflinge, die offenbar sehr nervös waren – sie beantworteten meinen Gruß und meinen Versuch, eine Unterhaltung zu führen, lediglich einsilbig.

Nachdem die anderen nacheinander hineingerufen worden waren, blieb ich alleine. Zum ersten Mal empfand ich so etwas wie Lampenfieber. Die Minuten verstrichen im Schneckentempo.

Ohne dass ich aufgerufen wurde, kam Farid und brachte mich ins große Studio. Etwa fünfzehn Personen saßen dort und begrüßten mich freundlich. Ein alter, hager klingender Mann fragte lauter als nötig: „Na, mein Junge, was kannst du denn alles spielen?"

„Was Sie wünschen", prahlte ich und einige lachten stimmlos.

„Spiel mal ein Stück im Modus Segah", befahl er mir.

Ich dachte nach. Es gab ein Stück von Parvis Jahagi, das ich zigmal im Radio gehört und nachgespielt hatte. Sicher kannten es hier alle.

Mit einer kurzen, arhythmischen Einleitung setzte ich an und begann: „F-E-D-F-F", oder wie die Perser singen würden: „Fa-mi-re-fa-fa."

Ich hatte noch nicht einmal zehn Takte gespielt, als lautes Gelächter im Studio erschallte, das mir wie eine Klinge in den Kopf fuhr. Keine Tracht Prügel hatte mich jemals so tief verletzt, mir derart wehgetan wie das scheiß Gebrüll der Männer und dieses Gequietsche der Frauen. Wie vom Blitz getroffen, packte ich meine Geige und rannte schneller als jeder Sehende den vertrauten Weg hinaus.

Ich hatte nicht mal Zeit, um zu heulen, sondern röchelte nur vor Anspannung und Müdigkeit. Farid erreichte mich und schrie:

„Wohin denn? Warum antwortest du mir nicht? Bist du denn auch taub? Wieso sagt man, dass die Blinden besonders gut hören?"

„Was soll ich denn da? So schlimm ist keiner der Kandidaten durchgefallen", versuchte ich mein Stottern zu bändigen.

„Durchgefallen? Alle warten auf dich. Du bist einer von uns, bist angenommen, kannst schon nächste Woche anfangen!", lachte er.

„Aber wieso haben dann alle so gelacht?", stotterte ich überrascht.

„Sag nicht, dass du den Parodietext nicht kennst, den man zu der Melodie singt, die du gespielt hast? Den mit der Muschi und solchen Sachen?"

Ich war noch überraschter als zuvor und ließ mich willenlos von Farid zum Studio zurückbringen.

Bis zur Revolution arbeitete ich viereinhalb Jahre als Geiger im Radioorchester und bis heute kann ich nicht begreifen, wieso mich nie jemand nach der Erlaubnis meiner Eltern oder eines Vormunds gefragt hat. Ich bekam einen Angestelltenausweis und erhielt beim Vorzeigen der Karte jeden Monat meinen Lohn ausgehändigt.

Was mich schon nach ein paar Wochen sehr beschäftigte, war der Wunsch, wie andere Solisten einmal ein Solostück spielen zu dürfen.

Von meinem Lohn nahm ich mir ein winziges Taschengeld und gab den Rest bei nächster Gelegenheit meiner Mutter. Mein Vater war nämlich nicht mehr der Gleiche: Er legte zum Beispiel das Haushaltsgeld nicht einfach so auf den Sims, sondern wartete immer, bis meine Mutter ihn darum bat. Dann meckerte er, was sie denn mit dem Geld mache und dass er selber keines habe. Er war einfach zu sehr mit meiner Stiefmutter Mahschid und ihren Ausgaben beschäftigt. Meine Mutter versuchte immer, wenn sie denn Zeit hatte, Näharbeiten für die Nachbarschaft zu verrichten und so einen Teil des Haushalts zu finanzieren. Das Schlimme daran war, dass mein Vater es überhaupt nicht bemerkte. So hatte ich kein Problem damit, sie in mein Geheimnis einzuweihen. Sie freute sich, sie war sogar stolz darauf, dass ich Geige spielte, betonte aber jedes Mal, dass es eine Apokalypse geben würde, wenn „er" davon erführe. Meine Stiefmutter war nämlich aus einer Familie, die sich zu den Nachkommen des Propheten rechnete, und dies bewirkte, dass mein Vater seine Religiosität neu entdeckt hatte und uns zu strenggläubigen Moslems erziehen wollte. Zwar war Mahschid alles andere als eine dogmatische Gläubige, aber für meinen Vater genügte es, dass sie aus der Familie des Propheten stammte. Entsprechend seiner Dogmatik war für ihn auch Musik etwas, was den Menschen „vom rechten Weg" abbringt.

Bürokratische Hürden für mein Geigenspiel gab es nie. Nur einmal musste ich meine Geburtsurkunde vorlegen. Ich fragte bei der Heimleitung nach und erledigte es. Samstags, montags und mittwochs rannte ich sofort nach Schulschluss ins Studio und hatte etwa eine Stunde Zeit, alle Instrumente, die dort herumlagen, der Reihe nach auszuprobieren. Sobald die Kollegen eintrafen, übten wir Stücke, die sie komponiert hatten, bis wir so weit waren, sie fehlerlos aufnehmen zu können. Auch ich komponierte in den letzten Jahren meiner Arbeit Lieder, die aus klischeehaften Versatzstücken bestanden, die ich mir bei großen iranischen Komponisten abgeguckt hatte. Da ich als zu jung galt, gab ich die Stücke meinen älteren Kollegen. Ich kassierte das Geld und sie die Anerkennung als Komponisten.

Bis auf unseren Dirigenten arbeiteten alle anderen hauptberuflich anderswo. Farsad, unser Santurspieler zum Beispiel, führte ein Maklerbüro, unser Trommler hatte ein Schuhgeschäft und unser Pianist verwaltete eine kleine Musikschule für Akkordeonspieler.

Ich spielte im wahrsten Sinne des Wortes für das Radio und im Radio. Nie kam mir mein Spiel als Arbeit vor. Selbst die Qualen, die ich im Zusammenhang mit meiner Beschäftigung erlitt, erschienen mir wie verkraftbare Verluste in einem kindlichen Spiel. Und davon gab es genug. Immer, wenn wir eine Aufnahme machten, arbeiteten wir bis zwölf oder ein Uhr nachts. Da wir alles live spielten und irgendjemand immer einen Fehler machte, mussten wir das Stück jedes Mal komplett neu einspielen. Anfangs fuhr mich ein Kollege danach ins Heim zurück. Zunächst tat mir Farsad diesen Gefallen, bis ich ungewollt und unbewusst einen Fehler beging. Eines Tages kam Farsad mit einer neuen Komposition. Er spielte dem Dirigenten die ersten Takte vor und ich sagte begeistert: „Ich kenne dieses Lied."

„Bist du denn ein Wahrsager?", witzelte Farsad.

Als ich darauf bestand, wurde er zornig, schlug dem Orchesterleiter vor, mich aus dem Studio zu schicken und, nachdem er ihm das Stück vorgespielt habe, wieder hereinzuholen, um dann von mir zu hören, welches Stück er gespielt habe. Mir kam das Ganze wie ein harmloses Spiel vor. Ich ging also hinaus, kam nach fünf Minuten wieder herein und sang die Melodie, haargenau wie Farsad sie dem Dirigenten vorgespielt hatte. Es war nämlich ein persisches kirchliches Osterlied. Später erfuhren wir, dass Farsads Vater zu Gedichten des persischen Bischofs Melodien komponiert hatte, die sein Sohn für unsere Produktion als seine eigenen ausgeben wollte. Natürlich fuhr er mich dann nicht mehr nach Hause, obwohl das Lied trotz dieses Vorfalls mit einer kleinen Änderung produziert wurde. Ich war nicht gut auf ihn zu sprechen, doch hätte ich gewusst, welche Katastrophe noch über ihn hereinbrechen sollte, hätte ich mich bestimmt anders verhalten.

Der nächste Vorfall war noch lächerlicher. Modschtaba, einer unserer Sänger, fragte mich einmal, welchem Starsänger, meiner Meinung nach, seine Stimme ähnlich sei. Ich tat ihm aus meiner Sicht einen Gefallen und sagte, dass er wie Chansari sänge. „Aber die Experten finden, ich singe wie Golpa!", warf er mir vor. Auch er nahm mich nicht mehr mit, und auch ihm blühte ein ungewöhnliches Schicksal.

So musste ich ein- oder zweimal im Monat den eineinhalbstündigen Weg nach Hause zu Fuß zurückgehen. Dies erschien mir nach den Aufnahmen, also etwa um ein Uhr nachts, besonders gefährlich. Bis über die Chadschu-Brücke hinaus passierte ich befahrene Straßen und kam sogar noch an offenen Imbissen oder Läden vorbei, zum Beispiel im Chaharbagh-Bezirk, ab und zu traf ich Fußgänger, besonders auf der Kamal-Esmail-Straße, die dicht am Fluss Zayandeh verlief, danach aber hatte ich etwa einen Kilometer auf der Abschar-Straße zu gehen. Links von mir erstreckte sich ein Dickicht, das zum Fluss führte, und rechts standen Verwaltungsgebäude und ein russisches Hotel, in dem seltsamerweise nachts nie Publikumsverkehr herrschte.

Sobald ich etwa einhundert Meter gegangen war, kamen aus dem Dickicht freilaufende Hunde hervor, sie umkreisten mich, sprangen mich an, bellten im Chor. Mit einer höllischen Angst versuchte ich, so langsam und normal wie möglich weiterzugehen. Heute kann ich nur über meine Naivität staunen und lachen, denn kein einziges Mal verletzte mich einer dieser Hunde. Die Hunde begleiteten mich bis zur großen Bosorgmehr-Kreuzung. Weiter gingen sie nicht. Danach waren es nur noch hundert Meter bis zum Heim.

Irgendwann bemerkte Herr Beinhorn, dessen Stimme sich im Gegensatz zu seiner großen, kräftigen und groben Gestalt niedlich anhörte, offenbar, dass ich an manchen Tagen sehr spät von der Schule zurückkam. Eigentlich mussten wir immer einen der Heimleiter um Erlaubnis zum Ausgang bitten, aber sie merkten kaum, wer gefragt oder nicht gefragt hatte, da sie sich untereinander anscheinend nie absprachen.

Eines Mittwochnachts kam ich müde wegen der Angst vor den Hunden am Heimtor an und freute mich darüber, dass ich meine Geige nicht dabeihatte, sondern sie im Studio hatte zurücklassen können. Ich kletterte am Tor hoch, um hineinzuspringen und schnell ins Bett zu schleichen, doch als ich mich hochzog, drückte Herr Beinhorn mich auf die Straßenseite zurück. Erst jetzt roch ich die Mischung aus Holz, Eisen und Schweiß, die uns Heimkindern seine Anwesenheit verriet.

Die Überraschung schmerzte mich mehr als der Asphalt, auf dem ich rücklings landete. Auf dem Boden liegend wartete ich ab und versuchte herauszuriechen, ob er noch da war. Die frische Luft roch aber nur nach Feuchtigkeit, obwohl es zuvor nicht geregnet hatte. Sie überdeckte andere Gerüche, so wie ein lautes Geräusch leisere Klänge übertönt. Nach einer Viertelstunde probierte ich mein Glück wieder, aber im selben Moment nahm ich Herrn Beinhorns Geruch und seinen Arm wahr und lag wieder auf dem Asphalt. Diesmal riss ich mich zusammen und lief in Richtung des Hauses meiner Eltern, das etwa eine Stunde Fußweg entfernt war. Die ganze Zeit überlegte ich, welche Lüge ich meinem Vater auftischen könnte. Es musste eine sein, die ihm plausibel erscheinen würde, falls er mich zu Hause entdecken sollte. Heimweh würde nicht durchgehen. Auch nicht, dass ich die Vornoten erhalten hätte und Klassenbester sein würde, deshalb beschloss ich zu behaupten, dass die Heimleitung ihn zu sehen wünsche. Ich wusste, dass er es gleich vergessen und, falls nicht, die Verständigung schwer sein und er es nicht merken würde, dass man ihn nicht zu sehen gewünscht hatte.

Der Geruch des Krämerladens, der in unserer Nachbarschaft lag, riss mich aus meinen Gedanken. Leise drehte ich den Türriegel auf und war noch nicht richtig eingetreten, als meine Mutter mir entgegenkam. Ihre erste und einzige Frage war: „Hast du schon gegessen?" „Nein", flüsterte ich. An den Aufnahmetagen im Radio hatte ich nie Zeit fürs Abendbrot. Sie schob mich an den Matratzen vorbei und schloss geräuschlos die Küchentür. Stehend genoss ich das Dampochtak, ein einfaches Reisgericht, das mir bei Weitem besser schmeckte als unsere festlichen Speisen an manchen Sonntagen.

Meine Mutter bereitete mir einen Schlafplatz, streichelte und küsste meinen Kopf, und ich schlief mit dem Gedanken ein, nach langer Zeit wieder die reine Mutterliebe bewusst erlebt zu haben. Sie fragte weder, wo ich plötzlich hergekommen, noch, was passiert sei. Das fragte mich nach zwei Stunden Schlaf mein Vater, dem meine Mutter weisgemacht hatte, dass er ja zu früh ins Bett gegangen und so nicht bemerkt habe, dass ich eingetroffen sei. Er weckte mich, um mich zum Morgengebet aufzufordern, und erfuhr, dass die Heimleitung ihn unbedingt treffen möchte. Zum Glück musste er geschwind frühstücken und zur Arbeit eilen.

Irgendwann war es so weit: Ich durfte bei der nächsten Aufnahme ein Solo spielen.

Unsere Musikproduktionen wurden immer abends, von viertel vor acht bis acht, als „klassische iranische Musik aus Isfahan" ausgestrahlt. Die Sendung bestand aus einem unserer Lieder, dann einem arhythmischen Solo oder Duett, das improvisiert wurde, und zum Schluss aus der Wiederholung des Liedes.

Ich spielte nun schon seit einem Jahr im Orchester, meiner Ansicht nach war es höchste Zeit, dass ich einen Solobeitrag lieferte. Pirous, ein hochgewachsener, schicker Buchhalter mit dicker Brille, der das Zupfinstrument Tar spielte, hatte eine Melodie auf einen der Texte unseres Liedermachers im Modus Daschti komponiert. Das Lied war so lang, dass mir für mein Zwischenstück lediglich drei Minuten Solozeit blieben. Mit meinen vor Anspannung zitternden Fingern konnte ich so gute Vibrationen produzieren, dass unser Dirigent schon die zweite Aufnahme akzeptierte. Ich hätte viel besser spielen können, hätte ich nur neu ansetzen dürfen, aber nein, es wurde auch so für gut befunden.

Überhaupt wäre aus mir sicher ein Erfolgsmensch geworden, wenn nicht immer alles, was ich damals tat, verfrüht als tipptopp angesehen worden wäre: mein Geigenspiel, meine Selbständigkeit im Alltag, die Orientierung in der Schule und so weiter. Deshalb ist mein Vater immer ein besonderer Mensch für mich geblieben, auch wenn er mir Prügel verpasste. Er war nämlich fast der Einzige in meiner Umgebung, der mir Vorwürfe machte. „Was aus ihm wird", urteilte er immer, „weiß ich nicht, aber bestimmt nichts Gutes."

Es waren Sommerferien, die ich wie immer zu Hause verbrachte, daher hatte ich kaum Gelegenheit, außerhalb des Funkhauses auf meiner Geige zu spielen. Zwar hatte mir unser Nachbar Herr Rostami zigmal angeboten, meine Geige bei ihm zu lagern und zum Üben zu ihm zu kommen, aber aufgrund der Gefahr, dass mein Vater doch Wind davon bekäme, ließ ich Vorsicht walten.

Als aber der Ausstrahlungstermin für den „nächsten Donnerstag" feststand, riskierte ich einiges: Ich klapperte unsere gesamte Umgebung ab, ging von Tür zu Tür und erzählte, dass heute Abend um viertel vor acht unbedingt Radio gehört werden müsse, denn es laufe eine lebenswichtige Sendung.

Auf der uns nächstgelegenen Hauptstraße traf ich den Fernsehverkäufer unseres Bezirks, bei dem mein Vater seit Langem Schulden hatte und der mich immer wieder abpasste, um zu fragen, ob mein Vater eine der längst fälligen Raten zu zahlen gedenke. Er empfing mich freundlich, klang noch freundlicher, als ich ihm fünfzig Toman meines Radiolohnes gab und log: „Das hat mir meine Mutter für Sie gegeben." Er versprach, am Abend rechtzeitig das Radio einzuschalten.

In der Konditorei musste ich, um Werbung zu machen, ein Eis essen, obwohl ich eigentlich kein Geld dafür vorgesehen hatte. Dem Sohn des Krämers sagte ich direkt, dass ich heute Abend Musik spielen würde.

Wir saßen nach dem Abendessen im Hof beim Tee und mein Vater hielt wie üblich eine Ansprache darüber, dass wir das Schlimmste täten, wenn wir, statt Büchern wie *Das Leben der vierzehn Heiligen,* Schundromane von diesen Scholochows und Molotows läsen. Für mich war es die angenehmste Ansprache, die ich je von ihm gehört hatte, weil das Radio laut genug war, ihn zu übertönen. Ich hörte sogar die Radios der Nachbarschaft, die offenbar zum Zeichen der Solidarität besonders laut gestellt waren. Mein Vater war weit und breit der Einzige, der nicht wusste, dass ich Musik machte, geschweige denn, dass ich heute Abend meinen Radioauftritt hatte. Er redete und rührte gleichzeitig den Zucker in seinem Teeglas um, da gab es plötzlich mindestens zwei Takte Pause. Für einen Moment schien mir alles stillzustehen: der Teelöffel in der Hand meines Vaters, die Geräusche des Radios, nachdem es meinen Namen als Solisten verraten hatte, die Wasserspritzer in dem Becken, an dem meine Mutter stand, meine gespannten Muskeln und gespitzten Ohren, die darauf warteten, was nun passieren würde, und meine Geschwister, die keinen Mucks machten.

„Was hat das Radio gesagt?", brüllte mein Vater, aber mit einer heiseren Stimme, und ich wusste, dass er mich meinte. Seit Längerem hatte er es sich zur Gewohnheit gemacht, uns, also meine tatsächlichen Geschwister und mich, nicht mehr mit Namen anzusprechen. Wir hatten es selber herauszuhören, wen er meinte.

Ich reagierte nicht.

Er kam auf mich zu und zog mir mein Ohr lang: „Habe ich nicht mit dir geredet?"

„Ich habe meinen Namen nicht gehört und ich weiß nicht, was im Radio lief. Ich habe Ihnen doch zugehört", log ich.

„Seit wann muss ich euch beim Namen nennen? Das Radio sagt: ‚Solist an der Geige war Nader Bandari'", äffte er mich und den Radiosprecher nach.

„Tja, Nader Bandaris gibt es etliche in Isfahan", log ich weiter.

„Ach ja?", kam es verschmitzt aus ihm heraus. „Dann sorgen wir dafür, dass es einen weniger gibt." Und er schlug auf mich ein, so lang und so hart, dass selbst Stiefmutter Mahschid sich dazwischenstellte.

Ich ertrug alles mit Würde und versuchte, an die Leute zu denken, die mich sicherlich mit Begeisterung im Radio gehört hatten. Als auch meine Geschwister Einspruch erhoben, ließ er von mir ab, zog sich eilig um und ging hinaus. Niemand sagte etwas. Wir gingen viel früher als sonst ins Bett und ich träumte davon, wie mein Vater mit meinem Geld die Raten für den Fernseher, für die Teppiche und sogar sein Darlehen an seinen Arbeitgeber abbezahlte und auf mich einschlug, damit ich noch mehr Solos spielte, um Geld nach Hause zu bringen.

Mein großes Glück war, dass er, obwohl es Freitag war, einen Eilauftrag bekommen hatte und nach Jasd musste. Wir hörten ihn nicht wie sonst laut beten und er weckte uns auch nicht zum Gebet. Er hatte früher als gewöhnlich mit einem Kollegen, der ihn abgeholt hatte, losfahren müssen, um einige Ölpumpen zu reparieren. Ich wusste, dass er zwei Wochen wegbleiben würde. Es konnte also ein wenig Gras über die ganze Sache wachsen.

Auf der Straße grüßten mich fortan viele freundlicher. Der Fernsehverkäufer komplimentierte mich ungestüm in sein Geschäft und bot mir Tee und Gebäck an, als hätte er alle Raten auf einmal erhalten. Herr Rostami flehte mich fast an, ich möge meine Geige zu ihm bringen und unbedingt bei ihm üben, was ich dann auch tat. Auch als mein Vater zurückkehrte, ging ich oft zu Rostami und gab ihm in seinem Keller „Privatkonzerte", wie er es ausdrückte. Eines Freitagnachmittags wandte sich mein Vater, der seit dem Radiozwischenfall nicht mehr mit mir gesprochen hatte, an mich und fragte: „Wo steckt denn nun dieses Unding?"

„Bei den Rostamis."

„Diesmal hast du aber gut gemerkt, dass ich mit dir spreche. Geh und hol es. Ich möchte wissen, was du damit treiben kannst."

Ich kam im Nu mit der Geige zurück und spielte ihm das schwierigste Stück, das ich kannte, im Modus Mahur – also in Dur – vor. Ein Stück von Meister Saba.

Er räusperte sich und sagte nur: „Reicht, reicht. Lass das Ding hier. Besser bei uns als bei diesem Alkoholiker. Aber nur im Keller. Verstanden?"

„Jawohl", suchte ich meine Freude zu vertuschen, und verschwand in den Keller.

Mein Geigenspiel war nun kein Geheimnis mehr, und dies bedeutete zwar, dass er meine Arbeit oft als Dreck oder als unanständig beschimpfte, aber noch öfter fragte er meine Mutter, ob ich zum Haushalt etwas beitragen könne.

Nach der Ausstrahlung meines ersten Solostücks im Radio wurde ich von etlichen Freunden und Fremden darauf angesprochen. Das war eine schöne Wiedergutmachung für die Schläge, die ich von meinem Vater erhalten hatte.

„Hast du deinen Namen im Radio gehört?", fragte der Sohn des

Krämers und verkaufte mir Süßigkeiten auf Raten, was er sonst nur sehr ungern tat.

Es verging keine Woche, da passten mich drei riesige Männer auf der Kourosch-Straße in unserer Nähe ab. „Hallo, lieber Künstler!", rief der Kleinste von ihnen, der sich später als Sänger der Gruppe herausstellte. „Wir sind Kollegen!"

Ich wusste nicht recht, was ich antworten sollte, und versuchte auszuweichen: „Schön, Sie zu sehen", stotterte ich.

„Wir möchten Sie gerne zu uns einladen oder Sie besuchen, um über etwas sehr Wichtiges mit Ihnen und Ihren Eltern zu sprechen."

„Oh, ich komme gerne zu Ihnen", sagte ich und wunderte mich sehr, gesiezt zu werden. „Denn meine Eltern haben kaum Zeit." Ich merkte, dass sie mit mir über Musik sprechen wollten, und hoffte daher, dass sie nicht zu uns kämen.

„Sehr gern", sagte der Längste von ihnen. Es waren drei Brüder. Sie hießen Rasi und waren ein Ensemble.

Hassan, der Kleinste und Jüngste, spielte Flöte, der Nächstältere, Hossein, spielte das Hackbrett Santur und Mehdi war der Sänger der Gruppe und hatte neben seiner Rolle als Perkussionist quasi auch die des Managers. Aus Angst, sie könnten es sich anders überlegen und mich zu Hause besuchen, machte ich hastig einen Termin für den nächsten Tag aus und ging pünktlich zu ihnen.

Über einen gepflasterten Hof führte mich Hassan in einen geräumigen Saal, der mit einem typischen Isfahaner Teppich ausgelegt war. Die Luft war modrig, die Wände ein wenig feucht. Ich setzte mich im Schneidersitz auf den Boden und lehnte mich an ein großes weiches Kissen.

Obwohl ich beim Eintritt viel Rummel im Haus gehört hatte, schien nun jemand um Ruhe gebeten zu haben. Sollte ich mir Sorgen machen? Jedenfalls war mir das Ganze nicht geheuer. Auch

Hassan wurde einsilbig und teilte nur mit, dass die anderen gleich kämen und ich es mir bequem machen solle. Kinder und besonders ältere Mädchen, die so rochen, als trügen sie Tschadors, gingen beinahe lautlos umher und ich konnte ihre verwunderten, auf mich gerichteten Blicke leicht feststellen: Für Sekundenbruchteile stoppten sie nämlich alle, wenn sie mich erblickten, begrüßten mich aber nicht.

Offenbar lebten die Brüder mit ihren Familien in diesem Haus. Anscheinend war der Saal das große Wohnzimmer des Hauses, denn zwei Frauen kamen gleichzeitig herein. Die eine, wahrscheinlich Mehdis Frau, brachte Tee und grüßte mich vorsichtig, die andere grüßte nur einsilbig, legte Teller und Obst für drei bis vier Personen vor mich und sagte: „Bitte schön."

Hassan kam mit ein paar Leuten, die mich begrüßten und ihre Freude darüber bekundeten, dass ich hier sei. Sofort füllte sich das Zimmer und damit das Haus mit Leben.

„Es ist uns", sagte Mehdi und drehte Kopf und Hände in Richtung seiner Brüder, „eine große Ehre, einen prominenten Radiokünstler bei uns zu haben. Wir möchten dir, lieber Nader", das war nicht respektlos, sondern ein Angebot, einander zu duzen, „ein gutes Angebot machen."

Er erzählte, dass sie als Musiker eine große Familie seien und dass die Familie Rasi mich in ihrer engeren Verwandtschaft wisse und darum in ihre Gruppe aufnehmen wolle. Er singe so ziemlich alles und ich könne ihn bestens auf der Geige begleiten. Dann fragte er mich, mit welcher Musikgruppe ich normalerweise zusammenarbeite.

Ich spielte außer fürs Radio nur mit unseren blinden Musikern. Im Radio wurde immer wieder betont, dass wir keine Musikanten seien und es sich nicht schicke, auf Hochzeiten oder

Privatveranstaltungen aufzutreten. Einmal hatte der beste Geiger unseres Heims, der plötzlich mit Fieber im Bett lag, darauf bestanden, dass ich an seiner Stelle bei einer Hochzeit aufträte. Seine Ehre stehe auf dem Spiel, hatte er gesagt.

Ich hatte akzeptiert.

Zwei Männer waren an einem Donnerstag gegen 17 Uhr gekommen, um mich abzuholen. Hochzeiten und Musikabende veranstaltete man fast immer am Donnerstag, dem ersten Tag des iranischen Wochenendes. Wir waren auf ein Motorrad gestiegen und, statt auf die Veranstaltung, die offenbar abgesagt worden war, zum Dolat-Platz gefahren.

Auf einer kleinen Fläche vor einem Teehaus saßen lauter Musiker und Tänzerinnen und unterhielten sich lebhaft über Musik, Wein, Geld und Veranstaltungen, bei denen sie gut verdient hatten. Das Ganze erinnerte mich an Sammelplätze von Bauarbeitern, die auf einen Auftrag warteten. Auch hier kam von Zeit zu Zeit jemand und suchte nach Musikern verschiedenster Couleur: Pop, traditionell oder Tanz.

Die Musiker umzingelten jeden Interessenten und priesen ihre Kunst und Meisterschaft in allen Musikrichtungen in den höchsten Tönen an.

Nach etwa einer Stunde wurden wir ausgewählt und brachen zu einer Hochzeit in dem Armenviertel Toghchi auf. Wir mussten unsere Behelfsbühne am Ende des Hofes, wo sich die Toilette befand, selbst aufbauen …

Mehdi riss mich aus meinen Gedanken: „Du musst nicht unbedingt antworten, wenn du uns die Namen nicht verraten willst."

„Doch, doch", versicherte ich ihm. „Ich spiele aber nur im Radio und manchmal mit den Musikern aus dem Blindenheim."

„Das ist aber schade", sagte Hossein, der Santourspieler, der zum ersten Mal sprach und nicht wie ein typischer Musiker klang. „Du musst gehört werden. Wir werden dafür sorgen. Wir möchten dich ab jetzt fest buchen."

Und da ich offenbar ein fragendes Gesicht aufsetzte, fügte er, der der Ruhigste von ihnen zu sein schien, hinzu: „Das heißt, du darfst an Wochenenden mit uns spielen. Auch wenn wir keinen Auftritt haben sollten, zahlen wir dir dein Geld."

Mehdi ergriff das Wort: „Genau. Nenn uns deinen Preis und du bekommst jede Woche deinen Lohn."

Von der Hochzeit, auf der ich gespielt hatte, wusste ich, dass die Musikanten eine in meinen Augen relativ komplizierte Berechnungsmethode hatten. Es lief nach festgelegten Regeln: Perkussionisten bekamen danach zwei, andere Instrumente drei und Sänger vier Punkte. Alle Punkte wurden zusammengezählt, das erworbene Geld durch die Gesamtzahl dividiert und dann jeweils anteilig verteilt.

„Du hast noch nichts gegessen", sagte Mehdi, der mich erneut aus meinen Gedanken zurückholte. Ich hatte jedoch schon einiges an Früchten und leckeren Süßigkeiten verzehrt.

Einen solchen Vertrag hatte mir bisher niemand angeboten. Mir kam der Vorschlag wie ein Erfolg, eine Anerkennung vor. Ich erwog schnell, was ich wohl sagen könne; ich wollte einen hohen Preis nennen.

Endlich sagte ich vorsichtig: „Ich muss mindestens sechzig Toman haben."

Alles wurde still. Ich merkte, wie die Brüder sich wie fremde Leute anstarrten. Ich hörte, wie sie allesamt schluckten.

Mehdi setzte sich aufrecht hin und brummte: „Wir müssen die Jugend unterstützen und motivieren. Deshalb werden wir dir sogar siebzig Toman geben, obwohl das nicht wenig ist." Ich hörte, wie Hossein sein Lachen zurückhielt und Hassan sich flink zu ihm drehte und ihn offenbar vorwurfsvoll anschaute. Ich musste zum Abendessen bleiben, und als ich nach Hause kam, stand meine Mutter besorgt an der Tür und fragte, wo ich denn die ganze Zeit gewesen sei.

Am darauffolgenden Wochenende wurde ich in einem schicken Mercedes abgeholt und wir kamen schließlich in einer großen Villa mit Park, Wasserspielen und Schwimmbad an. Es waren sehr viele Leute anwesend – die gut betuchte Isfahaner Gesellschaft, wie ich an den Parfüms erkennen konnte. Mehdi und seine Brüder wurden kaum beachtet. Wir landeten auf einer Terrasse in der Ecke und mussten sofort anfangen zu spielen. Offensichtlich waren wir, so wie der nahe plätschernde Springbrunnen, nur Hintergrundgeräusch. Nach einiger Zeit mischte sich in den Parfümgeruch eine eigentümlich süßlich-beißende Note; irgendetwas schien zu brennen. „Es brennt", sagte ich zu Hassan in einer kurzen Pause.

„Keine Sorge, nein, die rauchen nur ostasiatische Zigaretten."

Wir spielten weiter, die Leute wurden immer lauter. Wir hörten unsere eigene Musik kaum noch. Von dem ganzen Rauch bekam ich heftiges Kopfweh und ich beklagte mich bei Hassan und Mehdi. „Du hast hier einen Vertrag mit uns, reiß dich zusammen, wir können dich jetzt nicht einfach gehen lassen." Es dauerte eine Ewigkeit, bis der Abend um war, und als sie mich zu Hause absetzten, fragte ich, ob ihre Engagements immer so seien. „Äh, meistens ja", sagte Mehdi. „In solchem Rauch kann ich nicht gut spielen", entgegnete ich, worauf sie sagten, darauf komme es gar nicht wirklich an. Wir stritten uns und ich erklärte ihnen, nicht mehr mitzumachen.

Ich betrat unser Haus und wollte mich mit der Geige in den Keller begeben, als mein Vater mich anhielt und merkwürdig an mir roch.

Er stieß mich von sich und gab mir dann mit voller Wucht eine Ohrfeige. „Ich wusste es doch, wozu dieses Mordinstrument führt", schrie er mich wie von Sinnen an. „Erst diese enthemmte Straßenmusik, dann das Opium und schließlich landest du im Knast! Das kommt alles davon, weil ich dich in diese unselige Ungläubigenanstalt gesteckt habe!"

Auf längere Sicht gab es allerdings viel größere Schwierigkeiten mit dem Musikmachen. Ich hatte mir schon eine Laufbahn als berühmter Solist vorgestellt, inmitten berühmter Sängerinnen und Santur-Spieler, gehätschelt von einem mich anbetenden jungen Publikum – aber diese Träume zerfielen mit der Revolution zu Asche. Der Gruppe meiner Radio-Bekannten widerfuhren radikale Veränderungen. Musik, ebenso wie Feiern, Tanzen und Fröhlichkeit, offen getragene Frauenhaare, Schlipse, Archäologie und selbst Frauenfahrräder wurden verboten. Dem ehrwürdigen Tadsch wurde die Rente gestrichen. Er zog sich verbittert in seine kleine Wohnung zurück und starb völlig vereinsamt. Aus Modschtaba, dem Sänger, wurde ein Koranrezitator, der die Spuren seiner Gesangsvergangenheit komplett zu tilgen verstand und sich den vorgeschriebenen Dreitagebart wachsen ließ. Er war einer der wenigen, die unter den neuen Verhältnissen im Sender das Haus weiter betreten durften. Am schlimmsten traf es aber Farsad, dem der Trick mit den Melodieplagiaten seines Vaters zum Verhängnis wurde. Irgendjemand, Gerüchten zufolge sogar Modschtaba, hatte Farsad beim neuen islamischen Geheimdienst angezeigt, weil er für die christliche Gemeinde tätig sei. Farsad wurde festgenommen und angeklagt, wobei er stets seine Unschuld beteuerte. Er soll sich im Gefängnis erhängt haben.

* * * * *

Beim Verschriftlichen von Naders Hinterlassenschaften bezüglich der Musik erlahmten die Tasten meines Computers. Wieder einmal begegneten sich hier Selbstverherrlichung und Schönfärberei. Entgegen seinen Erinnerungen war der gute Nader nicht allein bei seinen Radioaktivitäten, ich selbst war nämlich ebenfalls einbezogen, obwohl es länger dauerte, bis man mich zuließ, da ich nicht so aufdringlich war. Wie man sieht, war das Musikerdasein im Iran von Kindesbeinen an mit Risiken, Schlägen, falschen Hoffnungen, Unterbezahlung und letztlich sogar Hinrichtung verbunden. Auch Nader musste irgendwann begreifen, dass er nicht den richtigen Weg eingeschlagen hatte. Es war seine typische Tendenz, alles sehr intensiv anzugehen, von der ich mich vernünftigerweise schon immer abgesetzt habe. Ich habe hier in Deutschland noch nie jemanden mit meinem iranischen Gefiedel belästigt. Kurz vor der Revolution wurde mir das Ganze zu riskant. Richtig süchtig nach den Geigentönen, wie Nader es war, war ich ohnehin nie gewesen und so habe ich mir eines Tages geschworen, nie wieder Musik zu machen. So wie sich mancher das Rauchen problemlos abgewöhnen kann, so war es bei mir mit dem Musizieren. Ich halte mich an Mozart, der gesagt hat, auch Pausen seien Musik. Meine Pause ist eben recht lang. Das heißt nicht, dass ich keine Geigen in die Hand nehme. Eine Zeit lang habe ich nämlich welche gekauft und übers Internet weiterverschachert.

Naders emotionale Intensität und meine eigene Rationalität begegnen uns auch im nächsten Abschnitt. Es fällt mir hier ganz besonders schwer, seine Schamlosigkeiten ohne Kürzungen wiederzugeben. Wir machen jedenfalls einen Sprung zurück in seiner Biografie.

VERTRAULICHKEITEN

Als ich fünfzehn Jahre alt war, bekam ich nur mit Ach und Krach die Erlaubnis, mit meinen blinden Kameraden nach Kerman zu fahren, unsere Reise fand nämlich gemeinsam mit den Mädchen aus dem Nurestanheim und ihren Betreuerinnen statt. Auf keinen Fall wollten die erwachsenen Jungen diese seltene Gelegenheit verpassen, mit Mädchen in Kontakt zu kommen. Ich verstand sie überhaupt nicht. Was konnten Mädchen nur an sich haben, dass einige von uns nach jeder Gelegenheit haschten, an sie heranzukommen? Sie gingen deshalb sogar in die Kirche, holten sich bei jedem Anliegen eine Genehmigung, das Nurestanheim besuchen zu dürfen, und zeigten sich immer von ihrer besten Seite, sobald eine Frau in ihre Nähe kam. Afschin fielen alle Gedichte der Welt ein, Ebrahim duftete nach den neuesten Parfüms und Bahman duschte zuvor stundenlang. Die Frauen hingegen schienen sich weniger für die jungen Männer zu interessieren. Zu Verabredungen kamen sie immer zu spät, hatten fast nie Zeit für ein Treffen und antworteten oft einsilbig.

An einem Montag im August ging es um neun Uhr morgens los. Zu unserer unermesslichen Freude durften Jungen und Mädchen sich nach Belieben in den Bussen verteilen. Neben mir saß Schirin, Schahrams sechzehnjährige Schwester. Schahram selbst war nicht mitgefahren.

Schirin erzählte, dass sie die Realschule abgeschlossen habe und nun ihre Ausbildung zur Erzieherin im Nurestanheim mache. Sie sei gut mit meiner Schwester Nasrin befreundet und habe mich gleich erkannt, da ich haargenau wie sie aussähe. Mir fiel auf, dass sie gesprächiger als die anderen Mädchen war. Überhaupt schien sie anders zu sein.

Sie roch nicht nach Parfüm, sondern nach frischer Wäsche, und dieser Duft vermischte sich mit ihrem Körpergeruch, mit dem ich die Farbe Grün assoziierte. Es war der Geruch feuchter Blumen oder Blätter. Sie machte keine Anstalten, beim Sprechen ihren Mund zu einem künstlichen Dauerlächeln zu formen oder ihre Sch-Laute pfeifend auszusprechen. Ihre Stimme klang nicht verstellt. Sie klopfte einem nicht unabsichtlich mit ihrem Zopf auf den Körper, wie Hunde, die mit dem Schwanz wedeln. Ich fragte, ob sie ein grünes Kleid anhabe, da erst zuckte ihr Kopf in meine Richtung, sodass ihre Haare tatsächlich mein Gesicht berührten.

„Siehst du denn ein bisschen?"

„Nein, nur so dahingesagt", antwortete ich leise und ertappte mich dabei, mich etwas zu schämen.

Ihre Stimme verriet eine introvertierte, aber frohe Natur. Sie kam aus einem kleinen Mund, der gut zu der kleinen, schmalen und länglichen Nase passen musste. Ihre Wangenknochen mussten ausgeprägt sein, denn ihre I- und Dehnlaute waren sehr hell, während sie die geschlossenen Laute wie offene aussprach.

„Ich würde so gerne Blindenschrift lernen. Wenn du Tafel und Papier mithättest, könntest du sie mir beibringen. So würden wir die Reisezeit gut nutzen. Was hältst du davon?"

„Ich habe alles dabei. Sogar meine Unterlagen." Ich freute mich und begann: „Die Blindenschrift ist nur eine andere Chiffrierung des normalen Alphabets. Statt also einen vertikalen, kurzen Strich zu ziehen und das Alef zu nennen, mache ich einen Punkt. Das ist für uns Alef. Die Punkte eins bis drei und vier bis sechs stehen in zwei nebeneinanderliegenden, vertikalen Reihen. Die Kombinationen dieser Punkte, die jeweils eine bestimmte Form ergeben, bilden unsere Schrift", dozierte ich wie ein Lehrer, der sein Wissen zur Schau stellt.

Ich schrieb das Alphabet und sie schrieb mit ihrem Lippenstift die entsprechenden Buchstaben der üblichen Schrift darunter. Platz war ja genug, weil Braille viel Raum auf dem Papier einnimmt. Der Stift verwirrte mich ein wenig. Er roch süß und ich fragte mich unwillkürlich, ob ihre Lippen wirklich, wie ich annahm, schmal seien oder nicht.

„Schreib mir nun einen Testsatz", tippte sie mir auf die Hand. Der Schlag fühlte sich für mich an wie ein Streicheln.

„Was soll ich machen?" Ich stellte mich schwerhörig, in der Hoffnung, dass sie mir noch mal auf die Hand tippen würde.

„Ich dachte, Blinde hören besonders gut. Einen Satz sollst du schreiben, und ich schaue, ob ich ihn entziffern kann."

„Ich sitze neben Schirin, dem schönsten Mädchen auf diesem Ausflug", schrieb ich und konnte mir nicht erklären, warum ich ein Kribbeln im Bauch verspürte, als würde ich die schwerste Prüfung meines Lebens ablegen.

Sie fuhr mit ihren Fingern über das Papier. Bestimmt hielt sie dabei ihre Augen geschlossen. Ich versuchte sie mir vorzustellen. Sie hatte sicher so große Augen wie Nasrins Puppe, mit langen, nach oben gekrümmten Wimpern.

„Wie empfindlich deine Hände sein müssen", flüsterte sie.

„Alles Gewohnheit, aber du brauchst natürlich nicht mit der Hand zu lesen", versicherte ich ihr und schämte mich, etwas Selbstverständliches gesagt zu haben.

Sie entzifferte den Satz und fragte überrascht: „Woher willst du wissen, ob ich schön bin? Was bedeutet Schönheit überhaupt für dich?"

„Wie sagt der Dichter noch gleich?", prahlte ich. „Öffne deine inneren Augen, dann siehst du das Unsichtbare. Was du willst, wirst du dann sehen. Was du siehst, wirst du dann wollen."

„Nasrin sagte schon, dass du viele Gedichte kennst, aber schweif nicht ab", beharrte sie. „Wie kannst du mich dir vorstellen, bevor du mich abgetastet hast?"

Herr Davudi rettete mich vor dem Spannungstod.

Er befal, dass alle ihre Sachen einsammelten und kontrollierten, da wir in zehn Minuten ankämen.

Ich hätte sie gerne ertastet, aber nicht, weil ich mir ihr Aussehen erst dann hätte vorstellen können, sondern weil ich mir einbildete, ihr so viel näherkommen zu können.

„Das kann doch nicht sein", warf sie mich aus meinen Gedanken. „Sitzen wir denn schon sechs Stunden zusammen?"

„Das habe ich auch gerade gedacht. Es war zu kurz", gestand ich ehrlich.

Bevor ich mich überhaupt sammeln konnte, packte sie erst meine Sachen zusammen und dann ihre, anschließend kam sie auf ihre ursprüngliche Frage zurück: „Aber du musst mir bei der nächsten Gelegenheit verraten, wie du mich dir vorstellst."

„Wir sehen uns doch jetzt öfter, oder?", lächelte ich.

„Klar, so einfach kannst du mir nicht entwischen. Etwas behaupten und dann fortgehen."

Sie nahm mich bei der Hand und begleitete mich zur Bustür. Sie war ein paar Zentimeter größer als ich und von sportlicher, dünner Gestalt.

Sie wollte mit mir kommen, doch Chaledschan rief sie zu den Mädchen und ich musste zu meinen Kameraden. Es war, als hätte man mir ein Stück meines eigenen Körpers abgetrennt, dachte ich, und ich musste über mich selbst lachen. So sentimental kannte ich mich gar nicht. Ihre Stimme hallte in meinem Kopf derart stark nach, dass meine Kameraden mich für krank erklärten. „Der hört gar nichts, alles muss man ihm zweimal sagen, bis er's schnallt", witzelte Gorgin. „Du hast doch nicht schon wieder etwas angestellt, oder?"

Normalerweise hätte ich bestimmt einen Streit mit ihm angefangen, jetzt aber schwieg ich. Wir gingen zu unseren Schlafräumen, wurden eingeteilt und fanden uns nach etwa einer halben Stunde, die mir wie eine Ewigkeit vorkam, zu Tee und Kuchen im Speisesaal der Anlage ein.

Sie kam fast zu mir gerannt.

„Hast du ein schönes Bett bekommen oder warum lächelst du so?", sang sie mir ins Ohr.

„Ich habe mich gerade so gefreut."

„Gerade?"

„Ach, komm! Hast du schon Tee?"

„Ich habe auf dich gewartet."

Sie nahm mich bei der Hand, nahm zwei Tassen Tee und gab mir zwei Teller mit Kuchen zum Tragen.

Ich wurde mir von Sekunde zu Sekunde mehr zum Rätsel. Was habe ich nur mit ihr?, dachte ich. Bin ich denn nun genauso wie die Erwachsenen?

„So", sagte sie ernst, „jetzt musst du mir endlich erzählen, wie du mich dir vorstellst."

In dem Moment rief Chaledschan sie, um Tahereh, die nicht hier-
hergefunden hatte, zu suchen und herzubringen. Diesmal empfand
ich es nicht als Befreiung. Viel lieber hätte ich ihr auf der Stelle
erklärt, wie sie für mich aussah.

Nach einer gefühlten Ewigkeit kam sie zurück, klopfte mir auf
die Hand und sagte: „Jetzt aber!"

„Okay, du hast bestimmt ein ovales Gesicht mit ausgeprägten
Wangenknochen, einen kleinen Mund, feine, schmale Lippen
und eine kleine Nase, schwarze Kulleraugen mit schönen langen
Wimpern und …"

„Moment!", unterbrach sie, „alles zum Fürchten richtig. Nur: Ich
habe braune Augen. Was sind überhaupt Farben für dich?"

„Farben sind für mich wie Töne, die mich an etwas erinnern. Ich
habe als Kind gehört, dass Schnee, Joghurt, Kreide und manche
Kleidungsstücke weiß sind. So ist Weiß für mich ein Begriff, der
eine Mischung aus all diesen Erinnerungen darstellt. Ich stelle mir
dein Kleid grün vor, weil es nach Frische duftet", sagte ich vorsichtig und achtete darauf, nicht überschwänglich zu wirken.

„Mein Kleid ist orange", korrigierte sie mich sichtlich ungern,
„aber Grün mag ich auch sehr gern."

„Jedenfalls bringe ich die Farben immer mit irgendwelchen Klängen oder Gerüchen in Verbindung. Aber ich greife auch auf das
zurück, was ich darüber gehört oder gelernt habe. Rot ist zum Beispiel warm, wahrscheinlich weil ich weiß, dass Feuerglut auch rot
ist, und Grün riecht nach Rasen oder nach Wald."

Ich gab mir Mühe, mich gewählt auszudrücken.

„Und was ist nun deiner Meinung nach schön an mir? Solche optischen Ausdrücke habe ich bisher nie von meinem Bruder gehört",
versuchte sie mir leise zu sagen, weil offenbar Umsitzende auf uns
aufmerksam geworden waren.

„Du hast langes, glattes Haar – das ist schon sehr schön. Und deine Stimme verrät mir ein lächelndes Gesicht und durchdringende Augen. Es ist nicht nur deine Stimme, durch die ich mir dich vorstelle, es ist dein Duft, gut, ich meine deinen Geruch, aber nicht nur das. Ach, ich weiß es nicht."

„Aber solange du mich nicht betastet hast, kannst du dir viel vorstellen und erzählen", lachte sie verschmitzt und gab mir ihren Zopf in die Hand, aber da musste sie zu den Mädchen.

Ich wartete.

Was auch immer in diesen zehn Tagen geschah, für mich war jede Sekunde, die ich ohne Schirin verbringen musste, so lang wie die öden Gottesdienste in der Lukaskirche.

An der Freitreppe der kleinen Kirchenanlage in Kerman trieb sich, außer zur Zeit der Morgenandacht, niemand herum. Stundenlang saßen wir dort und erzählten uns von unseren Familien. Ihre Mutter könne bis jetzt das Leid nicht verschmerzen, ein blindes Kind zu haben, und sie und ihre Schwester hätten das Leid nie richtig verstanden. Schahram sei immer in sich gekehrt, als trage er eine Schutzwand um sich. Deshalb sei sie nie auf die Idee gekommen, ihn nach der Blindenschrift zu fragen oder danach, wie Blinde die Welt wahrnähmen. Sie seien immer froh gewesen, dass Schahram nach Isfahan gegangen sei, weil in ihrem Häuschen von dreißig Quadratmetern ohnehin kein Platz für eine fünfköpfige Familie war. Ich meinerseits beruhigte sie, dass meine Familie bestimmt über Nasrins und meine Abwesenheit genauso froh sei. Zwar sei unser Haus viel größer, dafür zähle unsere Familie aber auch fünfzehn Personen.

Satzein, satzaus sagte sie, dass sie mich mit ihren Sorgen und Nöten langweilen würde, und ich versicherte ihr von ganzem Herzen, dass dem nicht so sei. Ich sagte aber nicht, dass es mir gleich wäre, was sie erzählte. Mir genügte, dass ich bei ihr war und ihre Stimme hörte, sie riechen durfte und ihre Aura wahrnahm. Dabei konnte das, was ich empfand, unmöglich Liebe sein, denn Liebe, wie ich sie aus Erwachsenenbüchern, Hörspielen und Filmen kannte, war ganz anders.

Zunächst waren Liebende viel älter als wir. Dann hatte die Liebe kaum etwas mit Freude zu tun und kam immer mit Kummer, brennenden Herzen, Qual und dem Tod daher. Der Liebende lechzte nach der Geliebten und sie wehrte ihn stets ab. Nie waren beide zufrieden oder gar froh, einander zu sehen. Bei uns war es ganz anders. Wenn jemand mich suchte, fragte man nach Schirin und sie wiederum suchte man immer in meiner Nähe.

Das einzig Schlechte dabei war die Kürze der Zeit, die wir gemeinsam hatten, trotzdem waren auch der letzte Tag und die Rückreise alles andere als schlimm: Wir saßen im Bus nebeneinander und konnten nicht fassen, wie schnell die Zeit verflog.

„Du kommst mir viel älter vor als fünfzehn. Jungen werden nicht so früh erwachsen", verabschiedete sie sich von mir. „Und von anderen Blinden unterscheidest du dich ebenfalls sehr. Ich habe selten gesehen, dass Blinde lächeln, entweder lachen sie oder sie sind todernst. Aber du … siehst du wirklich gar nichts?"

Erst als sie weg war und ich nach Hause fahren musste, um den Rest der Ferien bei meiner Familie zu verbringen, setzte das Brennen der Liebe ein. Es war, als hätte Schirin mir heimlich und absichtlich meine Konzentration, Orientierung und Lebensfreude gestohlen.

Ich lernte Gedichte unserer großen Dichter Hafis und Saadi auswendig, weil sie wie Schirin aus Schiras kamen. Ich spielte ausschließlich Volkslieder aus ihrer Gegend und freundete mich mit unserem Tar-Spieler beim Radio an, weil er ebenfalls aus Schiras stammte. Ständig fragte ich Nasrin, ob sie nicht zum Nurestanheim müsse, um nachzufragen, ob sie schon die Bücher für das nächste Schuljahr gebunden hätten. Ich bildete mir ein, das Liebesband zu zerreißen, wenn ich direkt versuchen würde, sie zu besuchen. Gleichzeitig sehnte ich mich danach, ihre Stimme zu hören und ihre Aura zu spüren. Schlaf- und Appetitlosigkeit schwächten mich in der sengenden Augusthitze; ich bekam eine Erkältung. Als ich mit hohem Fieber das Bett hüten musste, fuhr Nasrin schließlich doch zum Blindenheim und ließ mich enttäuscht zu Hause liegen. Sie kehrte erst spät abends zurück. Ich hatte bereits all meinen Mut zusammengenommen, um nach Schirin zu fragen, als mir Nasrin wie beiläufig sagte: „Oh, Schirin hat sich bei dir für den Blindenschriftunterricht bedankt. Da, in diesem Umschlag ist die Aufgabe, die du ihr gestellt hattest."

Ich nahm das Kuvert vorsichtig an mich, so als wäre es zerbrechliches Porzellan, und steckte es zu mir unter die Decke. Nach einer Ewigkeit waren alle endlich eingeschlafen, und ich konnte den Umschlag öffnen. Es war zwar nur eine Karte darin, doch reichte sie aus, mir bis zum nächsten Tag die Zeit zu versüßen.

„Lieber Nader, wir haben uns seit Langem nicht gesehen. Für mich war Kerman bisher meine schönste Reise. Ich denke oft an dich und hoffe, dass du meine Schrift lesen kannst. Bis blad, Schirin."

Ich las den Brief vielleicht zehn, den Tippfehler am Ende vielleicht tausend Mal. Es war der schönste Tippfehler, den ich je gelesen hatte.

Am Tag darauf war ich weder müde noch krank. Ich fasste Mut und erzählte Nasrin, dass ich Schirin unbedingt sehen müsse. Sie lachte verständnisvoll und sagte ohne Umschweife, dass auch Schirin mich liebe und immer von mir erzähle. Fortan besuchte ich sie jede Woche und gab ihr selbstgeschriebene Gedichte, die eher eine Nachdichtung alter Lyrik waren. Ich gab sie ihr als

Blindenschriftaufgabe und verriet nicht, dass ich sie gedichtet hatte. Nasrin verriet mich.

Ich spielte und sang ihr romantische Lieder vor, deren Inhalt ich nur halb verstand, und sie wunderte sich endlos, als ich merkte, dass sie mich dabei lächelnd anstarrte. Ganz einfach: Wenn man Mund und Lippen zum Lächeln formt, so als würde man „Ihr" sagen, macht man meist ein leises Geräusch, als kaue man etwas Weiches, wie Kaugummi. Immer wenn ich dieses Geräusch hörte, sagte ich etwa: „Wie schön du bist, wenn du lächelst." Und sie stotterte: „Wie, woher …? Du siehst bestimmt ein bisschen, oder?"

„Habe ich dir nicht gesagt, dass du dein inneres Auge öffnen sollst?"

„Dann betätige deine innere Hand, betaste mich innerlich und beschreibe mich ausführlicher. Mach jetzt, ich warte."

„Mach keinen Witz, betasten kann ich nur real."

„Ich muss unbedingt wissen, was du über meine Haut, meine Lippen, mein Kinn und meine Gestalt denkst."

„Beschreibe mir dich doch selbst!"

„Warum sollte ich? Hast du Angst, mich anzufassen, du Kind?"

Ich berührte ihren Rücken und sagte: „Deine Bluse gefällt mir."

„Kann ich dir schenken. Ach, das Kind wird schon rot. Wer ist denn hier das scheue Mädchen?"

Offenbar hatte sie recht, denn ich freute mich, dass sie zur Arbeit gerufen wurde, obwohl ich nur ihretwegen zum Blindenmädchenheim gekommen war, wo sie als Betreuerin ihre Unterkunft hatte.

Sie verabschiedete sich und sagte hastig, dass sie am nächsten Freitag von Nasrin zu uns eingeladen sei. Außer meiner Mutter waren wohl alle in der Familie froh, dass mein Vater auf Dienstreise war und meine Stiefmutter mitgenommen hatte. Wir hatten das Haus für uns und fühlten uns frei. Schirin kam schon vormittags und half meiner Mutter tüchtig im Haushalt. Sie hatte sie schnell ins Herz geschlossen, was mir ein wenig Sorgen bereitete, weil ich dachte, sie hätte schon eine Ahnung von unserer Beziehung.

Nach dem Mittagessen schlug meine Mutter Schirin, Nasrin und mir vor, den Mittagsschlaf im kühleren Keller zu halten. Wir drei machten es uns im Keller bequem, dachten aber nicht daran, zu schlafen.

Als sich die Mittagsruhe im ganzen Haus auszubreiten schien, entschuldigte sich Nasrin und ging nach oben, um etwas zu holen. Ich hörte noch ihre leisen Schritte im Hof, als Schirin leise lachte und sagte: „Ich bin echt ein Depp. Ich vergesse oft, dass du blind bist. Ich wollte dich gerade bitten, deine Augen zu schließen."

„Ich kann es trotzdem tun", beruhigte ich sie und schloss meine Augen.

Sie küsste mich auf die Lippen und schmiegte sich an mich.

„Und? Wirst du mich nun endlich betasten und beschreiben?"

Etwas wie Angst oder eher: Abneigung und Abwehr erfüllte mich. Ich war über ihre zu direkte und enge Nähe schockiert. So etwas hatte bisher nur meine Mutter mit mir getan. „Ich komme gleich. Ich muss kurz auf die Toilette", kam es heiser aus mir heraus und ich flitzte nach oben.

Als ich endlich zurückkam, fand ich sie sitzend wieder. Sie murmelte: „Es tut mir leid. Alles meine Schuld. Du brauchst noch ein paar Jahre, um solche Späße zu verstehen, Kind. Ich wusste es doch: Jungen werden viel später erwachsen als Mädchen. Dumm von mir, zu glauben, dass blinde Jungen anders seien. Weißt du, wenn du jemandem in die Augen schaust und er deinen Blick nicht erwidern kann, wird er für dich geheimnisvoll. Dich trifft gar keine Schuld, Junge. Ich habe sogar deine Gesichtshaare übersehen, die noch zu keinem Bart gewachsen sind. Es dauert noch lange, bis du zum

Mann wirst und weißt, was eine Frau ist. Es tut mir wirklich leid."
Sie streichelte mir mütterlich den Kopf, was mich noch mehr ärgerte.
Aber ich blieb wie versteinert sitzen und dachte, dass ich nicht nur
ihren Blick, sondern auch ihre Beleidigungen nicht erwidern konnte.

Kind, Junge, lange Jahre bis zum Mann … Dabei ist sie nur ein
Jahr älter als ich. Ich zeige dir, wer kein Mann ist, dachte ich.

Ich hörte, wie sie sich von meiner Mutter verabschiedete, die
sie unbedingt zum Nachmittagstee einladen wollte. Auf Nasrins
Frage, ob wir uns gestritten hätten, antwortete sie nur einsilbig:
„Ach, er ist noch ein Kind."

„Hoffentlich bist du nicht zu weit gegangen", sagte Nasrin ängstlich zu mir, als Schirin weg war.

Ich verstand sie nicht, verneinte aber.

Für die nächste Zeit, ich weiß nicht genau, wie viele Wochen oder
Monate, glich ich einem Blinden auf einer Brücke ohne Geländer.
Links gähnte die Leere der fehlenden Schirin, rechts ihre Beleidigung, die mich in eine Identitätskrise gestürzt hatte. Ich wollte auf
keinen Fall als ein Kind gelten und Schirin hatte mich schonungs-
los als unreif und nicht erwachsen bezeichnet. Ich beschloss, der
Welt mit allen Mitteln zu beweisen, dass ich ein Mann war und
mit Frauen etwas anfangen konnte. Ich rasierte mich jeden Tag,
kaufte mir wie Ebrahim ein Parfüm, versuchte, weniger zu spielen
und stattdessen mit Erwachsenen spazieren zu gehen, mit ihnen
zu sprechen und sie über Frauen auszufragen. Ich versuchte
zudem, Ebrahim als Freund zu gewinnen. Ich genoss hohe Anerkennung bei ihm, da er Geige spielte und von meinem Musikspiel
im Radio begeistert war. Ich begleitete ihn bei seinen Besuchen im
Nurestanheim und versuchte dort, Schirin, die mich ignorierte, zu
ignorieren. Wieder und wieder stellte ich Ebrahim Fragen über
das weibliche Geschlecht, welche er gerne beantwortete. Es schien

ihn sogar zu erregen, darüber zu sprechen. Als er begeistert von einer neuen Betreuerin im Nurestan sprach und sie als schön und kokett bezeichnete, fragte ich plötzlich: „Hast du je eine Frau richtig betastet?"

„Nicht wie die Sehenden es sich vorstellen. Sie sehnen sich oft danach, an unserer Stelle zu sein, weil sie denken, wir würden die Frauen immer begrapschen, wenn sie uns begleiten. Das würden die Frauen aber merken und sich davor ekeln. Wenn sie es jedoch selber möchten, mache ich es gerne."

„Weißt du auch, wie das weibliche Geschlechtsorgan aussieht?"

„Klar, was denkst du denn? Wenn du einmal erwachsen bist ..."

Schon wollte aus mir eine Beschimpfung wegen dieser Beleidigung herausspringen, als er fortfuhr: „Und wenn du mit einer Frau geschlafen hast, weißt du's auch. Dann erst lernst du die Liebe und das Schöne am Leben kennen."

Zum Glück sah er nicht, wie mein Gesicht glühte, es war bestimmt knallrot. Mit einer Frau schlafen hieß doch Sex haben, und Sex war nach allem, was ich gehört hatte, schlimm, eine Sünde, ein großes Vergehen, wenn nicht gar ein Verbrechen. Die härtesten Schimpfwörter hatten mit Sex zu tun und meine eigene Erfahrung mit Sara hatte mir alles andere als Liebe beschert. Den Geschichten und Gedichten nach war Liebe ein Synonym für Unerreichbarkeit. Sie war etwas Göttliches. Ich hatte viel darüber gelesen, wie Geliebte ungefähr aussahen, aber davon, wie sie sich anfühlten, sprach niemand. Überhaupt schienen die Geliebten, über die ich in der Literatur gelesen hatte, so abstrakt, dass ich schwerlich das Geschlecht ausmachen konnte.

„Hast du in deiner Fantasie schon einmal deine Geliebte in die Arme genommen? – Du bist so still", warf mich Ebrahim aus meinen Gedanken.

„Ich habe nur darüber nachgedacht, wie du mir eine Frau beschreiben kannst."

„Du meinst ihre Wölbungen und Vertiefungen, oder?"

Ich schämte mich für seine Direktheit, wurde aber tatsächlich neugierig. Die Vagina, dachte ich, müsste wie ein Apfel aussehen, in die der Penis anstelle des Apfelstiels eingeführt würde.

„Die Vagina sieht von außen wie eine halbe Apfelsine aus", sagte er, als hätte er meine Gedanken erraten. „Morgen gibt es Orangen als Nachspeise, dann kann ich es dir genauer zeigen." Damit bescherte er mir eine unruhige Nacht. Ich wusste nicht, ob ich männlich erregt oder einfach neugierig war, eine unentdeckte Welt zu betreten.

Macht sich das ganze Männervolk wegen einer halben Orange verrückt? Ich musste lachen, wenn ich mir ausmalte, meinen Penis in eine halbe Apfelsine zu stecken … Es wurde Nacht und es wurde Tag, und schon drückte mir Ebrahim eine Orange mit einem vertikalen Schlitz in die Hand und flüsterte: „Das Original ist natürlich weicher." Das wäre meine erste Frage gewesen, und die zweite, ich schämte mich sie auszusprechen: „Wie kann denn ein horizontaler Penis in eine Vagina gehen, deren Schlitz vertikal ist?"

Mein Rätselraten half mir nach und nach, mir Menschen und Figuren präziser auszumalen. Es kam mir fast ein wenig wie Sehen vor. Ich fing an, mir, anders als vorher, beim Hören einer Stimme Menschen nach ihren männlichen und weiblichen Besonderheiten auszumalen.

Passen zu dieser Stimme wellige Haare? Hat sie dicke, große Brüste? Ist sie vielleicht gar haarig wie ein Mann?, dachte ich etwa bei einer groben Frauenstimme, während der feminine Klang eines Mädchens meiner Vorstellung hingegen eine zierliche, samtweiche Figur darbot, deren Haare glatt und deren Wölbungen mäßig, aber knackig sein mussten. Es dauerte aber noch über zwei Jahre, bis meine neue Sicht in echtes erotisches Interesse umschlug.

Sie hieß Pari und ihre zierliche, fast kindliche Stimme verriet Entsprechendes. Eine kleine, dünne und schöne Barbie-Gestalt, wie sie meine kleinen Stiefschwestern besaßen. So blieb sie in meiner Vorstellung, so lange wir uns nicht sahen.

Nasrin wurde wegen „Aufwiegelung von Mädchen gegen die Kirche" aus dem Nurestanheim entlassen und musste ihr Abitur in einem Blindeninternat in Teheran machen. Pari war eine ihrer Betreuerinnen und eine neu gewonnene Freundin. Sie rief mich eines Tages an, um Bescheid zu geben, dass Nasrin erkältet sei und am Wochenende nicht zu uns nach Isfahan komme.

Ich verliebte mich schon beim ersten Anruf in ihre Stimme und stellte mir ihren Körper wie ein Puzzle vor. Lange glatte Haare, durchdringende große Augen, eine kleine dünne Nase, die ihrer Stimme eine feine Nasalität verlieh, ein lächelnder Mund und ein rundes Gesicht. Was sie für mich noch anziehender machte, war ihr offenkundiges Interesse an mir. Nachdem wir uns zweimal länger am Telefon unterhalten hatten, rief sie mich fast täglich an und erstattete Bericht über Nasrins Zustand, auch als diese längst wieder gesund war. Dann telefonierten wir stundenlang und sangen uns gegenseitig Lieder vor; sie sang göttlich und verlangte immer wieder begeistert von mir, ihr etwas vorzusingen. Wir schickten uns Kassetten mit unseren Liedern und besprachen sie dann in unseren Telefonaten. Wir fragten uns nach unseren Lieblingsliedern, -speisen und -gerüchen und machten Andeutungen über schöne Stunden, wie sie Geliebte miteinander verbringen.

„Wie viele Kinder möchtest du später mal haben?", fragte sie plötzlich mitten in meinem telefonischen Gesang und machte mich für einen Moment sprachlos.

Als ich sie zum ersten Mal persönlich traf, musste ich mir erst darüber klar werden, ob ich negativ überrascht oder einfach nur überrascht war. Ich kam von einem unserer Sommerausflüge am Kaspischen Meer zurück und durfte in Teheran aussteigen, um meine Schwester zu besuchen, die auch während der Sommerferien im Internat blieb. Obwohl ich schon oft nach Teheran gereist war, präsentierte sich mir die Stadt diesmal von ihrer harten, stinkenden Seite. Ich fühlte mich im Trubel der Autos und Menschen, die alle vor etwas zu flüchten schienen, einsam und verlassen und wagte kaum, jemanden anzusprechen. Die Sonne brannte stärker als in Chusestan. Für ein paar Stunden irrte ich ziellos umher, bis mich ein Taxi zu meinem Freund Ebrahim im Osten der Stadt fuhr. Das Ganze kam mir wie eine Ewigkeit vor, und als mich Ebrahims Familie endlich aus meinem verwirrten Zustand befreite, bot ich ihnen alles an, was ich an Mitbringseln für Nasrin und meine übrigen Geschwister mitgebracht hatte. Sie nahmen die Geschenke nur zum Teil an.

Am nächsten Morgen fuhr mich Ebrahims Vater zur Blindenschule. Die Fahrt dauerte über eine Stunde und er musste mir ein paarmal die Frage beantworten, ob die Schule in einer anderen Stadt liege. „Nein, nur in einem anderen Stadtteil", antwortete er immer geduldig. Das Internat lag in einer für Teheran sehr ruhigen Gegend. Ruhig hieß, dass hier der Lärm der Menschen nicht völlig von dem der Autos übertönt wurde.

Ein brummiger, bockiger Pförtner führte mich zu dem Internatsdirektor. Mir kam die Heimleitung sehr eigentümlich vor. Obwohl sie Einheimische waren, schienen sie ihre blinde Klientel nicht zu verstehen. Jeder Frage, Bitte, Mitteilung oder Begrüßung begegneten sie mit der Frage: „Was ist?" Sie hatten allesamt einen arroganten, nasalen Ton und änderten und senkten ihn auf der Stelle, wenn sie miteinander sprachen, während sie mit Blinden immer einen Tick lauter redeten.

Nicht so Pari. Sie war überhaupt ein Stück lauter, und zwar deshalb, weil sie immer mit Freude auf andere zuging und jeden mit ihrer offenen Art ansteckte. Aber ihre Stimme wirkte ein wenig gehetzt, genauso wie ihre Bewegungen. Und sie war alles andere als schlank.

Als sie mich von Weitem erkannte, rief sie: „Hallo, da kommt ja Nasrin, aber als Junge!", und stürmte auf mich zu. An ihren schweren Schritten, die den Boden ganz leicht erzittern ließen, merkte ich bereits, dass sie einen fülligen, großen Körper hatte. Flink und dick zugleich, das hätte ich nicht geahnt.

Ihr Parfüm roch süßlich wie eine Mischung aus Rosenwasser und Jasmin, was nicht zu der Hitze passte, dafür kam ihr Lippenstift säuerlich und kühl daher. Sie hakte sich bei mir unter und führte mich durch das Haus, wobei ich den leichten Schweiß in ihren Armkehlen spürte. Sie war eine derjenigen Blindenführerinnen, die dem Begleiter ein Unsicherheitsgefühl geben, weil sie stets ein wenig zu schnell laufen. Ich hatte das Gefühl, immerzu achtgeben zu müssen, um nicht gegen Hindernisse zu stoßen.

„Eigentlich hätte ich heute frei, aber dann habe ich von Nasrin gehört, dass du kommst. Seit zwei Wochen haben wir nicht miteinander gesprochen. Du machst einen Ausflug und ich mache mir Sorgen um dich! Schöne Gerechtigkeit, nicht wahr?", rief sie, ohne Hemmungen, dass jemand mithören könnte.

Ich umarmte Nasrin, die „etwas zu erledigen" hatte und mich Pari anvertraute.

Hier schien ein anderer Wind zu wehen: Jungen und Mädchen

liefen Hand in Hand spazieren, Mädchen schienen beim Sprechen keine Scheu zu empfinden. Ihr Sprachstil kam mir sehr ordinär und frech vor. Sie gebrauchten sogar Schimpfwörter, die unter die Gürtellinie zielten und die normalerweise nur impertinente Jungen oder Männer verwendeten.

Pari zeigte mir das Heim und nahm mich mit in einen kleinen Nebengarten. Sie gab mir eine Rose und hielt dabei meine Hand fest, da sie befürchtete, dass mich die Dornen verletzen könnten. Mit einer Stimme, die mindestens zwei ganze Tonlagen höher war als normal, flüsterte sie mir ins Ohr: „Habt ihr in Isfahan auch so schön duftende Rosen? Ich komme am Wochenende mit Nasrin zu euch. Dann kannst du dich revanchieren."

„Die Rose ist schön. Sie ist bestimmt rot. Wie deine Lippen."

Sie zuckte zusammen. „Wie hast du's gemerkt?"

„Am Geruch deines Lippenstifts. Schmeckt der eigentlich säuerlich?"

Sie sah sich um, dabei streiften ihre Haare mein Gesicht.

„Ich habe ihn nicht dabei, aber hier ..." Sie legte ihre Lippen auf meine, öffnete mit ihrer Zunge meinen Mund und steckte ihre Unterlippe hinein. Ein Hitzegefühl durchfuhr mich, so ganz anders als die mich umgebende Sommerhitze. Mir war, als ziehe mich eine innere Kraft zu ihr. Zugleich schämte ich mich für unsere Tat und zog mich sanft, aber bestimmt zurück.

„Wenn's dir nicht gefallen hat, kannst du mir meinen Kuss in Isfahan zurückgeben."

Wir lachten und ich fasste Mut, ihr glattes Haar zu streicheln.

Ich reiste noch am selben Tag zurück nach Isfahan. Statt traurig über die Trennung zu sein, war ich froh, die Zeit bis zum Wochenende mit ihr in meiner Fantasie zu verbringen. Irgendwie fand ich sie dort schöner und sanfter als in der Wirklichkeit. In meinen nächtlichen Träumen fing ich immer wieder an, sie zu betasten und ihren Körper zu erkunden. Auch meinen Körper entdeckte ich neu. Wie jemand, der mit sich selbst Schach spielte nahm ich jeweils die Gegenstellung ein und betastete ihren und meinen Körper und fand jedes Mal etwas Unentdecktes. Ich stellte fest, wie heiß sich ihre Wangen, ihre Brüste und überhaupt ihr ganzer Körper anfühlten und wunderte mich darüber, dass die Körpertemperatur von Frauen und Männern angeblich gleich sei. Ich schämte mich, dass mein Penis immer steif wurde, sobald ich anfing, Schach mit mir zu spielen. Ich ekelte mich vor mir selbst, als ich am Donnerstagmorgen, dem Tag von Paris Ankunft bei uns, mit einer feuchtklebrigen, glitschigen Unterhose aufwachte. Ich fürchtete, mir in die Hose gemacht zu haben. Zum Glück war mein Vater auf Dienstreise, auf die er meine Stiefmutter und einige meiner Geschwister mitgenommen hatte. Ich kratzte lange an meinem Kopf und meinem Körper, bis ich mich ins Bad aufmachte.

Pari duftete nach einem süßen, aber dennoch erfrischenden Parfüm. Es hieß Fendi. Meine Mutter hatte mit dem Mittagessen gewartet, bis Nasrin und sie ankamen. Pari drohte meiner Mutter damit, nichts zu essen, falls sie ihr beim Zubereiten und Verteilen des Essens und dann beim Aufräumen und Spülen nicht helfen dürfe. Sie spielte mit meinem jüngeren Halbbruder Kasem und brachte ihm „Steinchenspielen" bei, was ihm viel Spaß bereitete. Meine Mutter konnte ihn nur mit Mühe davon abhalten, zum Mittagsschlaf mit Pari, Nasrin und mir in den Keller zu gehen. Dort schenkte mir Pari dann mein allererstes Parfüm, ein Aramis 900, dessen Geruch mir in die Nase stach, das ich aber seitdem jeden Tag benutzte, bis es aufgebraucht war. Sie spritzte es mir zunächst auf mein Gesicht, um es anschließend wie Öl zu verteilen. Mich ergriff eine Spannung wie bei einem Krimi oder einem Fußballspiel. Sie sog den Rasierwasserduft ein und hörte nicht auf, mich zu streicheln. Ich ergriff ihre Hand und begann, ihre Finger zu zählen und ihren Handrücken zu streicheln. Nasrin merkte offenbar, dass wir mit uns selbst beschäftigt waren, murmelte, dass sie gleich wiederkomme, und stieg ziemlich eilig die Treppe nach oben.

Als hätten wir das Startsignal bekommen, nahmen wir uns fest in die Arme und begannen, einander wild und hastig zu küssen. Wir fuhren mit unseren Händen über unsere Körper und rieben uns aneinander. Sie legte meine Hand auf ihre Brüste, die mir fest und weich zugleich vorkamen. Als wäre ich plötzlich unter eine heiße Dusche geraten, begann mein Körper zu brennen und mich packte die Neugierde, herauszubekommen, ob Ebrahim mit seiner Orange recht hatte. Ich griff unter ihr Kleid, aber sie hielt meine Hand fest. „Nicht so stürmisch! Hast du denn keine Erfahrung mit Mädchen?"

Ihre Stimme klang genau wie die der iranischen Schauspielerinnen in Verführungsszenen. In meiner Verlegenheit zog ich mich heftig zurück, zumal ich Nasrins Schritte hörte, bevor Pari sie kommen sah.

„Komm ruhig, wir sind wach", brummte Pari. Ihre Stimmlage war um mindestens drei Töne gesunken.

„Die anderen sind auch schon wach und wir sollen zum Tee kommen", sagte Nasrin. Ich spürte einen Vorwurf in ihrer Stimme. Waren wir denn so lange mit uns beschäftigt gewesen?

Pari und ich sprachen danach kaum miteinander, bis sich die Mittagsschlafszene am nächsten Tag wiederholte. Als wäre dazwischen nichts passiert, fragte sie: „Hast du denn keine Erfahrungen mit Mädchen?"

„Ich wollte nur fühlen, wie deine ... deine Vagina aussieht", sagte ich und wurde bestimmt rot, weil ich ein Gefühl zwischen Brand und Juckreiz in meinem Gesicht empfand.

„Und was zeigst du mir im Gegenzug?", erdreistete sie sich.

Sie zog mich an sich und legte meine Hand auf ihre Orange. Das Gefühl im Gesicht breitete sich auf meinen ganzen Körper aus. Ich spürte eine Hitze, die ich so noch nie erlebt hatte – viel zu heiß, aber trotzdem alles andere als unangenehm.

* * * * *

Es ist ja wirklich schade, dass ich diese Schirin nie getroffen habe, was ich gar nicht verstehen kann. Ich kannte doch fast alle Mädchen, die in dem Blindenheim arbeiteten, und konnte sie an ihren Gerüchen, Stimmen und Schritten unterscheiden: Da waren die unattraktiven Alten mit den kratzigen, tiefen Stimmen, die trotz süßlichen Duftwassers immer nach Schweiß und ungewaschener Kleidung rochen; da war Mahin mit einer etwas überlauten und hohen Stimme, deren fest umwickelte Brüste ich einmal zufällig berührt habe. Aber Schirin? Hatte ich sie nur vergessen oder tatsächlich nie getroffen? Hätte ich sie nicht besser verstanden als der dumme Nader? Wollen die Frauen denn nicht immer das Gleiche von den Männern, von Sara über diese Schirin und Pari bis zu meiner Lilith, Maria oder wie sie sonst alle heißen mögen? Ebrahim hatte mit seiner Orangentheorie ganz recht. Manchmal lese ich diese Passagen Naders und versetze mich in den Bus, zusammen mit seiner Schirin. Ich bringe ihr keine Blindenschrift bei, nein, wir liegen uns schwitzend in den Armen. Ich küsse sie erst auf die Lippen und rutsche dann immer tiefer an ihr hinab, ich betaste sie in allen Höhen und Tiefen, statt irgendwelche Papierpusteln zu entziffern. Oder ich denke mich in Naders Kellergelass zusammen mit seiner Pari und verschwinde in ihren Falten, wobei ich den Geruch der unter ihr liegenden Matratze einsauge. So hat Naders Erbschaft für mich zeitweise doch noch einen praktischen Zweck.

Uns Blinden nützen Sexbildchen ja nichts.

Immer wieder passiert es aber, dass ich mich diesen Textstellen lüstern zuwende und in eine tiefe Depression versinke, denn niemals hat eine Frau sich mir zugewandt, einfach weil sie mich mochte, um nicht zu sagen – liebte. Wenn Nader in seiner Erzählung über Schirin nichts hinzugedichtet hat, dann war er so glücklich, wie ich es nie in meinem Leben gewesen bin. Seit meiner ersten intimen Begegnung mit Frauen, schon im frühen Kindesalter, ging es immer nur um Sex. So sehr ich auch davon wegwill, so sehr bin ich davon abhängig.

Die Einzige, die mir fast täglich mein Machoverhalten vorgeworfen hat, war Angelika. Erst nachdem sie mich verließ, verstand ich, was sie anfangs zu mir geführt hatte: An jenem Tag, als ich mich an der Kreuzung Bockenheimer/Ecke Feuerbachstraße orientierungslos mit der Zunge schnalzend einmal im Kreise drehte, nahm sie mich am Arm, fragte, wo ich hinwollte, und brachte mich über die Straße. Schon beim Überqueren der Fahrbahn meinte sie, wie schön es sei, nicht angestiert zu werden, endlich einmal als Frau kein Objekt des Begaffens zu sein. Ich fühlte mich geschmeichelt statt erniedrigt, obwohl es mir doch hätte glasklar sein müssen, dass sie an mir als Mann nur Gefallen fand, weil ich sie nicht sehen, nicht anstarren konnte.

Anscheinend haben viele Frauen dieses Bedürfnis, nicht gesehen zu werden. Angelika war trotzdem ein Sonderfall, denn sie fiel zunächst geradezu über mich her.

Wir hatten wilde Abende miteinander, aber genauso schnell

enttarnte sie mich als einen „enthemmten Eber", als „Perserchauvi" und „obergeilen Pascha", wie sie mich wiederholt beschimpfte. Wie soll unter solchen Umständen Liebe entstehen, nach der ich mich mein ganzes Leben lang so sehr sehnte und immer noch sehne?

SICHTBARKEITEN

Geburtstag zu feiern, erschien uns als etwas Feminines und Europäisches. Die Deutschen, ob Mann oder Frau, feierten Geburtstag, die Nurestan-Mädchen ebenso, aber die meisten von uns wussten nicht mal genau, wann sie geboren waren. Trotzdem übte dieses Ritual eine gewisse Anziehungskraft auf uns aus, gab es doch immer etwas Besonderes zu essen und manchmal sogar Geschenke. So erinnere ich mich genau, wie wir am Abend meines siebzehnten Geburtstags, nachdem ich Süßigkeiten verteilt hatte, wieder einmal für Stunden zusammensaßen und uns unterhielten. Ahmad, Musa, Abdullah und ich saßen auf dem Bettrand bei dem stinkenden Ölofen in unserem kleinen Zimmer mit den Doppelbetten.

„Findet ihr es nicht auch komisch", sagte Abdullah lachend, „dass die Sehenden sich wundern, wenn wir merken, ob jemand steht oder sitzt?"

„Quatsch", rief Ahmad. „Die tun nur so. Sie wollen uns damit weismachen, dass sie uns für intelligent halten. Das ist ihre Art von Mitleid. Sie meinen, dass sie uns damit etwas schenken. Aber wenn es drauf ankommt, halten sie uns doch für dumm."

Musa holte Luft, um etwas Längeres zu erzählen, wurde aber

von Abdullah unterbrochen: „Lass mich doch ausreden", sagte er und erzählte, dass ein Freund seines Vaters ihn immer mit der Frage plage, ob er nun sitze oder stehe. „Der Idiot fragt mich das sogar beim Autofahren. Bin ich denn so dumm? Die Stimme kann man ja wohl gut hören und orten."

„Aber", warf Musa ein, „das kommt doch daher, dass sie die Augen schließen und meinen, dann wüssten sie, wie es ist, blind zu sein. Dabei ist das was völlig anderes. Wenn jemand die Augen schließt, dann verliert er plötzlich seinen Halt. Was glaubt ihr, warum wir den Sehenden schlau vorkommen, wenn sie doch mit geschlossenen Augen keinen Schritt vorwärtskommen, wir uns dagegen sicher hin- und herbewegen?"

„Wie willst du das denn wissen, du Klugscheißer?", lachte Ahmad.

„Das haben vor mir schon etliche ausprobiert", verteidigte Musa sich. „Sie werden wie Kinder, unsicher und langsam. Und was noch seltsamer ist: Sie beugen sich immer nach vorn. Mein Musiklehrer kennt mich seit Langem, kann aber bis heute meine Selbständigkeit nicht akzeptieren. So sind diese Typen alle. Ich erinnere mich auch ganz gut, wie ich einmal, als ich es sehr eilig hatte und den Weg gut kannte, ohne Stock unterwegs war und von einem alten Mann angehalten wurde. Der Mann, der nach abgestorbenen Zellen roch, legte seine zitternde Hand auf meine und fragte mich etwas. Ich bat um Wiederholung, weil ich den zahnlosen Greis kaum verstand. Er wiederholte die Frage: Weshalb ich keine Krücke dabeihabe?

‚Ja, ich habe meinen Stock vergessen, aber ich kenne den Weg schon lange.‘

‚Trotzdem. Wieso gar kein Stab?‘

‚Hab ich doch gerade erklärt!‘

Er hielt mich mit seiner zittrigen Hand fest, brach mit höchster

Anstrengung von einem kleinen Baum einen Ast ab und zwängte ihn mir zwischen die Finger meiner rechten Hand.

‚Jetzt kannst du gehen‘, sagte er.

Ich wunderte mich über die Kraft des Alten, wie er einen solchen Ast mit Blättern abgerissen hatte, und schlug beim Weiterlaufen wild damit auf den Asphalt, damit er denke, mir geholfen zu haben. Ich musste dabei an den Witz ‚Tag der guten Tat‘ denken, bei dem drei Schüler behaupten, einer blinden Frau über die Straße geholfen zu haben, und als der Lehrer nachhakt, antworten sie, dass die Bedürftige eigentlich gar nicht über die Straße wollte. Nach etwa einhundert Metern warf ich den Zweig in den Straßengraben und rannte weiter in Richtung meines Ziels.

Keuchend schrie der Mann hinter mir: ‚Halt, du hast den Ast fallen lassen! Warte, ich geb ihn dir gleich!‘

Seine besorgte Stimme im Ohr, lief ich schneller und verschwand in der Nebenstraße.“

„Haha, du Esel, das war ich“, mischte ich mich ein. „Einmal, ich erinnere mich genau, stand ich an der großen Kreuzung in der Nähe des Blindenheims und Pedram merkte nicht, dass ich neben ihm war, weil ich keinen Stock benutzte.

‚Entschuldigung‘, rief er. ‚Können Sie mich über die Straße bringen?‘

‚Hallo Pedram, komm, ich nehme dich mit‘, sagte ich und nahm ihn bei der Hand.

‚Nein, nein.‘ Er machte sich los. ‚Ich komme nicht mit dir. Wir müssen warten, bis ein Sehender kommt. Du verursachst bestimmt einen Unfall.‘

Ich ließ ihn los und ging alleine in die Stadt.

Als ich nach etwa einer Stunde zurückkam, stand der arme Pedram noch immer an der Kreuzung und fragte mich, da er mich wieder nicht erkannte, ob ich ihn über die Straße bringen könne.

Ich ahmte einen alten zahnlosen Mann nach, nahm seine Hand und half ihm, die Straße zu überqueren, dann erst brach ich in Gelächter aus. Verärgert schob er mich weg und ging seines Weges. Seine Hand fühlte sich kalt an, wahrscheinlich vor Angst. Seitdem gehe ich oft an diese Kreuzung und warte auf Blinde, die ich über die Straße führen kann."

„Das ist der Unterschied zwischen Klugheit und Schlauheit", meinte Musa. „Du amüsierst dich auf Kosten deiner Augengenossen, statt etwas Sinnvolles zu tun. Ich möchte dich nur daran erinnern, wie ich dich mal aus dem Schlamassel gezogen habe. Das ist keine zwei Jahre her."

„Ihr benehmt euch wie streitsüchtige Zwillinge", warf Abdullah ein. „Was war da los?"

„Die Geschichte mit der Prüfung hat meine Ansichten dazu, wie wir wahrgenommen werden, grundlegend geändert", sagte Musa. Er drehte seinen Kopf. „Wie auch immer: Nachdem du, Nader, die Versetzung von der neunten Klasse in die Oberstufe bei den landesweiten Prüfungen nicht im ersten Versuch geschafft hattest, wolltest du meine Hilfe. Das kommt davon, wenn man seine Zeit mit Musikmachen und Dummejungenstreichen vergeudet. Ich gesteh dir ja zu, dass Eltern zu haben, besonders so jemanden wie deinen Vater, eine Last ist. Waise sein ist eben doch besser. Damals hattest du mich jedenfalls gebeten, an deiner Stelle zu den Prüfungen zu gehen."

„Stimmt doch gar nicht, *du* hast mir deine Hilfe angeboten!", schimpfte ich.

„Wie habt ihr das denn angestellt, wir müssen unsere Antworten auf Prüfungsfragen den Lehrern oder Schülern aus niedrigeren Klassen doch immer diktieren, weil die den Examensstoff nicht beherrschen. Die hätten dich doch sofort erkannt", warf Abdullah ein.

„Nein, Döskopf, du vergisst, dass alle Menschen ihnen unbekannte Personen immer in einen Topf werfen", sagte ich. „Mein Bruder behauptet, die Chinesen und Japaner sähen alle gleich aus. Abgesehen von denen, die sich auf eine engere Bekanntschaft oder Freundschaft mit uns Blinden einlassen, scheint es, als sähen wir für andere Menschen auch alle gleich aus. Man verwechselt mich zum Beispiel oft mit Musa, der nicht nur größer ist, sondern auch riesige Ohren hat."

„Ich habe feinere, nicht größere Ohren!", entrüstete sich Musa. „Jedenfalls war die Prüfung für mich überhaupt kein Problem. Unser Lehrplan besteht ja zu achtzig Prozent aus Auswendiglernen, worin ich euch Armleuchtern weit überlegen bin."

„Ja, deshalb wirst du Schleimer auch eine große Karriere machen", rief Ahmad. „Du haust noch mit den Beinhorns nach Deutschland ab und wirst so ein Pfaffe."

„Lenk nicht ab, ich will wissen, wie es ausging, lass ihn doch erzählen", beruhigte ihn Abdullah.

Musa fuhr fort: „Ich habe natürlich erst mal gezögert. Einerseits war die Aufgabe etwas, was mir größere Anerkennung bei euch verschaffen konnte, aber andererseits konnte ich mir nur schwer vorstellen, dass mich die verantwortlichen Prüfer nicht erkennen würden. Sie hatten mich ja im Jahr davor geprüft."

„Aber deine Sorge war bestimmt unnötig, denn für die Sehenden sind wir ja alle gleich", sagte Abdullah und gestand, dass er letztes Jahr eine Prüfung für Pedram abgelegt habe, nur leider ebenfalls durchgefallen sei. Auch er sehe Pedram kein bisschen ähnlich. Er sei untersetzt, habe ein fleischiges Gesicht und sei jünger als Pedram.

„Ich vernachlässigte meinen eigenen Unterricht und wiederholte in den Unterrichtsstunden vor den Blicken aller Schüler und Lehrer die Lektionen des letzten Jahres in Blindenschrift. In arabischer, englischer und persischer Literatur hatte ich überhaupt keine Probleme, ebenso, wenn es um Geschichte und Literaturgeschichte ging. Dje größten Schwierigkeiten hatte ich in Mathematik, da konnte ich nicht helfen. Ich sah dem ersten Prüfungstag mit höchster Spannung und gemischten Gefühlen entgegen. Es war Juni, und die Angst, erwischt zu werden, schien mir auf die Stirn geschrieben. Ich bildete mir ein, aus allen Richtungen misstrauisch angeblickt zu werden, und war mir doch meiner Sache, was die Antworten anging, sehr sicher.

,Guten Tag, ich heiße Bandari. Da ich blind bin ...', hob ich an.

Doch der Aufseher unterbrach mich: ,Komm, Junge, Herr Bahmani wartet bereits auf dich.'

Herr Bahmani fragte nur, ob ich meinen Ausweis dabeihätte. Schweißgebadet zog ich den Lappen unseres Faulenzers hier aus der Tasche, als Herr Bahmani auch schon begann, ohne jegliche Einleitung die Fragen für das Fach Arabisch vorzulesen. An manchen Stellen korrigierte er dann sogar meine Antworten.

Plötzlich unterbrach Herr Bahmani die Prüfung und sagte: ,Guten Tag, Herr Farsi.'

Herrn Farsis Stimme schien von der Decke zu kommen, als er zu mir sagte: ,Hallo Junge, aus welcher Klasse kennen wir uns denn?'

,Das ist dieser Bandari, der schon mal sitzengeblieben ist', warf Bahmani gelangweilt ein. ,Am Ende will er Homer oder Abul-Ala werden.'

,Ich kenne keinen sitzengebliebenen Blinden', erwiderte Herr Farsi, ,aber den hier hab ich schon mal gesehen.'

,Natürlich ist das Herr Bandari, ich habe sogar seinen Ausweis gesehen', lächelte Bahmani zum ersten Mal. Ein Stein fiel mir vom

Herzen, als Herr Farsi zum Prüfungssaal gerufen wurde. Bahmani fragte und schrieb weiter, als sei nichts geschehen. Der Prüfungsleiter kam zu uns und flüsterte mit Herrn Bahmani.

‚Dieser Bandari, oder wer auch immer dieser Blinde ist‘, bat er Herrn Bahmani, ‚ist schon einmal durchgefallen. Das ist weder für ihn noch für uns gut. Sehen Sie doch zu, dass er vielleicht diesmal durchkommt.‘

Herr Bahmani schwieg, aber anhand seiner nervösen Handbewegungen und des Raschelns der Papiere verstand ich, dass er nicht abgeneigt war.

‚Na, Herr ... Bandari‘, wandte sich der Prüfungsleiter an mich und ließ mich zusammenzucken, weil er sich zwischen ‚Herr‘ und ‚Bandari‘ komisch räusperte. Mein Unbehagen verstärkte sich, weil er das jedes Mal, wenn er meinen angeblichen Namen aussprach, wieder tat.

‚Diesmal schaffen Sie es bestimmt, Herr ... Bandari, oder?‘ Wobei er das ‚Oder‘ sehr lang zog. Mir stockte das Blut in den Adern, aber er ließ uns weitermachen.

Herr Bahmani diktierte mir schnell Aufgaben aus drei Fächern und wollte mich sogar zu weiteren vier Fächern befragen, doch der Prüfungsleiter war dagegen.

‚Herr ... Bandari kommt morgen früh pünktlich zu uns.‘

Naders Prüfung bestand also aus Mitleid, Unterschätzung von Blinden und deren Schablonisierung. Ein kleiner Teil waren außerdem meine ehrlichen und erfolgreichen Anstrengungen.“

Das konnte ich nicht auf mir sitzen lassen. „Erinnerung ist etwas Selektives, mein Lieber. Hab ich nicht aus deinen unanständigen Beschimpfungen von Herrn Kuhi mathematisch exakte Lösungen gemacht und dafür auch noch Ärger bekommen? Eine Hand wäscht die andere.“

„Es kommt drauf an, welche dreckiger ist", rief Ahmad und brachte uns damit alle zum Lachen. „Die Blindenhand ist immer die allerdreckigste", merkte er an, „zumindest wenn ich danach gehe, was ich neulich erlebt habe. Am Montag um kurz nach zwei komme ich einige Minuten zu spät an der Klassenzimmertür an und höre unseren Geschichtslehrer über den ersten mongolischen Khan Gasan erzählen, welcher zum Islam konvertiert war. Meine Hand ist schon auf der Türklinke und ich überlege, ob ich lieber anklopfen oder geräuschlos die Tür aufmachen soll, um mich entschuldigend einzutreten, da ergreift eine Hand fest die meine. ,Nein, nicht aufmachen!', sagt jemand.

Ich zucke heftig zusammen. Es ist mein Freund Kambis.

,Was machst du denn hier?', frage ich.

,Ich hab heute frei.'

,Und was hast du vor?'

,Im Kino zeigen sie *Einer flog übers Kuckucksnest* mit Jack Nicholson! Ich habe einen Toman von meinem Papa bekommen. Wir müssen unbedingt hin.'

,Aber ich habe nur fünf Rial. Uns fehlen noch fünf.'

Er hält weiter meine Hand fest, damit ich es mir ja nicht anders überlege.

,Wir sagen einfach, ein Blinder hat doch nichts vom Kino. Das glaubt uns jeder. Menschen sind so. Denken die nicht alle, dass Blinde nichts wissen, nichts vom Leben haben und erst recht nicht vom Kino? Komm!', sagt er und zieht mich mit.

Kambis hatte recht. Ich sage dem Kontrolleur, dass ich als Blinder im Kino ja nichts sehe und dass ich nur meinen Freund begleiten wolle. Der Kerl kommt mir wie ein riesiger Grobian vor und klingt auch so, als er Kambis anschnauzt: ,Warum willst du deinen Freund in diesen Sündenpfuhl mitnehmen, statt ihm etwas Erhebendes zu zeigen? In zwei Wochen haben wir Anthony Quinns *Mohammed – Der Gesandte Gottes*, das ist das Richtige für euch!' ‚Wir sollen aber einen Schulaufsatz über Jack Nicholson schreiben', entgegnete Kambis schnell. Der Kontrolleur rief: ‚La ilaha il Allah, es gibt keinen Gott außer Allah, was für eine gottlose Anstalt besuchst du denn? Man sollte euer ganzes Schulsystem abfackeln. Und jetzt rein mit euch, hier habt ihr die Karten, und sogar in der ersten Reihe.'

Als Kind ist es eines meiner größten Vergnügen gewesen, mit Kambis ins Kino zu gehen und anschließend über die Filme zu reden. Er erklärte mir manche Szenen und nach und nach entstand in meinem Gedächtnis so etwas wie eine Klangdatenbank, auf die ich immer zurückgreifen kann und die mir hilft, Filmszenen auch ohne Kambis' Erklärungen zu interpretieren. Ich kann die verschiedenen Melodien, Geräuschkulissen und Klangelemente, die besonders in Hollywoodfilmen baukastenmäßig verwendet werden, längst problemlos erkennen und einordnen.

Auch bei diesem Film musste mir Kambis kaum etwas erklären. Er hat einen guten Sinn dafür entwickelt, wann er mir Informationen zu geben hat, so zum Beispiel, wenn jemand etwas verheimlicht, dies aber aus seinem Tonfall nicht herausgehört werden kann. Andere Begleiter stören mich oft, indem sie zu viel erzählen und mich nicht weitergucken lassen.

Links von mir räkelte sich so ein nach Knoblauch riechender, mittelgroßer Mann, dessen Getrampel Soldatenstiefel verriet. Er störte mich ungemein: Es waren nicht einmal zehn Minuten vergangen, als er verstand, warum Kambis mir manchmal etwas zuflüsterte. Da fing dieser Typ an, dauernd laut zu seufzen und Gott, den Propheten und die Imame der Reihe nach anzurufen und um Erbarmen für mich zu bitten. Je mehr ich versuchte, mich auf den Film zu konzentrieren, desto lauter hörte ich ihn. Er begnügte sich jedoch nicht damit, sondern sprach mich auch noch ständig an: ,Freue dich und danke Gott, dass du diese ekelhafte und unheilvolle Welt nicht zu sehen brauchst. Du verpasst gar nichts.' Dann klagte er: ,Ach, wäre ich doch auch blind! Könnte ich doch auf der Stelle mein Augenlicht verlieren.' Da reichte es mir und ich holte meinen Blindenschriftgriffel aus der Tasche, hielt ihn hoch und sagte laut: ,Wenn du willst, kann ich dir gerne helfen.'

Ich zielte in die Richtung, wo ich seine Augen vermutete. Er gab mir einen Stoß und beschimpfte mich, woraufhin Kambis auf uns aufmerksam wurde.

,Was quatschst du da?', schrie er den Mann an und sprang an mir vorbei auf ihn zu.

Der Kontrolleur eilte herbei und es stellte sich heraus, dass die beiden sich kannten. ,Sieh dir das an, diese gottlose Jugend hat nichts als dieses amerikanische Irrenhaus im Kopf. Der Blinde da gehört selbst zu diesen von Gott Bestraften, wer weiß, welche Sünden seine Eltern begangen haben.' Das ist es, was die Sehenden wirklich über uns denken, glaubt ihnen nicht ihre verlogene Mitleidstour", beendete Ahmad die Geschichte.

„Mach mal die Tür auf, hier stinkt's nach Öl und wir haben uns gut warmgeredet", warf ich ein.

„Nein", kam es von Musa zurück, „erstens ist mir kalt und zweitens kann man uns dann schon von Weitem hören."

„Du bist ja ein Feigling, im Winter sind die Kontrollgänge von Beinhorn sehr viel seltener, hast du das etwa noch nicht bemerkt?", beruhigte ich ihn. „Wir machen jetzt auf."

„Was du da erzählt hast, Ahmad, ist total typisch", sagte Abdullah, „und du hast recht damit, dass die Sehenden nichts von uns erwarten und sogar an unseren übrigen Sinneswahrnehmungen zweifeln. Sie behandeln uns wie Taubstumme und meinen, Gottes

Hand habe uns geschlagen. Das ging mir neulich auch so. Ich habe mir angewöhnt, nach der Schule zur Chadschu-Brücke zu gehen und mich am Fluss unter einem Baum auf eine Bank zu setzen und zu lesen. Das, was meine Konzentration stört, ist nicht etwa der Lärm spielender Kinder in dem ruhigen, schönen Naturpark, sondern die Stille, die sich jedes Mal ausbreitet, wenn ich mich dort hinsetze und mein Buch heraushole. Jedes Mal dauert es bestimmt zehn Minuten, bis sich die Blicke allmählich von mir abwenden und wieder Normalität eintritt. Oft kann ich mich dann aber nicht richtig konzentrieren, da sich immer wieder Menschen um mich versammeln und, ohne mich zu fragen, Vermutungen über mich und mein Buch anstellen. Einmal war ich an einem schönen, sonnigen Frühlingstag im Park und es war so ruhig, dass ich mich richtig in die Kindheitserinnerungen des türkischen Satirikers Aziz Nesin vertiefen konnte. Ich hatte gar nicht bemerkt, dass zwei Jungen an mich herangetreten waren und sich über mich unterhielten, zunächst flüsternd, dann lauter.

,Quatsch, der ist nur blind. Wieso meinst du, blind und taubstumm?', wunderte sich der eine.

,Na, das steht doch schon im Koran: Taub, stumm und blind, so werden sie nicht umkehren. Der nimmt uns doch überhaupt nicht wahr', antwortete der andere. Es waren bestimmt Zwillingsbrüder, sie klangen sehr ähnlich. Wenn der erste das ,R' nicht fast wie ein ,D' ausgesprochen hätte, hätte sogar ich sie miteinander verwechseln können.

,Vielleicht will er uns nicht wahrnehmen', verteidigte sich der mit dem ,D'.

Ich lachte kurz.

,Siehst du, er hört uns. Sonst hätte er doch nicht gelacht', sagte der zweite.

‚Quatsch, er hat bestimmt etwas Witziges in seinem Buch gelesen. Deshalb lacht er. Nicht, weil er uns hört.'

‚Nein, man gibt den Blinden immer religiöse Bücher, damit sie noch etwas beten, bevor sie zur Hölle fahren.'

Ohne einen Mucks zu machen, stand ich auf und ging, da ich mich sowieso nicht konzentrieren konnte, zurück zum Blindenheim. Ich ließ sie in ihrer Unwissenheit zurück. Ich kann mir gut vorstellen, dass sie mich noch ein gutes Wegstück mit ihren Blicken verfolgten", beschloss Abdullah seine Geschichte. „Was ich sagen will: Ihr Bild von uns ist auch der Grund, warum die Sehenden so laut mit uns reden und so tun, als wären wir taub. Einerseits sagen sie, wir hätten die besten Ohren, andererseits sprechen sie extrem laut mit uns."

„Die Sehenden sind einfach dumm", sagte Ahmad. „Ständig kommen sie zu mir und fragen, ob ich weiß, wer sie seien. Ich antworte immer: ‚Wenn du's selber nicht weißt, wie soll ich es dann wissen?' Ist das nicht albern? Sie erkennen einen Bekannten am Telefon doch auch."

„Erstens", versuchte ich bescheiden zu sagen, um nicht wichtigtuerisch zu erscheinen, „hören wir durchaus besser oder genauer als sie. Ich glaube zum Beispiel nicht, dass normale Sehende an der Spielweise eines Geigers erraten können, wer gerade spielt. Das ist doch wettbewerbsreif, was wir können. Zweitens glauben die Sehenden, wir seien eigentlich blöd. Sie erwarten nicht viel von uns. Deshalb sind sie auch von für uns selbstverständlichen Fähigkeiten überrascht."

„Aber trotzdem", warf Ahmad ein, „wenn du mit einem Sehenden unterwegs bist, dann sprechen die anderen nicht dich an, sondern sagen das, was sie dir mitteilen wollen, deinem Begleiter. Es ist schon so: Als seien wir nicht nur blind, sondern immer auch taub.

Außerdem haben sie keine Vorstellung von der Intensität unserer anderen Sinneswahrnehmungen, und wenn es nach mir ginge, können mir auch die häufigen Mitleidsbekundungen sowas von gestohlen bleiben. Ich kann meine Orientierung mit meiner Nase verbessern, aber das bedeutet nicht, dass sie ihre übliche Funktion gar nicht oder weniger erfüllt. Auch ich rieche gutes Essen, den Gestank von Rauch und vieles mehr. Der Unterschied ist vielleicht, dass ich etwas rieche und dann das Gerochene auch noch sehr gut orten kann. Die Eisdiele Chamansar in der Chaharbagh-Straße, der Einkaufsstraße Isfahans, ist so ein Duftmagnet für mich."

„Für mich auch", rief Musa. „Diese Diele zieht mich unweigerlich an, aber ich hab ja keine Eltern und keine Knete. Also frage ich den Verkäufer jedes Mal: ‚Wie viel kostet ein Eis in der Waffel?'

Und der Verkäufer, immer derselbe, wird nicht müde, mir geduldig zu antworten: ‚Eine Kugel kostet fünf Rial. Wie immer.'

‚Dann geben Sie mir eine Kugel, bitte', sage ich unschuldig wie jemand, der zum ersten Mal den Preis gehört hat. Dann verschlinge ich mein Eis in zwei intensiven Minuten, in denen ich wie wollüstig den süßen Geruch der Konditorei genieße, der sich mit der Wärme des Ladens und der Kühle des Eises zu einem schönen, unbeschreiblichen Bild zusammenfügt.

Neulich fragte ich also wie immer, wie viel ein Waffeleis koste. Zu meiner Überraschung antwortete der Verkäufer: ‚Fünf Rial für zwei Kugeln.'

Warum? Wieso? Weshalb?, dachte ich. Ist es denn nicht eher üblich, dass sich alles immer nur verteuert? Laut sagte ich: ‚Dann geben Sie mir bitte zwei', und ich begann, das gute Eis zu verschlingen, bevor es schmelzen konnte.

Ein Kunde betrat den Laden und fragte: ‚Was kostet denn das Waffeleis?'

Der Verkäufer, der mit dem Ordnen, dem Hin- und Herrücken seiner Waren beschäftigt war, sagte deutlich: ‚Für fünf Rial erhalten Sie eine Kugel.'

Die zweite Kugel blieb mir fast in der Speiseröhre stecken. Zum zweiten Mal wurde ich von diesem Verkäufer überrascht. Eine Welt brach in mir zusammen.

Ich scheiße auf dein Mitleid!, schimpfte ich im Herzen und schluckte das Eis wie bitter gewordene Medizin hinunter. Ich ließ eine Fünf-Rial-Münze an der Türschwelle fallen und rannte so schnell ich konnte weg.

Warum hast du mir das angetan?, dachte ich über den Eismann. Warum hast du dein Mitleid nicht schon beim allerersten Mal gezeigt? Damit ich mich nicht an dich und dein scheiß Eis gewöhne?

Dann dachte ich, dass ich ja selbst schuld sei. Warum hatte ich bloß immer wieder nach dem Preis gefragt? Habe ich ihm vielleicht deshalb leidgetan? Und woher weiß ich, dass sein Mitleid mit meiner Blindheit zu tun hat? Ja, ich bin der Schuldige, nicht er. Wenn ich jetzt an der Eisdiele vorbeigehe, beschimpfe ich mich selbst *und* den Eisverkäufer, so als steckten wir beide wegen eines Verbrechens unter einer Decke.'

„Musa ohne Eis, das kann ich mir kaum vorstellen", meinte Abdullah. „Aber insgesamt geht es mir ähnlich. Überall wird man auf entwürdigende Art behandelt. Ich weiß nicht, wie schick ich mich noch anziehen muss, damit diese Sehendenschweine mir keine Bettelmünze mehr in die Hand drücken."

„Selber schuld", sagte Ahmad, „solange du einen Stock benutzt, giltst du in unserer Gesellschaft als Bettler."

„Hörst du denn nicht, wenn ein Hindernis kommt?", warf ich vorwurfsvoll ein.

„Schon, aber die Vertiefungen im Boden, die kann man doch

nicht hören. Es sind ja nicht nur die offenen Abwasserkanäle neben den Straßen", verteidigte sich Abdullah. „Man kann überall hineinfallen".

„Die Stockblinden lästern ihrerseits über die Gruppe der Stocklosen", meinte Musa und äffte Ebrahim nach. „„Dass Tussis keinen Stock benutzen wollen, kann man ja verstehen. Aber diese Dandys und Tunten, die schick aussehen wollen, um zu gefallen, stürzen bestimmt einmal in eine Höllentiefe. Dann ist es zu spät.' Was mich betrifft", fügte Musa hinzu, „so bin ich weder ein Angsthase, noch habe ich das Alter eines potenziellen Dandys erreicht, aber Leute, die einen Stock tragen, kommen mir alt und gebrechlich vor, weil ich lange keinen Unterschied zwischen einem Stütz- und einem Blindenstock gemacht habe. Andererseits bin ich bereits ein paarmal gestürzt, weil ich ohne Stock im Straßenlärm überhaupt nicht merke, dass vor mir eine Vertiefung ist."

„Ja, das stimmt", warf Ahmad ein. „Einmal stieß ich so heftig an ein Mädchen, dass es einen Schrei ausstieß und mich mit einer solchen Wucht wegschubste, dass ich umfiel. Als es auch noch anfing, mich zu beschimpfen, entschuldigte ich mich und sagte, dass ich blind sei. Das Mädchen stieß wieder einen Schrei aus, diesmal aus Mitleid. Halb mütterlich, halb vorwurfsvoll fragte es, weshalb ich denn keinen Blindenstock bei mir trüge, damit wenigstens andere mich bemerkten."

„Und ich erinnere mich an einen Frühlingstag", ergänzte ich, „an dem ich auf dem Rückweg von der Schule einen kleinen Umweg machte, um zu unserem Friseur zu gehen. Jedenfalls lief ich die Fejs-Straße hinunter, als mir plötzlich der Boden unter den Füßen wegrutschte. Ich stürzte in eine Grube. Neben mir bemerkte ich einen dicklichen Mann, der nach Schweiß und Erde stank. Er stöhnte und fuhr mich an: ‚Hast du denn keine Augen im Kopf?'

Ich sammelte meine Kräfte und wollte witzig sein: ‚Doch, sogar zwei, aber keins davon funktioniert.'

‚Ach, deshalb kennst du keine Scham!', sagte er und half mir aufzustehen, nachdem er mir den ganzen Staub aus seiner Kleidung in die Nase geklopft hatte. ‚Hättest du einen Stock dabei, hättest du gemerkt, dass eine Baugrube kommt und hättest weder dich noch mich verletzt.'

Er gefiel mir. Statt sich vor mir zu erschrecken und die Mitleidstour einzuschlagen, sagte er mir die Wahrheit ins Gesicht. ‚Man sollte euch Blinde bestrafen, wenn ihr nicht von Gott schon genug bestraft wärt, vor allem wenn ihr keinen Stock dabeihabt. So seid ihr eine Gefahr für euch, für den Verkehr und für uns arme Bauarbeiter', schimpfte er hinter mir her, obwohl ich mich entschuldigt hatte. Tatsächlich fragte ich mich damals ernsthaft, ob es nicht doch sinnvoll sei, immer einen Stock zu benutzen."

„Und doch weiß ich nicht, warum ihr ständig diese Sehenden in Schutz nehmen müsst", sagte Musa. „Mich nervt es tierisch, dass sie uns immer abwertend behandeln. Seid ihr denn taub, wenn die Sehenden bei einer Veranstaltung sagen: ‚Setz *den hier* auf diesen Stuhl und *den da* auf den anderen'?"

„Wir", warf ich ein, „machen seit Stunden genau den gleichen Fehler. Was heißt hier ‚die Sehenden'? Eure Eltern und engsten Freunde haben doch eine andere Meinung von uns als Leute, die nie einem Blinden begegnet sind."

„Stimmt!", rief Abdullah. „Meine Mutter ist auch eine Sehende. Sie verwechselt mich und meine Schwester nie mit jemand anderem. Sie redet nie von ‚dem da', sondern nennt unsere Namen."

Niemand antwortete, aber nicht, weil alle plötzlich von mir überzeugt waren oder nichts hinzufügen wollten, sondern weil wir Herrn Beinhorns Schritte aus der Ferne hörten. Er kam langsam und leise näher, schien sich aber gleichzeitig zu entfernen, bis die Laute seiner Schritte allmählich wieder erstarben.

Plötzlich befand ich mich auf einer Straße und fragte Musa, ob die Bäckerei links oder rechts von mir liege.

„Geradeaus links." Doch ich roch rechts von mir das frische Brot und merkte, dass Musa wahrscheinlich von seiner Perspektive ausging.

„Du bist blöd", rief ich Musa zu. „Die Bäckerei befindet sich doch auf der rechten Seite."

„Ich sag's dir nur, wenn du errätst, wer ich bin."

„Wie soll ich das denn wissen?", fragte ich, schaltete mein Radio aus und erkannte, dass Jahagi Geige gespielt hatte. „Ich kann es nur erraten, wenn du mir sagst, wer hier Geige spielt."

Aber Musa meinte, dass das ein Trommelspiel sei und ich kein Recht hätte, ihn anzublicken, wenn ich mit ihm redete. Da kam Herr Farsi herbei und zog seinen Schreibstift aus der Jackentasche. „Du hast geschummelt, das wirst du mir büßen", rief er und stieß mir den Stift ins Herz. Ich schrie auf.

„Was schreist du so? Was hast du geträumt?", rief Abdullah.

* * * * *

Bis ich in Deutschland ankam, hatte ich keine Albträume. Nie hatte ich, wie es Nader tat, jemanden betrogen oder für jemanden gelogen, es bestand also auch kein Grund für Gewissensbisse, aber den deutschen Behörden gegenüber kommt man ohne Notlügen einfach nicht aus. Als ich meine Aufenthaltsgenehmigung in Niederrad verlängern musste, hatte ich eine Scheinbeschäftigung als „Telefonist" in der Gemeinschaftspraxis von Dr. Klemmer. Die hatte mir Maria, seine Arzthilfe, besorgt. Sie war meine damalige

Freundin, und hatte gleichzeitig eine Affäre mit Klemmer, wie ich später erfuhr. Die übergroße Angst vor meiner Sachbearbeiterin führte dazu, dass ich mir obsessiv die Szene vorstellte, in der ich ihr gegenübersaß und sie mich durch eine dicke Brille scharf ansah und sagte: „Dieses Papier ist nicht echt, wir werden bei Dr. Klemmer eine Prüfung veranlassen." Damals erfuhr ich zum ersten Mal, was Albträume sind, und wachte oft schweißgebadet neben Maria auf. Das brachte Streit. In ihrer Naivität hatte sie gedacht, wir Blinden könnten überhaupt nicht träumen.

Wir träumen nicht nur, wir bilden uns auch viel ein. Das merkt man an Naders arroganter Darstellung seiner außerordentlichen geistigen Fähigkeiten. Ich habe nie so genau hingesehen, wie er es von sich behauptet. Und deswegen habe ich die Textstücke so weit wie möglich unverändert gelassen. Die schärfsten Überheblichkeitsspitzen habe ich allerdings mit Marias Hilfe abgefeilt, bis sie erträglich wurden. Schade, dass sie mich so schnell verlassen hat! Wobei ich bis heute nicht weiß, ob die Attraktivität des Knochenklempners oder der Streit um Formulierungen blinder Sensitivitäten die Trennungsursache war.

Dem einen oder anderen mögen Blinde unverschämt vorkommen. Schrieb nicht schon Diderot, man habe nur Mitleid mit Menschen und Tieren, weil man sie sehe? Wie komme es denn sonst, dass man mit einem geschundenen Pferd Mitleid fühle, während man die Ameise zertrete? Sehen und die Fähigkeit zur Scham scheinen untrennbar miteinander verbunden zu sein. Dem stimme ich nicht zu, bin ich doch selbst ein guter Gegenbeweis. Zwar habe ich als Jugendlicher unsere gesamten Vorurteile den Sehenden gegenüber mitgetragen, jedoch überfällt mich manchmal ein grenzenloses Mitleidsgefühl, wenn ein Fremder mir den Weg weisen will, ohne sich selbst auszukennen.

RENITENZ

Auf Weihnachten im Ölbergheim freute ich mich nicht nur wegen der guten Stimmung der Leitung und der Erzieher, oder wegen der Geschenke, sondern auch aufgrund der Theateraufführungen. Als Kind spielte ich einige Male Jesus in der Krippe, danach einen der Hirten, und einmal sogar einen der drei Weisen aus dem Morgenland. Eines Tages aber hatte Ebrahim, einer unserer älteren Mitbewohner, ein moralisierendes Kriminalstück mit dem Titel *Geldtresor* geschrieben, in dem ich einen reuigen Dieb und Mörder spielte.

Ebrahim war schlank, hochgewachsen und wirkte immer sehr bedächtig. Er kam aus sehr ärmlichen Verhältnissen und galt als typischer Isfahani, was bedeutete, dass er berechnend und geizig war. Andererseits hatte er ein Händchen dafür, unsere Ideen aufzugreifen und aus uns eine Gemeinschaft zu formen, die an einem Strang zog. Er organisierte Musikveranstaltungen, Lesungen und Wettbewerbe. Sein Stück handelte von einem Dieb, der in das Haus eines reichen Hadschi einbricht und eigentlich nur Geld stehlen will. Da seine nachgemachten Schlüssel allerdings nicht zum Tresor passen, geht er an des Hadschis Bett und ist gerade im Begriff, den originalen Tresorschlüssel zu entwenden, als der Hadschi aufwacht und um Hilfe schreit. Den Dieb ergreift Panik, er tötet den Hadschi und wird an der Haustür von Nachbarn geschnappt. Im Gefängnis gesteht der reuige Einbrecher und stellt fest, dass eine Sünde ein Unglück ist, das selten alleine kommt. Wenn auch die Verständigung mit der Heimleitung ohne Deutschkenntnisse nicht immer sauber und in allen Details zufriedenstellend verlief, hatte Ebrahim doch überall für sein Drama geworben und die Heimleitung dazu bewegen können, prominente Gäste einzuladen. Da das Stück während der sogenannten „Woche der Blinden", also Ende November, aufgeführt werden sollte, meldeten sich so viele Gäste, dass unser größter Saal, der Speisesaal, dafür vorbereitet wurde. Dieser Saal war das längste Glied in einer Kette von Räumen, die sich über gut einhundert Meter erstreckte. Er ähnelte einem langen Flur, lag zwischen Küche und Kirche und bot etwa einhundert Personen Platz.

Der Gouverneur der Provinz Isfahan kam in Begleitung des Oberbürgermeisters und des Leiters der obersten Schulbehörde der Stadt. Sie bekamen die Ehrenplätze in der ersten Reihe, und das war gut so: Unsere Heimkameraden hörten uns ja auch von Weitem.

Wir hatten weder eine Bühne noch spezielle Kleidung oder gar Bühnenutensilien, um den Szenenwechsel vom Haus des Hadschis zum Gefängnis oder zum Gericht kenntlich zu machen, einen Tresor hatten wir natürlich auch nicht, dafür aber einen großen abschließbaren Brotkasten aus dem Speisesaal, dessen Schlüssel unser Koch hütete. Wir bekamen den Brotkasten, jedoch nicht den dazugehörigen Schlüssel, weil mein Schlüssel laut Textvorlage ohnehin nicht in das Schloss passen durfte.

Was das Künstlerische angeht, fehlte uns Schauspielern am deutlichsten die Mimik: Wie sollte ein Blinder, der nicht einmal die Alltagsmimik beherrschte, ein theatralisches Mienenspiel zeigen?

Unser Stück war eher ein Hör- als ein Schauspiel. Ich versuchte, meiner Kinderstimme einen erwachsenen Ausdruck zu verleihen, um ein paar Jahre älter zu wirken.

„Erzählen Sie dem Gericht genau, wie sich alles abgespielt hat", tönte Ebrahim grollend. Er spielte den Richter. Ich begann die Szenen rückblickend nachzuerzählen.

Als ich meine Schlüssel herausholte, um als Dieb den Tresor zu öffnen, kam plötzlich der Koch und flüsterte mir ins Ohr: „Hier ist der Schlüssel."

„Nein", flüsterte ich verärgert zurück, „gehen Sie weg."

„Junge, ich sage dir, hier ist der Schlüssel."

Ich antwortete nicht mehr und versuchte hastig, die Schlüssel einen nach dem anderen auszuprobieren, um den Koch loszuwerden und gleichzeitig schnell zur nächsten Szene überzugehen, also zum Mord an dem Hadschi, aber als ich schließlich vom Tresor abließ, öffnete der Koch den Brotkasten selbst und zog mich zu ihm zurück. Ich schob ihn weg, aber da lachte bereits die Hälfte des Saals. Heftig schlug ich den Kasten zu, ging zum Hadschi, tötete ihn, wurde von der Polizei geschnappt und trat vor den Richter. Immer, wenn fortan das Wort Tresor fiel, rumorte es ein wenig im Publikum und ich hörte unterdrücktes Gelächter.

Als wir am Ende vorgestellt wurden, war es mir besonders peinlich, den längsten Applaus zu bekommen, weil der Beifall sich mit Kichern und Lachen mischte. Nach der Vorstellung gab es Tee und Gebäck. Ich wurde zum Gouverneur gebracht, und da sprudelte es aus ihm heraus: „Mein Junge, du hast sehr gut gespielt, aber du musst zugeben, du bist kein guter Dieb, denn du hast statt eines Geldtresors einen Brottresor ausgewählt."

Selbst Ebrahim stimmte in das Lachen der Umstehenden ein. Ich aber äffte innerlich des Gouverneurs Brummstimme nach und sagte mit dieser Stimme zu mir selbst: Dein scheinheiliges Lob kann mir gestohlen bleiben, du Dreckskerl. Deine altväterliche Art ist genau dieselbe wie die der verlogenen Heimleiter hier. Doch die haben wenigstens die Ausrede, dass sie unsere Sprache nicht richtig verstehen.

Mit der Zeit hatte sich in unserem Heim nämlich ein Sprachproblem herauskristallisiert. Wir konnten kaum Deutsch, die Leitung radebrechte in einem kindischen Persisch. Während der ursprüngliche Heimgründer die persische Sprache auch in ihren poetischen Zügen beherrscht und allen damaligen Heimbewohnern Deutsch beigebracht hatte, distanzierten sich die späteren Leiter und Erzieher nach und nach von den Blinden und beschäftigten sich weniger mit den Menschen als mit der Verwaltung. Um aber eine Ahnung davon zu bekommen, was wir dachten und taten, versuchte die Heimleitung es mit der Einstellung von Erziehern, die zumindest Englisch konnten. Diese Erzieher wurden von uns deshalb allesamt als Spione angesehen und entsprechend gehasst und behandelt.

Zu diesen Spionen gehörte Hasibi. Wir kannten nur seinen Nachnamen. Er gehörte zu den Vertriebenen aus dem Irak. 1970 hatte Saddam Hussein, damals Stellvertreter des irakischen Staatschefs, einen südmesopotamischen Fluss, dessen Mitte die iranisch-irakische Grenze bildete, gänzlich zu irakischem Territorium erklärt. Daraufhin entstand ein Konflikt zwischen den beiden Ländern, der mittels Anstachelungen der Opposition des jeweils anderen Landes und Repressalien gegenüber der nicht genehmen Bevölkerung ausgetragen wurde: Der iranische Staat unterstützte die kurdischen und schiitischen Rebellen im Irak, und der Irak vertrieb schiitische Familien, deren Vorfahren aus dem Iran eingewandert waren.

Hasibi war also ein Vertriebener, der 1974 in unser Heim kam, um Sozialarbeit zu leisten. Er hob sich von uns nicht nur dadurch ab, dass er fremd war und sehen konnte, sondern auch durch sein Alter. Hasibi schien ein geborener Radioschauspieler in zwei Rollen zu sein: Während er in Abwesenheit der Heimleitung ziemlich tief, dezent und nett klang, hörte sich seine Stimme im Beisein der Deutschen mindestens zwei ganze Töne höher an. Plötzlich klang er quirlig und schlaumeierisch, als versuche er sich als Teil der Verwaltung zu präsentieren. Er lauerte uns auf, um uns bei irgendwelchen Vergehen wie Obstklau oder unerlaubtem Ausgang zu erwischen. Gelang es, dann behauptete er, dass er uns als guter Freund nicht bei der Leitung verraten würde. Dies bestärkte uns in der Annahme, dass er ein Spitzel sei. Wir sagten es ihm nach einer Weile frei heraus, immer wenn wir mit ihm in Streit gerieten.

Ich kann mir gut vorstellen, dass, auch wenn er anfangs gar nicht die Absicht hegte, für die Heimleitung zu spionieren, er sich unter diesen Bedingungen geradezu dazu gedrängt fühlen musste. Jedenfalls hatte Herr Beinhorn einen unserer Augengenossen, der kürzlich aus Teheran zu uns gestoßen war, wegen des Verdachts auf Diebstahl des Heims verwiesen und es hieß, dass Hasibi ihn verpetzt habe. Aufgebracht stellte ich den „Spion" zur Rede und fing an, ihn heftig zu beschimpfen: „Was denkst du, wer du bist? Du irakischer Heuschreckenfresser!"

Hasibi, der in solchen Fällen laut wurde, antwortete erstaunlich ruhig: „Ob du willst oder nicht, ich bin ein Teil der Leitung hier."

Ich wurde aggressiver: „Ich scheiße auf die Leitung!"

„Was?", brummte er. „Du meinst auch Frau und Herrn Stamm und die Beinhorns?"

„Ja, ich scheiße auf euch alle! Geh und sag es ihnen und hol dir deinen Spitzellohn."

Ich schmetterte die Zimmertür zu und war stolz, es ihm geradeheraus ins Gesicht gesagt zu haben.

Am folgenden Tag wurde ich in das Heimbüro bestellt. Es war das erste Mal, dass ich die gesamte Heimleitung beisammen sah, einschließlich Hasibi und Doktor Etemad, dem Heimarzt, der auch Heimdolmetscher und Ersatzlehrer spielte. Doktor Etemad fragte mich: „Was glaubst du, warum du hier bist?"

„Woher soll ich das wissen?", lachte ich und versuchte, meine Anspannung zu unterdrücken.

Herr Beinhorn sagte etwas auf Deutsch und Doktor Etemad übersetzte: „Was glaubst du, warum euer Augengenosse des Heims verwiesen wurde?"

„Weil dieser Spitzel Hasibi ihm etwas in die Schuhe geschoben hat!", rastete ich aus.

„Halt's Maul, du Hundesohn", flüsterte Etemad, der immer grob zu uns war, und schien dann laut für Herrn Stamm zu übersetzen: „Er hat nicht nur gestohlen, sondern auch die Heimleitung beschimpft. Wer dies tut, fliegt raus."

„Jedem, was ihm gebührt. Wer diesen Spitzel beschimpft, tut recht daran", überwand ich angestrengt meine Angst und kam erst jetzt darauf, worum es ging.

„Ich gebe dir, was recht ist, du Ferkel", sagte Etemad leise, um dann wieder seine Stimme zu heben und die Frage von Herrn Beinhorn zu übersetzen, ob auch ich die Heimleitung beschimpft hätte.

„Wenn Sie diesen Araber fragen, ja, aber er will ja nur seinen Obolus haben", versuchte ich mich herauszureden.

„Ich bin mir sicher, dass unser Nader so etwas nicht tut." Trotz der verqueren Übersetzung Etemads konnte ich Frau Stamms Aussage erraten.

Als ich etwas hinzufügen wollte, machte ein Kassettenrekorder „klick", und aus dem Lautsprecher kam die Aufnahme unseres gestrigen Streits, einschließlich meines „Ja, ich scheiße auf euch alle".

Große Stille. Ich nahm die Last der Blicke, die auf mir ruhten, wahr und hörte Hasibi ganz leise den Mund zu einem Lächeln öffnen, was etwa so klang, wie wenn man den letzten Bissen Essen, den man noch im Mund hat, zu Ende kaut.

Nach einer Weile sagte Frau Stamm enttäuscht: „Das bist du."

„Okay, ich habe schlechte Ausdrücke benutzt, aber eigentlich meinte ich nur diesen Araber", gab ich zu. „Jedenfalls bin ich bereit, zu meinen Eltern zu gehen."

Ich wurde hinauskomplimentiert und sollte vor der Tür warten. Nach einer langen Beratung rief mich Frau Stamm wieder herein.

Etemad übersetzte, bevor jemand etwas gesagt hatte: „Einmal kommst du davon. Aber wehe dir, wenn du noch einmal deinen dreckigen Mund aufmachst! Entschuldige dich bei uns und wir gestatten dir hierzubleiben."

Da dies keine Übersetzung sein konnte, schwieg ich.

Frau Stamm sagte etwas, worin das deutsche Wort „Entschuldigung", welches wir als „Schuldigum" kannten, vorkam.

Erst jetzt fühlte ich die Entlassungsangst und gab nach.

„Wenn ich zur Leitung etwas Schlimmes gesagt haben soll, bitte ich um Entschuldigung, aber bei diesem Spitzel entschuldige ich mich nicht."

Ich hängte noch ein „Schuldigum" dran, was die Deutschen im Raum zu einer Bewegung veranlasste, die ich als Zufriedenheit deutete. Herr Stamm, der bei wichtigen Anlässen die Predigt hielt, legte mir, wie früher der Bischof in der Kirche, seine Hand auf den Kopf, und Frau Stamm nahm mich mit hinaus und streichelte mir dabei übers Haar.

„Du, unser Floh", versuchte sie auf Persisch zu sagen.

Ihretwegen kam es diesmal ehrlich, wenn auch in falschem Deutsch, aus mir heraus: „Schuldigum."

Der Heimspion war nicht das einzige Anzeichen für eine grundsätzliche Veränderung in Isfahan. Auch in der Schule, im Radio und selbst auf der Straße musste man immer vorsichtiger werden mit dem, was man über Autoritäten sagte. Der Mathelehrer Kuhi war eines Tages plötzlich nicht mehr da. Niemand wusste, wo er war und was geschehen war, jedoch verbreitete sich das Gerücht, er habe „zu viel gewusst". Ich fand das sehr beeindruckend, weil ich zunächst den Sinn nicht verstand und dachte, er sei an eine Universität befördert worden, bis mir ein Mitschüler zuflüsterte, man könne auch über Mächtige zu viel wissen.

Aufgrund dieser Verhältnisse hatte es auch Thomas, ein neuer Deutscher im Heim, sehr schwer, bei uns Fuß zu fassen. Als frisch gebackener Abiturient wurde er von der Heimleitung nicht ganz ernst genommen. Bei uns wiederum galt er als Spitzel, der für sie spionieren sollte. Ich war ihm gegenüber sehr misstrauisch und der Hauptgrund dafür, dass meine Augengenossen ihn mieden und ihm nur dann antworteten, wenn sie es mussten. Er litt jedenfalls sichtlich darunter und gebrauchte alle Tricks, um sich mit uns anzufreunden.

Thomas tauchte an einem Dienstag im Oktober auf. Herr Beinhorn stellte ihn uns beim Frühstück vor. Herr Arschavir übersetzte: „Wir freuen uns, euch unseren neuen Mitarbeiter vorzustellen, der fortan zur Heimleitung gehört. Er heißt Thomas und kann gut Persisch. Er passt auf euch auf und sorgt für die Einhaltung der Hausordnung. Wenn ihr uns etwas mitzuteilen habt, müsst ihr es ab jetzt erst mit ihm besprechen. Er gibt uns dann, wenn nötig, Bescheid. Er bekommt das letzte Zimmer im Erwachsenenflur. Das letzte Zimmer neben dem Bad. Ihr dürft also abends nicht zu spät auf die Toilette, sonst stört ihr ihn. Überhaupt wird er uns immer Bescheid geben, wenn die Hausordnung verletzt wird."

Als Erstes dachte ich: Das ist der erste Missionar, den wir mit Vornamen anreden dürfen.

Ich war mir sofort sicher, dass er ein Spitzel war. Sie haben ihn geholt, damit er uns ausspioniert, sagte ich mir und war gespannt, ihn sprechen zu hören, aber er sagte nichts, obwohl Herr Beinhorn ihn ankündigte.

Ich dachte an unseren Erzieher Hasibi. Nachdem ich die Heimleitung beleidigt hatte, war er von den Heimbewohnern isoliert worden. Kurz vor Weihnachten ging er, wahrscheinlich aus eigenem Antrieb. Ob das Mobbing der anderen ihn dazu bewogen oder ob er woanders eine bessere Stelle gefunden hatte, fragte niemand. Und nun hatte, zumindest glaubte ich das, unsere Leitung einen neuen Spitzel gefunden. Meine Freunde Ali, Pedram und Gorgin hingegen wollten noch nicht wahrhaben, dass Thomas ein Spion sei.

„Er hat mit uns gegessen und uns in seinem Zimmer Karten spielen lassen", sagte Pedram.

„Als ich zu ihm gegangen bin, um zu fragen, ob ich rausgehen darf, hat er sich geschämt und gemeint, er sei doch kein Spitzel", sagte Gorgin, der wie ich normalerweise nie seine Abwesenheit anmeldete.

Er habe ihn nur testen wollen, versicherte Gorgin mir gegenüber.

Ich akzeptierte die Meinung der drei über Thomas nicht und verpasste keine Gelegenheit, Anzeichen zu finden, die ihn als Spitzel enttarnten. „Wenn er einer von uns ist", sagte ich, „wieso hat er dann ein Einzelzimmer bekommen? Warum rennt er immer wieder zu seinen Deutschen und wieso ist er auf Persisch nicht so gesprächig wie auf Deutsch?"

Thomas schien meine Abneigung zu spüren. Er mied mich und wurde still, wenn ich zugegen war. Mit den anderen Heimgenossen konnte ich ihn reden und lachen hören. Etwa zwei Monate nach seiner Ankunft im Heim passte er mich eines Abends am Speisesaal ab und fasste mich fest am Kragen.

„Was habe ich dir getan, dass du mich so behandelst?", rief er entrüstet aus.

Ich zuckte zusammen. Das war nicht die Art, wie die Leitung uns zur Rede stellte. Normalerweise schlug sie sofort zu.

„Du bist ein Spitzel", kam es automatisch aus mir heraus.

„Spitzel?", schrie er. „Wessen Spitzel denn?"

„Stell dich nicht dumm. Ein Spitzel der Heimleitung natürlich!"

„Arschloch!", schimpfte er. „Wie kannst du das behaupten? Was soll ich denn spionieren? Dass ihr nachts Wodka trinkt? Dass ihr euch Brot aus der Küche nehmt? Dass ihr nicht rechtzeitig schlafen geht? Dass du dreimal in der Woche zu spät heimkommst?"

„Siehst du?" Ich glaubte, ihn zum Geständnis gezwungen zu haben. „Du gibst es also zu."

„Quatsch. Niemals habe ich ein Wort darüber verloren. Ich habe Pedram doch zigmal angefleht, bei euch mittrinken und -rauchen zu können, nur deinetwegen lehnt er immer ab."

Er könne mir viel erzählen, beendete ich das Gespräch, fühlte aber, wie ich innerlich weich wurde.

Zwei Tage vergingen.

Wir begegneten uns zwar, aber keiner sagte etwas. Am dritten Tag verkündeten mir Pedram und Ali, dass Thomas in der kommenden Nacht mit zum Wodkatrinken kommen würde. Er habe den Küchenschlüssel und werde uns aus dem großen Kühlschrank Joghurt und Käse stibitzen. Ich fragte sie skeptisch, ob sie ihm auch wirklich vertrauten.

Als wir um elf Uhr losgehen wollten, warnte uns Thomas.

Bei Herrn Beinhorn brenne noch Licht, sagte er, und wir legten uns vorerst schlafen. Tatsächlich hörten wir ihn in den Flur schlendern und stehen bleiben. Nach etwa einer halben Stunde kam Thomas uns holen, damit gewann er mein Vertrauen.

Als hätten wir uns erst jetzt kennengelernt, überließen wir den anderen den Moskovskaya und unterhielten uns die ganze Nacht über Gott und die Welt. Er fragte mich zigmal, ob ich nicht doch einen Schluck Wodka trinken wolle, aber wir stellten zu unserem beiderseitigen Erstaunen fest, dass wir Alkohol nicht mochten. Meine Verwunderung war deshalb so groß, weil ich dachte, in Europa trinke man neben Wasser immer Wein, Schnaps und Whisky.

Je mehr ich ihn kennenlernte, desto umfassender musste ich meine Meinung revidieren. Thomas machte bei uns ein freiwilliges soziales Jahr und war ein völlig naiver, gutmütiger Mensch, der nichts im Kopf zu haben schien außer blinden Menschen zu helfen. Er gestand mir, wie oberflächlich er die Blinden zuerst beurteilt hatte: „Ich schloss die Augen und dachte, wie schrecklich eure Welt doch sein müsse, und ich stellte Pedram Fragen, über die er nur lachen konnte: ‚Ist eure Schrift international? Lebt ihr nur in der Nacht? Träumt ihr auch? Habt ihr überhaupt Schamgefühl?‘"

Unverblümt und ehrlich teilte er mir mit, dass er sich stets innerlich dazu hatte ermahnen müssen, mit mir Mitleid zu haben und mich nicht zu hassen. Ich war froh, als er zugab: „Aber es klappte nicht. Ich hasste dich dafür, dass du die anderen gegen mich aufgehetzt hast."

„Gut so", antwortete ich. „Ich habe keinen Bock auf euer professionelles Mitleid. Wir Blinden sind doch keine räudigen Hunde, die ihr im Straßengraben auflest, entfloht und wieder hochpäppelt, damit sie schwanzwedelnd hinter euch herlaufen."

Ich wunderte mich trotzdem über Thomas und zweifelte noch

öfter an seiner Ehrlichkeit. Ich fragte ihn, mit wie vielen Mädchen er bisher geschlafen hätte, und glaubte ihm nicht, wenn er vor Scham hörbar zusammenzuckte. Er musste mir zigmal schwören, dass er nur die medizinischen Begriffe für weibliche Geschlechtsorgane kannte. Was für ein verklemmter Junge, dachte ich.

Es dauerte eine ganze Weile, bis wir in ihm einen ehrlichen, hilfsbereiten und gleichzeitig risikofreudigen Typ sahen, der zwar mehr Angst als Respekt vor Regeln hatte, aber bereit war, Fairness vor Recht gelten zu lassen. Er ermahnte uns immer dazu, die Hausordnung zu achten, hatte aber kein Problem damit, nachts heimlich mit uns das Heim zu verlassen und zum Imbiss zu gehen, wo wir dann vor Morgengrauen Hirnsuppe, Schafsmagen und Zunge als iranische Delikatesse samt Wodka zu uns nahmen. Ich hatte das Gefühl, dass er zu diesen Gelagen eigentlich nur mitkam, weil es nicht erlaubt war. Andererseits sagte er immer sofort die Wahrheit, wenn er ausgefragt wurde.

Vom verhassten Fremdling stieg er also schnell zum vertrauten Freund vieler Heimgenossen auf, zu einem Einäugigen im Blindenland, weil er sich in einem Punkt von den meisten unserer Freunde und Bekannten unterschied: Seine Freundschaft war horizontal. Er verkehrte mit uns auf Augenhöhe, er stritt und versöhnte sich mit uns und versuchte nicht, seine Stellung auszunutzen. Er verhielt sich nicht wie ein Sehender gegenüber Blinden. Er bemitleidete niemanden und war nicht darauf aus, uns auf diese ekelhafte Pädagogenart zu mögen. Über seine Pflichten hinaus hatte er engere und weniger enge Freunde unter uns. Nach einiger Zeit konnte er sich fast so sicher wie wir in der Dunkelheit bewegen und gebrauchte dazu, wie wir auch, andere Sinne als nur seine Augen.

So kam es, dass er das einzige Mitglied unseres Heims war, bei dessen Abschied ich meine Augen kurz mit einem Taschentuch bedecken und trocknen musste. Statt uns zu umarmen oder, wie im Iran üblich, zu küssen, klopften wir uns fest auf den Rücken und versprachen, einander zu schreiben – natürlich in Blindenschrift.

Bis zu meinem zwölften Lebensjahr war ich ein ganz normales Kind gewesen, ein folgsamer Untertan des Staates und des Kaisers Mohammad Resa Schah. Aus dem Radio, meinem Lieblingsmedium, hörte ich immer nur Gutes über ihn. Er kam mir wie ein unerreichbarer Heiliger vor. Ich hatte überhaupt keine Vorstellung vom Staat oder der Regierung und kam nicht auf die Idee, diese einmal mit unserer Heimleitung zu vergleichen. Ein Jahr zuvor, als die Zweitausendfünfhundert-Jahr-Feier der Monarchie in Persepolis gefeiert wurde und oft von Kyros die Rede war, stellte ich mir diesen als einen großen, gütigen Herrscher vor, der zu allen Völkern freundlich und gerecht gewesen war.

Dieses sonnige Bild der Monarchie bekam an einem Dienstag im Februar 1973 einen gewaltigen Kratzer: Meine Mitbewohner Armen und Ali gingen an diesem Tag mit mir zusammen zu Herrn Stamm; wir baten um Erlaubnis, zu unserem blinden Mathelehrer Afschin gehen zu dürfen, denn am Abend dieses Tages lief eine sehr spannende und wichtige Fernsehsendung, die wir um keinen Preis verpassen wollten. Im Heim gab es keinen einzigen Fernseher, auch bei unseren Erziehern und Leitern nicht.

Herr Stamm schlug Armen auf Englisch vor, dass wir, da wir eh nicht sehen konnten, lieber warten sollten, bis das Ereignis vielleicht im Radio gesendet würde, aber wir trugen unsere Bitte mit einem derartigen Ernst vor, dass er sie uns letztlich nicht verwehren konnte. Wir würden dann aber kein Abendessen erhalten und Armen trage als Erwachsener die Verantwortung für unser Wohlergehen, gab er uns noch mit auf den Weg. Froh über unseren Sieg, spazierten wir über eine Stunde lang zu Afschins Haus. Als wir ankamen, lief der Fernseher bereits.

Elf Personen wurden beschuldigt, ein Attentat auf die kaiserliche Familie geplant zu haben. Sie wurden vor ein Militärgericht gestellt und sollten zu ihrer Verteidigung eine letzte Aussage machen. Das Gericht bestand aus einem Staatsanwalt, einem Militärrichter und einem Gerichtsbeisitzer aus der Armee. Eine Verteidigung gab es nicht. Armen hatte zuvor erzählt, dass der SAVAK, der iranische Geheimdienst, die Angeklagten gefoltert habe. Das iranische Fernsehen strahlte die Äußerungen der Angeklagten aus und wir wollten sie uns unbedingt anhören. Um Punkt 17.30 Uhr begann die Sendung. Ein Moderator schwadronierte lang und breit von Terroristen, die die öffentliche Ordnung stören und dem Führer und Vater des Landes Schlimmes zufügen wollten, und betonte, die schützende Hand Gottes und der Sicherheitskräfte des Landes hätten die verzweifelten Versuche dieser Unmenschen vereitelt. Der Staatsanwalt führte langatmig die Anklagepunkte aus, denen zufolge die Angeklagten Entführung und Mord geplant hätten. Dann forderte der Militärrichter General Asmudeh die Angeklagte Mariam Ettehadi auf, ihre letzte Aussage zu ihrer Verteidigung vorzutragen. Zwei Frauen und sieben Männer trugen stundenlang unter Tränen ihre Reue vor und beteuerten ihre Treue gegenüber der kaiserlichen Familie und unserem geliebten Heimatland. Ein Mann, Keramatollah Daneschian, verzichtete auf seine Aussage, dann kam Chosro Golesorchi.

Inzwischen saßen wir seit mehr als sechs Stunden vor dem kleinen Fernseher. Teils unterhielten wir uns abwertend über unentschlossene Menschen, bei denen ein scharfer Blick oder ein Wort ausreichte, um sie einzuschüchtern, teils waren wir damit beschäftigt, die Eier und Kartoffeln zu essen, die uns Afschins Frau brachte

– ein Abendessen, das um Längen reichhaltiger und besser war als das im Heim. Afschins Ehefrau beschimpfte die Beschuldigten in einem fort; im Laufe des Abends sprach sie gleich mehrfach das Todesurteil gegen sie aus.

Golesorchi begann seine Verteidigungsrede mit einem dramatisch vorgetragenen Gedicht über Entrechtete. Obwohl er Kommunist war, zitierte er den dritten Imam der Schiiten, Hossein, und nannte ihn seinen Gebieter und Mentor. Schon nach seinem ersten Satz waren wir, Afschins Frau eingeschlossen, so ergriffen, dass uns noch eine ganze Weile, nachdem er seine Aussage beendet hatte, kein Wort über die Lippen kam. „Der Geheimdienst SAVAK verhaftet Leute allein schon, wenn sie ein unliebsames Buch lesen. Erwarten Sie, Herr General, dass in einem solchen Land die Leute friedlich bleiben?", sagte er und wurde vom General mit der Ermahnung unterbrochen, er solle sich lediglich verteidigen und nicht abschweifen. „Ich habe nicht mich zu verteidigen, ich verteidige mein Volk. Wenn das nicht erlaubt ist, dann habe ich nichts mehr hinzuzufügen."

Für die neun Reuigen wurden Gefängnisstrafen, für die beiden anderen Todesurteile verkündet. Erstmals weinte ich wegen einer politischen Angelegenheit und schwor mir, herauszubekommen, was dieser SAVAK sei und wegen welcher Bücher man verhaftet werden konnte.

Schon am Morgen darauf ging ich zu unserem Schulaufseher und bot ihm meine Hilfe in der Bibliothek an. Entgegen meinen Erwartungen ging er darauf ein. Ich hatte vor einiger Zeit nämlich erfahren, dass er nachts mit der Unterstützung seiner Frau von der Zensur verbotene Bücher für uns eigenhändig in die Blindenschrift übertrug, in der Hoffnung, dass keine offizielle Instanz hinter sein Geheimnis käme. Tatsächlich hatte niemand eine Ahnung, was für kostbare, schwer zugängliche Werke wir in unserer Bibliothek horteten. Ich klapperte die Regale ab und las, was mir unter die Finger kam. Zuerst las ich alle Schriften des Kinderbuchautors Behrangi. Ich brannte darauf – wie einer seiner Helden –, in den Besitz einer Waffe zu kommen, die dann in meiner Vitrine hinter dickem Glas darauf warten würde, alle Gewaltverbrecher dieser Erde abzuknallen. Als ich Behrangis *Der kleine schwarze Fisch* gelesen hatte, träumte ich, ich zerschnitte einen Wasservogel, der wie Herrn Beinhorns Hähne krähte.

Dann las ich Al-e Ahmad und begeisterte mich für seine heftige Kritik an Irans „Okzidentosis". Al-e Ahmad diagnostizierte im gleichnamigen Buch, dass die Verwestlichung die iranische Gesellschaft zersetze wie eine Krankheit. Ich las Schariati und konnte alles, was er über die verkalkten Mullahs und einen modernen, kämpferischen Islam schrieb, sehr gut nachvollziehen.

Ich fühlte mich dabei sehr klug und erwachsen, obwohl ich vieles, was in den Büchern stand, nicht verstand. Wenn ich an manchen Wochenenden nach Hause ging, hasste ich meinen Vater für sein demonstratives, inbrünstiges Beten, dessen lautes „Allahu Akbar" mir wie eine Show vorkam, und ich liebte meine Mutter für ihre totale Zurückgezogenheit, die sie beim Verrichten ihrer täglichen Gebete zeigte. Ich bemerkte, wie ihr Gebetstuch und ihr Tschador ihr für eine Viertelstunde Asyl boten – ihre einzige Privatsphäre, die niemand zu verletzen wagte. Sie ging in die Abstellkammer und ich hörte das Rascheln des Tschadors beim Niederknien, ihren Atem beim Schluchzen und ihr Geflüster beim Beten und den Bitten, die sie an ihren Gott richtete. Ich behielt meinen Glauben für mich und betete sogar zu Hause unauffällig, weil ich normale Gläubige für bigott und heuchlerisch hielt, dabei heuchelte ich selbst, weil ich meinen islamischen Sozialismus, der nicht allzu weit vom

Islamismus entfernt war, vertuschte und scheinbar wie bisher lebte, im Geheimen aber mit meinen eingeweihten Klassenkameraden sozialistisch-kritische und islamische Bücher las und mich davon leiten ließ. Der Zufall wollte es aber, dass diese Kameraden fast allesamt Anhänger der Volksfedadschin und damit marxistisch-leninistisch orientiert waren. Ich hätte damals vielleicht mehr zu den Volksmudschaheddin gepasst, die einen sozialistisch einge-färbten Islam anvisierten.

Meine Arbeit beim Radio verschaffte mir und meiner Fami-lie nicht nur wirtschaftlichen Ertrag, sondern auch Auftritte, die zwar meist ohne Gage waren, mir aber trotzdem Anerkennung einbrachten.

Oft begleitete ich in Isfahans Jugendhaus oder in einer Fernseh-sendung den Gesang meiner Schwester Nasrin auf der Geige. Ein paarmal spielten wir in Clubs, unter anderem in einem Offiziersclub, in den uns Modschtaba, unser Radiosänger, mitnahm. Modschtaba, der damals Geschichte und Literatur studierte, brauchte an einem Donnerstagabend einen Geiger und nahm gerne auch Nasrin mit, die als Vorgruppensängerin auftreten sollte.

Leckere Vorspeisen wurden serviert, das Essen sollte nach dem Auftritt beginnen. Mir kam die ganze Versammlung zu laut vor. Die Offiziere grölten, statt sich normal zu begrüßen und zu unterhalten. Ich hatte ohnehin ein schlechtes Gefühl, da ich die Polizei, das Mili-tär und den SAVAK in einen Topf warf. Für mich stand das Regime mittlerweile hinter allem, was mit Sicherheit und Ordnung zu tun hatte, und das Regime zensierte, verhaftete und wandte Gewalt an.

Als Nasrin und ich auf die Bühne gingen, kündigte Modschtaba an, dass nun zwei junge Künstler, die sogar schon vor Seiner Majes-tät, dem erhabenen Kaiser Mohammad Resa Schah, gesungen und gespielt hätten, ein Lied vortragen würden. Was nicht stimmte.

Er tat dies in der Absicht, uns, und letztlich sich selbst, wichtig erscheinen zu lassen.

Es folgte tosender Applaus. Nach Nasrins Lied *Wann wird aus dir und mir ein Wir?* wurden wir sogar noch frenetischer bejubelt. Dann sang Modschtaba einige Lieder und wiederholte seine Behauptung am Ende seiner Aufführung. Ich fühlte eine starke innere Anspannung, denn ich wollte diese Lüge nicht stehen lassen und wusste doch sehr genau, dass an diesem Punkt Ehrlichkeit hochgefährlich war. Nach langem Zögern ergriff ich mein Mikrofon, um zu verkünden, dass ich unserem Künstler Modschtaba zwar sehr für seine Werbung dankte, aber nie vor Seiner Majestät, dem großen Kaiser, gespielt hätte. Für mich war es ein sarkastisch-politischer Akt, der aber im Beifall der Offiziere unterging.

Nasrin erhielt ihre Gage und wurde mit einem Auto nach Hause gefahren, mir befahl ein Mann in barschem Ton, dass ich dableiben solle. Ich dachte, dass Modschtaba vielleicht noch einen Auftritt hätte, aber er war offenbar gegangen, ohne sich zu verabschieden.

Musik wurde gespielt, Essen serviert. Mir setzte man nichts vor. Zwei Riesen setzten sich rechts und links neben mich an meinen Tisch, der ein wenig abseits stand, und sie begannen zu essen und sich zu unterhalten. „Soso", wetterte der rechte Riese, der eine entsprechend tiefe Stimme hatte, „es gibt Leute, die nicht vor dem großartigen Kaiser gespielt haben wollen. Ich kann sie im Handumdrehen so würgen, dass sie solche Unworte nie wieder auszusprechen wagen, nicht wahr, Herr Leutnant?"

Ich wusste nicht, ob ich lachen oder mich wundern sollte.

„Ja, wenn ein blindes Unding es nicht wert war, vor Seiner Majestät zu spielen, sollte er es zumindest für sich behalten. Sonst gibt es sehr großen Ärger. Was gibt es dann, Herr Oberleutnant?", fistelte der linke Riese.

„Na ja, nicht viel. Schläge auf die Hoden, ein paar saftige Ohr-feigen vielleicht. Nicht viel, nicht viel", lachte der rechte Riese und rammte mir seinen Ellenbogen in die Seite. Er biss in ein gebratenes Hähnchen und ich hörte, wie seine Kiefer einen Röhrenknochen zermalmten. Gefühlt unterhielten sich die Männer etwa eine halbe Stunde kauend und schmatzend über mich hinweg und schüchter-ten mich so ein, dass ich mich nicht rührte. Als ich irgendwann zur Toilette musste, drückte der rechte Riese seine Hand kräftig auf meinen Kopf, sodass ich sitzen blieb. Als hätte er meine Absicht bemerkt, sagte er dabei: „Später, später. Sitzen bleiben! Wie oft ist denn im Gefängnis Toilettengang, Leutnant?"

„Höchstens einmal am Tag, wenn überhaupt", blökte der Angesprochene.

Ich dachte an den SAVAK und sagte mir immer wieder, dass ich doch nichts getan hatte. Die Riesen betranken sich, dem Geruch nach mit Whisky. Ihre Ausdrücke wurden gröber und schroffer. Der Saal leerte sich, doch die beiden hatten nicht die Absicht, ihn zu verlassen oder mich gehen zu lassen. Nach einer mir sehr lange vorkommenden Zeit sagten sie wie im Chor: „Sitzen bleiben! Wir kommen zurück", und gingen fort.

Der Druck auf der Blase gab mir den Mut, aufzustehen und nach der Toilette zu fragen. Da sprach mich ein hochgewachsener, wohl-riechender älterer Herr an: „Oh, unser großer Künstler ist ja noch da! Wo möchtest du denn hin, mein Sohn? Alle sind schon weg!", sagte er und gab mir seine fleischige Hand.

„Ich durfte nicht ...", brachte ich heraus und es gelang mir nur mit Mühe, nicht zu heulen.

„Wie, Sie durften nicht? Was denn?" Er ließ meine Hand nicht los.

„Ein Herr Oberleutnant und ein Herr Leutnant haben mir befoh-len, hier sitzen zu bleiben", sagte ich mutiger.

„Was?", schrie er. „Oberleutnant! Leutnant! Hierher!"

Die Riesen kamen geschwind und riefen wie im Chor: „Zu Befehl, Herr General!"

„Wieso sitzt unser Künstler noch da? Was habt ihr ihm gesagt?"

„Jawohl, Herr General …", stotterte der Oberleutnant und bekam eine Ohrfeige, ohne weiterreden zu können.

Der Leutnant sagte: „Mein General", doch auch er bekam eine Ohrfeige. Ich musste an das Sprichwort denken, „Nur der Schakal der Wälder Masanderans ist imstande, sich mit dem Hund Masanderans anzulegen", und fühlte mich als Gewinner dieses Streits der Kriecher vor Seiner Majestät.

„Haben Sie denn gegessen, mein Junge?"

„Nein, Herr General", lächelte ich verschmitzt.

Wieder zwei Ohrfeigen.

„Bringt etwas zu essen her! Schnell! Und ihr beiden! Weg hier!"

Die Riesen murmelten ein „Zu Befehl, Herr General" und entfernten sich.

„Und deine gute Schwester?", fragte der General.

Ich beschloss, verschlagen zu antworten: „Sie hat längst ihre Gage bekommen und ist nach Hause gefahren worden."

Er rief einen Pagen herbei, der mich zur Toilette führte, mir etwas zu essen gab und mir einen Umschlag überreichte, der vierhundert Toman enthielt, was für mich zwei Monatsgehältern beim Radio entsprach. Anschließend fuhr er mich nach Hause. Ich war hocherfreut, denn meine Mutter brauchte dringend Geld, das sie aber vor meinem Vater verstecken musste. Gleichzeitig machte ich mir Vorwürfe, von diesen Verbrechern auch nur einen Groschen ihres dreckigen Geldes angenommen zu haben! Die Scheine schienen mir eine so ungute Aura zu verbreiten, dass ich nicht den kleinsten Anteil behielt, was ich sonst immer zu tun pflegte.

* * * * *

Schahrjar räusperte sich, nachdem er mir das ganze Kapitel in einem Zug vorgelesen hatte. Ich saß in einem seiner weichen Ledersessel und strich mit den Socken über den dicken Teppich, der bestimmt ein teurer Kerman war. Wir tranken Tee mit Rum und Kardamom, und ich fragte mich, wie er, verschuldet wie er war, in solch einem mondänen Zimmer leben konnte.

„Ich wünschte, ich hätte mal so viel Courage gehabt, als ich selbst noch unter diesen Scheißkerlen litt", kommentierte Schahrjar das Gelesene.

„Ich weiß schon, warum ich mich nie in die Politik eingemischt habe wie Nader", sagte ich. „Und außerdem war er sowieso ein ziemlicher Feigling, wenn er vierhundert Toman von seinen Todfeinden annahm und sich von diesen Typen auch noch nach Hause fahren ließ, wo er uns doch immer unbedingte Distanz, Unbeugsamkeit und Standhaftigkeit predigte."

„Du bist ungerecht, was hättest du denn gemacht? Dem General die Scheine in die Fresse geworfen?", hörte ich Schahrjar antworten.

Mir reichte es. „Uns gegenüber tat er immer so, als ob er sich heldenhaft überall einmischen würde, wo Leute gegen seine strengen moralischen Prinzipien handelten. Diese verlogene Schale der Unnachgiebigkeit hatten einen weichen Kern der Angst und Duckmäuserei. Inneres und Äußeres waren genauso widersprüchlich wie deine Schulden bei der Bank und dein edles Mobiliar zu Hause", rief ich.

„Das kannst du doch gar nicht sehen, ist alles second hand", verteidigte er sich heuchlerisch.

„Ich bezahl doch deinen ganzen Eitelkeitskrempel hier, einschließlich deines aus Indien importierten Kardamoms und der

Flaschen Linienaquavit, mit denen du dich von deinen Schulden ablenkst. Ganz wie du hatte Nader überhaupt keine edlen Ziele, sondern lehnte sich da auf, wo es leichtfiel: gegen Sara, gegen die Heimleitung oder Thomas." Ich geriet richtig in Rage. „Er stellt seine kleinen Erfolge in solchen Situationen als dramatisches, gefährliches Oppositionstheater dar, während wir Weicheier angeblich immer zähneklappernd den Mund hielten, wo es etwas zu sagen gab. Und was tat er, wenn es wirklich brenzlig wurde? Er kniff." Triumphierend nahm ich einen Schluck Rumtee und wartete auf die Antwort.

„Erstens arbeite ich für diesen Hungerlohn, den du mir da gnädig überreichst, indem ich die stinkende Müllkippe, die du Wohnung nennst, von Zeit zu Zeit entrümpele. Das sollte man übrigens auch mal mit deinen Gedanken und Geschichten tun. Und zweitens: Besser ein Quentchen Widerstand als eine politische Gummiwand, wie du das bist. Drittens: Woher kommt denn die Knete, die du mir so mildtätig und barmherzig in meine kalten Finger drückst? Du rackerst dich von morgens bis abends in der Fabrik ab, kommst spät nach Hause und kannst gerade noch was runterschlingen, bevor du ins Bett sinkst. Und am nächsten Morgen stehst du vor Sonnenaufgang wieder auf, um weiterzumalochen … Gibt es da nicht so eine kleine Behindertenhilfe vom Sozialamt, mein Lieber?"

Es war wie immer: Ich verlor auch diese Schlacht – doch im Gegensatz zu Napoleon erlebte ich mein Waterloo immer wieder.

REVOLUTION

Erst mit sechzehn brachten mich die Umstände auf politisch sub-versive Gedanken gegen das herrschende Regime. Bis dahin las ich nur die zensierten Bücher, die wir in unserer Bibliothek hüteten, und kritisierte in Gedichten indirekt die schlimme Lage des unter-drückten Volkes. Eine Aktion zu planen oder gar eine Organisation aufzubauen, war mir bisher nicht in den Sinn gekommen. Ein The-aterbesuch sollte meine Haltung grundlegend ändern: Das Gym-nasium Harati, das ich mittlerweile besuchte, hatte zwölfhundert Schüler; unser Rektor sorgte für straffe Ordnung. Morgens, wenn er seine Moralpredigt hielt, schrie er oft: „Hey du, neben den Fahr-rädern, wenn du das nächste Mal mit langen Haaren erscheinst, schneide ich sie dir selbst ab und sorge dafür, dass du sitzenbleibst!"

Alle, die in der Nähe eines Fahrrads standen und lange Haa-re hatten, dachten, er hätte sie gemeint. Der Rektor musste seine Autorität stets durch Grobheit beweisen: Er schrie ständig oder sprach durch zusammengepresste Zähne – er versuchte mit allen Mitteln, den Schülern Angst einzujagen. Gleichzeitig war er auf den guten Namen der Schule bedacht: Er initiierte und förderte Kulturveranstaltungen.

Dieses Mal hatte er einen Dramatiker engagiert, der mit uns Schülern der zweiten Klasse, der Obertertia, eine Theateraufführung organisieren sollte. Er hieß Herr Sanidsch und war ein alter, netter Mann. Das Erste, was mir an ihm auffiel, war seine Stimme; sie ähnelte der meines Vaters, trotzdem hegte ich von Anfang an eine gewisse unerklärliche Sympathie für ihn. Herr Sanidsch wählte einen alten Text aus dem Buch *Rosengarten* von Saadi: *Saadis Streit mit dem Kritiker.*

Er schrieb das Stück so um, dass Saadi durch mehrere Begebenheiten erfährt, wie erbaulich es ist, ein asketisches Leben zu führen und mit dem zufrieden zu sein, was man durch Anstrengung und Arbeit erringt.

Ich spielte einen blinden Hausierer, der sein Brot durch den Verkauf von Kleinkram verdiente. Saadi bot mir Almosen an, doch ich lehnte sie ab und sagte, dass ich nicht einmal von Emiren und Wesiren Geld annähme, geschweige denn von ihm; ich arbeitete und lebte ehrenhaft von meinen kleinen Einkünften.

Schon nach der ersten Probe konnte ich meine Texte und ein Lied auswendig. Nicht, weil ich nach Herrn Sanidschs fester Überzeugung weit und breit über das beste Gedächtnis verfügte, sondern vielmehr, weil ich das Theater liebte und es genoss, in die Rollen anderer Menschen zu schlüpfen. Der lebendigste Beweis meines starken Interesses war meine Fähigkeit, die Stimmen vieler Personen und Typen nachzuahmen. Das Theaterspiel unter Herrn Sanidschs Leitung war um Längen spannender als unsere Weihnachtsvorstellungen im Ölbergheim oder das vermaledeite Tresorstück. Dieses Mal hatten wir echte Theaterkleidung, eine Aula, die über tausend Zuschauern Platz bot, und mit Herr Sanidsch einen Profi, der unablässig Regieanweisungen gab.

Wir übten das Stück insgesamt drei Mal, hatten dann eine

Generalprobe und sollten das Ganze schließlich an einem Donnerstag nach dem Frühlingsanfang aufführen.

Der Saal hatte sich bis zum letzten Platz gefüllt. Ich spürte die stickige Luft und das fehlende, vorher starke Echo, als ich durch eine Hintertür auf die Bühne stieg und im ersten Teil der Veranstaltung zunächst eine Schülerin aus der nahe gelegenen Mädchenschule auf der Geige begleitete. Sie brach das Lied jedoch vorzeitig ab, da sie sich plötzlich über tausend Männern gegenübersah, die ihr offensichtlich wollüstig zuschauten und sie mit einem wilden Pfeifkonzert begleiteten. Das arme Mädchen weinte bitterlich und musste von Herrn Sanidsch und anderen Lehrern beruhigt werden.

Ich dachte an meine blinde Schwester Nasrin, die ich oft auf der Geige begleitet hatte und die zum Glück nie mit solch einer Situation konfrontiert worden war. Sie hatte wohl bessere Karten, da sie die Zuschauer nicht sah und die Zuschauer ihrerseits Hemmungen hatten, sie mit Pfiffen zu provozieren. Jedenfalls tat mir die Sängerin dermaßen leid, dass ich vergaß, dass ich nun noch mal an der Reihe war.

Das Theaterstück begann mit der Einleitung des Erzählers, der ein Gedicht von Saadi vortrug und von des Dichters Erfahrungen berichtete, die asketisches Leben rechtfertigten. Ich spielte meinen Part zunächst ganz gut, sang mein Lied und hatte keine Orientierungsprobleme auf der Bühne. Ich musste aber ständig an die arme Schülerin denken. Als ich an die Stelle mit „Emiren und Wesiren" gelangte, bekam ich plötzlich einen Blackout. Wie hieß das noch mal?, dachte ich fieberhaft, und als mir nichts einfiel und mir keiner hinter der Bühne half, fiel mir auf einmal ein Lied des berühmten politischen Liedermachers Aref Ghasvini ein, das immer am Jahrestag der Konstitutionellen Revolution im Radio gespielt wurde. Um mir eine Denkpause zu verschaffen, sagte ich also: „Eingeschlafen die Emire und bestechlich die Wesire, oh Gott, vergelte die Schmerzen der Armen den Emiren."

Nachdem ich das Gedicht zwei- oder dreimal aufgesagt hatte, fiel mir mein eigentlicher Text wieder ein und ich betrachtete meinen Part als gerettet und genoss den Beifall, der mir zu gelten schien.

Nach der Vorstellung drückte der Rektor allen Schauspielern die Hand, mir aber schien er nur widerwillig die Hand geben zu wollen. Warum, dachte ich, nur weil ich meinen Text vergessen hatte? Hinter der Bühne sagte er beiläufig, ich solle am Samstag zu ihm ins Büro kommen bevor ich in die Klasse ginge.

Ich machte mir nichts daraus. Er wollte mir bestimmt Ratschläge geben, wie man Texte besser auswendig lernt.

Nach der samstäglichen Morgenprozedur ging ich also ins Sekretariat der Schule und war überrascht, als ich dort neben unserem Rektor auch Herrn Sanidsch und noch jemanden bemerkte, der mir wie ein Riese erschien.

„Woher kennst du überhaupt diesen Sanidsch?", zischte der Rektor mich mit zusammengepressten Zähnen an.

„Von unserem Theaterstück", antwortete ich verdutzt.

„Von eurem?"

„Ich meine doch …"

„Ruhe!", befahl er.

„Der Herr Hauptmann hier ist extra gekommen, um euch zu einer kleinen Befragung mitzunehmen. Nimm ihn an der Hand", beendete der Rektor seinen Befehl und meinte Herrn Sanidsch, den er zu meiner abermaligen Verwunderung duzte. Trotz des warmen Wetters fühlte sich Herrn Sanidschs Hand sehr kalt und zittrig an. Er hatte mich nicht einmal begrüßt. Auch der Hauptmann blieb stumm. Erst jetzt fragte ich mich, was ein Hauptmann in der Schule zu suchen hatte und was das für eine Befragung sei. Mein

Fehler konnte doch nicht so schwerwiegend gewesen sein.

Wir liefen ein Stück in Richtung Stadtzentrum und betraten dann ein Gebäude. Ich bekam Angst, da ich gehört hatte, dass der Geheimdienst in der Nähe unserer Schule ein Büro hatte. An den Grüßen, mit denen der Hauptmann bedacht wurde, merkte ich, dass wir uns in einem Kommissariat, vielleicht der Kriminalpolizei, befanden. Der Flur war ungewöhnlich lang. Ich spürte, dass er mit Fliesen belegt war. Es roch nach Putzmittel und Schweiß, der sich mit verschiedenen Rasierwasserdüften mischte. Das Angstgefühl lähmte mich. Ich brachte es nicht über mich, jemanden zu fragen, was das Ganze denn solle, sondern stammelte, dass ich auf die Toilette müsse.

Zum ersten Mal gab der Hüne einen Ton von sich, der im Vergleich zu seiner Gestalt sehr dünn wirkte: „Später", sagte er nur.

Wir wurden in einen Raum mit zwei Stühlen geführt, auf denen wir Platz nehmen mussten. Das Fenster musste sehr klein sein, denn es drang kaum Licht herein. Der Hauptmann hob einen Telefonhörer ab und wählte zwei Ziffern. „Sie sind da, Herr Oberst. Zu Befehl", flüsterte er und ließ den Hörer auf den Telefonbügel fallen.

Fünf Minuten vergingen, dann kamen durch die Tür, die offen geblieben war, zwei Männer herein.

Der erste, der mich erreichte, fragte: „Ist er das?"

„Ja, Herr Oberst, zu Befehl", erwiderte der Hauptmann untertänig.

Der Oberst erschreckte mich mit einer ansatzlosen Ohrfeige und schrie: „Wer ist eingeschlafen? Wer ist bestechlich? Was hast du da gesagt?"

Mir kam eine dumpfe Ahnung. Mein Gedicht war also sehr verletzend, dachte ich. Aber korrupt seid ihr doch alle! Und das strahlt ihr doch selber im Radio aus!, sprach ich in mich hinein.

Der zweite Mann zog den Oberst heftig zurück. „Was machst du denn, Oberst? Der Junge ist doch noch ein Kind."

„Entschuldigung, Herr General, zu Diensten", sagte der Oberst in unterwürfigem Ton und blieb an der Tür stehen.

„Mein guter Junge", sagte der General väterlich. „Wie heißt du denn?"

„Nader Bandari", brachte ich heraus und versuchte, ruhig zu wirken.

„Mein Junge, du hast eine rosige Zukunft vor dir. Blinde sind sehr intelligent. Also frage ich mich, wie du dich von diesem Kriminellen hast übers Ohr hauen lassen." Zu meiner erneuten Verwunderung wandte er sich an Herrn Sanidsch. Ich schwieg ratlos.

„Und du", wechselte der General von seinem väterlichen zu einem militärischen Ton. „Du glaubst, der hiesige Bertolt Brecht zu sein? Gedichte von Aref Ghasvini bringst du in dein sogenanntes Theaterstück mit ein?" Er gab Herrn Sanidsch drei Ohrfeigen hintereinander.

„Aber Herr General", beschämt wegen Herrn Sanidschs Leid nahm ich meinen ganzen Mut zusammen, „ich habe das Gedicht gesprochen, weil…"

„Still, mein Junge, misch dich nicht ein." Er legte seine Hand halb väterlich, halb gewaltbereit auf meine Schulter und bevor ich noch etwas sagen konnte, zogen der Oberst und der Riese den armen, alten Herrn Sanidsch hinaus; er hatte noch keinen einzigen Ton von sich gegeben.

Ich machte einen weiteren Versuch, etwas zu seiner Verteidigung zu sagen, aber der General, wahrscheinlich der Geheimdienstchef von Isfahan, gebot mir still zu sein.

„Mein Junge, der Mensch hat zwei Ohren und einen Mund. Bevor du ein Wort sagst, musst du zwei hören. Lass die Politiker die

Politik machen. Genieße dein Leben und mach deinen Eltern keine Schwierigkeiten. Politik kennt kein Erbarmen. Wir leben dank der Politik und des Engagements Seiner Majestät, Kaiser Mohammad Resa Ariamehrs, in Fortschritt und Wohlstand, und wir in dieser Behörde sind für eure Sicherheit zuständig. Wir lassen nicht zu, dass Menschen wie Sanidsch euer schönes Leben durch politische Lügen kaputt machen. Und nun bekommst du ein Eis und wirst zur Schule gebracht. Mach es gut, mein Junge."

Er ging eilig hinaus und rief einen Wachtmeister, der mir ein Eis brachte und wortlos wartete, bis ich es aufgegessen hatte. Ein schlechter schmeckendes Eis hatte ich nie erhalten. Ich würde es diesen Schweinen heimzahlen, dachte ich, während ich voller Groll nach Hause ging. Den armen, gedemütigten Herrn Sanidsch, der mir durch sein Schweigen noch unschuldiger erschien, konnte ich lange Zeit nicht vergessen.

Was hat dieser gute Mensch diesen Schweinen denn getan?, fragte ich mich zornig und war bereit, alles gegen das gesamte iranische Militär und dessen Chef, den Schah, zu unternehmen, wenn sie so mit einem ehrenhaften und geistreichen Künstler umgingen. Weder an jenem noch an den kommenden Tagen konnte ich dem folgen, was in der Schule und im Unterricht besprochen wurde. Aus Schuldgefühl gegenüber Herrn Sanidsch erzählte ich all meinen Freunden, was vorgefallen war. So lernte ich weitere politisch interessierte und erfahrene Kameraden kennen.

In dieser Zeit der steigenden Spannungen waren mir die Besuche im Mädchenblindenheim Nurestan eine wohltuende Ablenkung. Eines Tages versammelten sich im Gästesaal des neu hinzugekauften Hauses, das etwa zwanzig erwachsene blinde Mädchen beherbergte, außer mir noch eine Reihe weiterer Personen: Navid, ein unter Blinden sehr bekannter Musiker, hatte seine Geige mitgebracht. Ismail war ebenfalls aus Teheran gekommen, um Mandana zu besuchen. Farhad wollte die Kommilitonin und Freundin seiner Schwester Mitra kennenlernen und Gudars, mit dem ich gekommen war, um Navids Geigenspiel zu hören und aufzunehmen, hatte ein Date mit Susan, die die Starsängerin Googoosch sehr gut imitieren konnte.

Außer mir schienen sich alle wegen des anderen Geschlechts eingefunden zu haben. Farhad hatte kürzlich seinen Wehrdienst angetreten. Er versuchte, uns blinden Männern zu beschreiben, wie die Kaserne aussah und wie schwer er es dort hatte.

„Manches sieht genauso aus wie bei euch", sagte er. „Zum Beispiel die Hochbetten, die sogar dreistöckig sind. In jeder Baracke schlafen wir zu zwölft. Um vier Uhr ist Aufstehzeit und bis halb fünf müssen wir zur Morgenübung angetreten sein und strammstehen, sonst gibt es harte Strafen."

Farhad hatte eine leise, freundliche und scheue Stimme, die einen ängstlichen und vorsichtigen Menschen verriet, ähnlich der eines introvertierten Dichters oder Malers. Die ganze Zeit fragte ich mich, wie solch ein weiches Herz die Militärzeit überstehen sollte. Gudars und ich baten Navid nachdrücklich, uns ein Stück vorzuspielen, aber er schob sein Musizieren hinaus, bis die Frauen eintrafen. Mitras Freundin hieß Nuschin. Sie klang frisch, kokett und lieb. Ihre feine, hohe Stimmlage war das, was Blinde als schön empfinden. Deshalb kam mir ihr erster Auftritt sehr eigentümlich vor. Beim Eintreten rief sie: „Wer hat denn diese Rotznase hier aufgehängt?"

Farhad räusperte sich heftig, als ersticke er. Wir Blinden schwiegen so deutlich fragend, dass Farhad stotterte: „Sie meint das Bild Seiner Majestät."

„Was ist denn an diesem Schwein majestätisch? Seine Rotznase?"

Und bevor Farhad sich sammeln konnte, nahm sie das rahmenlose Bild von der Wand und riss es in Stücke.

„Hingerichtet gehört dieses Schwein und wer für ihn ist, ist ein SAVAK-Agent."

„Aber entschuldigen Sie, Frau Nuschin", flehte Farhad sie fast an.

Navid holte schnell seine Geige heraus, um das Thema zu wechseln. Wir standen alle unter Schock. Zwar wusste ich nicht, wer von uns für und wer gegen den Schah war, aber so etwas hatte ich bisher noch nicht erlebt.

Ich hatte den Schah oft im Radio und im Fernsehen gehört. Seine Stimme klang langweilig, zumal er nicht fließend sprach und fast in jedem Satz „äh ... äh ... äh" sagte. Er klang zwar wie ein hochgewachsener Mann mit einem breiten Gesicht, aber schön kam er mir nicht vor. Natürlich war ich gegen die herrschende Politik, aber ich empfand keinen Hass gegen ihn selbst. Er gehörte einfach zu der repressiven Monarchie. Deshalb war auch ich über Nuschins Aktion schockiert. Nie im Leben hätte ich gedacht, dass solch ein offenbar weiches, schönes und zierliches Mädchen so grob zu jemandem sein konnte. Farhad verabschiedete sich gehetzt, erwiderte Mitras Beharren, er müsse zum Abendessen bleiben, mit einsilbiger Ablehnung und entfernte sich schnell – aber fast geräuschlos.

Navid begann, auf der Geige pizzicato zu spielen, und sagte dabei: „Sie sind aber mutig, Nuschin. Er ist beim Militär."

„Eben deshalb musste ich es tun", lachte Nuschin und ich dachte, diese Stimme sei doch der totale Gegensatz zu ihrem Hass. Mitra stellte mich Nuschin vor, ohne dabei auf Farhad einzugehen. „Der Junge ist sehr talentiert, musikalisch und belesen. Es gibt nur einen Haken: Er ist gläubig."

„Ach, er wird schon noch erwachsen", sagte Nuschin lächelnd und reichte mir ihre weiche Hand. Ich ärgerte mich über Mitra und mich selbst, vor allem wegen des „wird schon noch erwachsen" und der Bezeichnung „Junge". Navid spielte ein berühmtes Stück von Meister Saba. Seine Art zu spielen glich keinem der Geigenspieler, die ich jeden Tag im Radio hörte oder nachzuahmen versuchte, doch sie klang sehr schön und technisch versiert. Danach trug Nuschin ein Gedicht von Hafis vor und ich wusste nicht, was mich mehr berauschte: Navids Spiel oder Nuschins feine Stimme.

„Frohe Kunde, mein Herz,
Ein Wunderodem kommt,
Dessen lieblicher Hauch
Zum Geist als Wohlduft kommt.

Klag' und jammere nicht
Ob Trennung, Schmerz und Gram,
Gestern warf ich ein Los,
Dass bald ein Retter kommt."

Gudars und Susan sagten im Chor: „Nun musst du dem Meister deine Kunst zeigen, Nader. Wir sind gespannt."

„Aber meine niedere Musik", sagte ich, „passt doch nicht zu Frau Nuschins schönem Vortrag!", und ich hoffte, dass sie mich aufforderte, trotzdem zu spielen.

„Ich trage gerne zu deiner Musik vor", hörte ich ihre Stimme, die mir wie ein Lied in den Ohren klang. Ich versuchte, mein Bestes zu geben, und wurde mit Beifall belohnt.

Nuschin lenkte das Gespräch anschließend auf die Politik. „Kultur ist nur der Überbau der Gesellschaft. Das dürfen wir nicht vergessen. Wir müssen uns vor allem mit der Basis auseinandersetzen, also uns um die wirtschaftliche Lage der Unterdrückten kümmern, und dazu müssen wir uns mit Wissen ausrüsten."

„Und Wissen? Ist das Überbau oder Basis?", fragte ich, ohne zu verstehen, wieso sie die Gesellschaft mit dem Hausbau verglich.

„Das ist jetzt Sophisterei. Gläubige Menschen haben einen starken Hang dazu."

Mir reichte es, dass sie weiterredete. Der Inhalt war zweitrangig. Aber ich war neugierig geworden, was sie denn damit meinte: Sophisterei, Überbau …

„Mitra!", rief sie. „Wie belesen kann Nader denn sein, wenn er die einfachsten Lektionen der Wissenschaft nicht kennt? Hast du ihm die Bücher, die ich dir aufs Band gesprochen habe, nicht gegeben?"

„Nein, aber ich gebe sie ihm, sobald ich sie gefunden habe", sagte Mitra, als hätte sie Angst davor, etwas zuzugeben. Die anderen sagten, dass sie sich die Bücher auch anhören wollten, aber Mitra bestand darauf, dass sie diese erst finden müsse.

Als hätte Nuschin sich an etwas erinnert, redete sie hastig in Mitras Aussage hinein: „Ach so, vielleicht hast du sie mir zurückgegeben. Hoffentlich habe ich sie nicht gelöscht."

Mitra hatte gelogen. Ich bekam die Kassetten: dreißig Stunden Aufnahmen von verbotenen Büchern, die ich mir einige Male anhörte, ohne sie richtig zu verstehen. *Bewaffneter Kampf – Strategie und Taktik* von Masud Ahmadsadeh, *Der Kampf gegen die Schahdiktatur* von Bidschan Dschasani und natürlich „die rote Bibel" Maos. Letzteres kam mir wie ein schlecht übersetzter und holprig formulierter Text vor. Oder war ich einfach zu dumm, ihn zu begreifen? Die beiden ersten sprachen davon, das Schahregime mit aller Kraft zu stürzen.

Nuschin hatte für Sonntag in zwei Wochen ein Treffen bei Mitra vereinbart. Sie wollte ihre Freundin und Mitbewohnerin Fati mitbringen. Wir vier würden dann alles miteinander diskutieren. Ich versuchte, die Texte auf den Kassetten auswendig zu lernen, weil ich damit prahlen wollte, aber es gelang mir nicht recht.

Fati klang älter und ernster als Nuschin. Ich konnte keine Schönheit aus ihrer Stimme heraushören. Sie war kleingewachsen und klang ein wenig boshaft, obwohl ihre Stimmlage nicht viel tiefer war als die von Nuschin. Ihr kritischer Ton war eine Mischung aus Schärfe und Verbitterung. Sie zog all meine Aussagen über Gefühle und Glauben ins Lächerliche, überraschte mich aber mit ihrer selbstlosen Bereitschaft, mir jederzeit Bücher auf Kassette zu sprechen.

„Du kannst immer, wenn du Zeit hast, zu mir in die Wohnung oder an die Uni kommen. Vielleicht lerne ich die Blindenschrift und schreibe dir kleinere Texte auf."

Fati fing tatsächlich an, mir dicke Geschichts- und Gesellschaftsbücher vorzulesen und sie mit mir zu diskutieren. Sie wuchs mir ans Herz, bald stand sie mir näher als eine Schwester.

Als ich mir die Niederlage meiner Argumentationen für den Islam eingestehen musste, versuchte ich zumindest meinen Gott gegen die materialistische Wissenschaft zu verteidigen, aber Fatis und Nuschins Argumente schienen stärker zu sein. Ich beklagte mich bei meinem Gott, weshalb er mir keine eisenharten Argumente in den Mund legte, mit denen ich jede ihrer Theorien hätte zerschlagen können. Obwohl ich längst meinem traditionellen Glauben abgeschworen hatte, suchte ich bei islamischen Theoretikern nach Argumentationshilfen, doch je mehr ich suchte, desto weniger Nützliches oder Brauchbares fand ich.

Nuschin agierte als Planerin unserer kleinen Gruppe. Im Frühling 1976 weihte sie mich in ihre Geheimnisse ein. Nach einiger

Zeit waren Nuschin, Fati und ich im Umfeld der verbotenen Parti-
sanenorganisation Volksfedadschin organisiert, zu der Golesorchi
gehörte und dessen Verteidigungsrede ich vor mehr als zwei Jahren
im Fernsehen gehört hatte. Unser Status erlaubte uns damals keine
Einblicke in interne Entscheidungen, jedoch waren wir in einige
geheime Aktionen eingeweiht.

Da ich mittlerweile im Blindenheim zu den Erwachsenen zählte und einen eigenen Schrank besaß, wurde ich von Nuschin zum
Verwalter unserer verbotenen Bücher bestimmt. Mich würde niemand verdächtigen, und das Blindenheim bot den besten Schutz
für solche Schriften. Im Grunde taten wir gar nichts außer zu lesen,
zu diskutieren und andere über die Zensur und die Unterdrückung
des Staates aufzuklären. Allmählich begannen wir an allem, was in
der Gesellschaft nicht stimme, herumzunörgeln. Das Essen an der
Uni sei mit Kampfer bespritzt, damit die Jungen die Lust an den
Mädchen verlören. Fernsehen, Kino, Parkanlagen, Zoos, Theater
und überhaupt alles, was Spaß machte, sei nur dazu da, das Volk zu
verdummen und abzulenken. Die Leute, so waren wir überzeugt,
sollten nur an ihr keusches Vergnügen denken und sich nicht der
allgemeinen Unterdrückung bewusst werden. Wir legten jede Aussage in den Nachrichten, in Filmen, Zeitungen und sogar Romanen
auf die Goldwaage und interpretierten sie als kritisch und radikal,
das hieß gut, oder als dekadent und kitschig und somit verwerflich.

Fati und Nuschin beurteilten jedes Phänomen nach ihrer Volks-
freundlich- oder Bürgerlichkeit, und ich fühlte mich immer mehr
zur gleichen Richtung hingezogen. Wir lasen Marx, Lenin und Sta-
lin und träumten von der Sowjetunion, als wäre sie das Paradies
auf Erden. Wir beschimpften Spione wie Solschenizyn und Chalil
Maleki, die, jeder auf seine Art, die Sowjetunion kritisierten. Wir
akzeptierten nur die Kritik unserer Theoretiker wie Dschasani,

die die Innenpolitik der Sowjets kritisierten, ihre Außenpolitik aber lobten. Im Grunde war für uns alles gut, was mit dem Musterland des Sozialismus zu tun hatte.

Als der Schah alle Parteien des Landes auflöste und durch die Einheitspartei „Rastachis" – Auferstehung – ersetzte, kündigte er an: „Jede Iranerin und jeder Iraner kann entweder ein Mitglied der neuen Partei werden oder sich einen Reisepass besorgen und das Land verlassen." In meiner Naivität fuhr ich bei nächster Gelegenheit zum Ordnungsamt, das für Passangelegenheiten zuständig war, und verlangte einen Reisepass, da ich kein Mitglied werden wollte. Statt mich nach meinem Personalausweis zu fragen, gab mir der Ordnungshüter eine Ohrfeige und warf mich raus. „Danke Gott, dass du blind bist, sonst hätte ich dich gleich dem Staatssicherheitsdienst übergeben."

Während wir uns die kommunistische Einheitspartei in sozialistischen Ländern als die einzige Alternative vorstellten, kam uns die iranische Einheitspartei als das Wahrzeichen der faschistoiden Schahdiktatur vor.

Dschasani schrieb – in *Der Kampf gegen die Schahdiktatur* –, man müsse mit allen Mitteln die Unantastbarkeit des Schahs brechen und seine Macht infrage stellen. Also begannen wir, selbst gegen die Sicherheitskräfte vorzugehen. Nuschin und Fati schmuggelten mich in das Unigebäude, wo Wachmänner massiv den Zutritt von Nichtstudierenden behinderten. Die beiden legten sich mit Ordnungshütern und der Polizei an, und wir alle begannen, wo immer wir gerade waren, verbotene Bücher und Pamphlete gegen das Regime zu verteilen.

Wir trafen uns meist in der Wohnung von Nuschin und Fati. Eines Abends kam Nuschin nach Hause und überraschte Fati und mich mit einem Begleiter. Der Mann sprach stets im Flüsterton, so

als fürchte er, überall belauscht und geschnappt werden zu können. Er brachte ein Flugblatt mit, das es zu verteilen galt. Hamid
– er meinte natürlich Hamid Aschraf, den allseits bekannten linken Partisanen – sei aus dem Gefängnis ausgebrochen und habe
die massive Folter von politischen Gefangenen in den Haftanstal-
ten aufgedeckt. Wir müssten überall die Parolen „Nieder mit dem
Schah", „Freiheit für alle politischen Gefangenen" und „Ein Hoch
auf den Kampf der Volksfedadschin" verbreiten und an die Wände
schreiben.

Ich ließ mir von Fati und Nuschin die Parolen auf kleine Zettel
schreiben und begann, sie in der Radioanstalt, in der Schule und
unterwegs zu verteilen. Nur das Blindenheim ließen wir als
sicheren Rückzugsort aus. Statt Aufsätze in der Klasse vorzulesen,
schlug ich dem Lehrer vor, meine eigens geschriebenen Gedichte
aufzusagen, die allesamt kritische Themen behandelten: Teuerung
von Lebensmitteln, Niedergang von Mut, Treue und Ehre, moderner
Kitsch … die Liste meiner Themen war lang.

Ich wurde von meinen Freunden regelrecht dazu gezwungen,
Diskussionsabende zu organisieren, bei denen ich mit Schülerinnen
und Schülern, bisweilen auch Studenten, Themen besprach, die ich
selbst nicht richtig beherrschte: den dialektischen Materialismus,
politische Ökonomie oder europäische Literatur, meist die russi-
sche. Ich sei der Belesenste von uns allen und darum verpflichtet,
dies zu tun, hieß es vonseiten meiner Mitstreiter. Das Einzige, worin
ich mich sicher fühlte, war die Religionskritik. Mein Vater hatte
mir auferlegt, zweimal die Woche die Religionsschule zu besuchen,
und die kritischen Bücher, die mir Fati vorlas, unterstützten mich
dabei, die Traditionalisten den Materialisten gegenüberzustellen.

Nichts half mir auch nur annähernd so sehr wie die Musik,
Menschen anzuziehen und sie von meiner kritischen Haltung

dem Regime gegenüber zu überzeugen. Ich sang doppeldeutige Gedichte, die mit den Titeln *Liebe, Heimat* oder *Quälende Geliebte* auf die Unterdrücker hinwiesen und sie parodierten. Es waren Unterhaltungslieder mit satirisch-kritischen Texten.

Nuschin strotzte dermaßen vor Begeisterung für den Kampf gegen das Regime, dass ich es nicht wagte, mich ihr zu nähern und sie zu einer Beziehung zu bewegen. An manchen Donnerstagen schlief ich bei den beiden in ihrer winzigen Mietwohnung. Eines Abends legte Fati früher als sonst das Buch, welches wir lasen, beiseite und versuchte zu schlafen. Das Buch handelte von zwei alten iranischen Sekten, „Horufijeh" und „Passichani", deren Schulen an Atheisten erinnerten.

Um vier Uhr morgens weckte mich Nuschin und drängte uns, uns schnell fertig zu machen. Sie roch nach Morgenfrische, obwohl sie sich weder schminkte noch irgendwelche Düfte benutzte. Ihr Geruch, ihre Stimme und ihr femininer Auftritt standen in totalem Gegensatz zu ihrem ernsten, groben Ton und ihrer Wortwahl.

„Schnell, wir müssen in fünf Minuten am Unitor sein." Sie klang wie eine Geige, die nur staccato oder pizzicato gespielt wird.

Draußen fragte ich Nuschin, ob wir nicht wenigstens noch kurz frühstücken könnten, da merkte sie, dass sie den Essensrucksack vergessen hatte, gab mir ihren außergewöhnlich schweren Rucksack und rannte wieder in die Wohnung zurück. Was sie da wohl alles mitschleppte, fragte ich sie, als sie zurückkam. „Steine", gab sie zur Antwort. „Wir müssen widerstandsfähig, flink und kampfbereit sein. Unsere Körper müssen viel aushalten können." Ob man nicht lieber etwas Nützlicheres mitschleppen könne, Getränke oder warme Kleidung, fragte ich. „Du bist kleinbürgerlich", schimpfte sie und übergab mich aus Ärger an Fati.

Unsere Gruppe bestand nunmehr aus etwa fünfzehn Leuten, die

meisten waren Studentinnen und Studenten. Nach drei Stunden Wandern und Klettern kamen wir an einer Berghütte an. Das Frühstück wurde verteilt. Es schmeckte doppelt so gut wie normal. Lieder wurden gesungen, deren Melodien entweder europäischen, oft russischen, oder mir bekannten iranischen Liedern entnommen waren. Ich hoffte, dass unsere Bewegung auch einige Komponisten anziehen würde. Am Ende wurden Parolen gerufen: „Nieder mit der Schahdiktatur, hoch lebe der Kampf der Volksfedadschin!"

Nuschin nahm mich wieder bei der Hand. Sie zitterte vor Kälte, lehnte das Angebot, meine Jacke zu nehmen, aber ab: „Ich muss mich gegen jegliche Schwierigkeiten immunisieren. Was ist, wenn wir von den Schergen des Regimes ertappt und verhaftet werden?"

Auf dem viel kürzeren und schnelleren Rückweg herrschte Stille.

Wir wiederholten diesen Ausflug fast jeden Monat. Es war uns allen eine Aufgabe, ja sogar eine Mission, unsere Parolen auf dem Berg auszurufen.

Eines Mittags, als wir hitzig darüber diskutierten, wie eine Mensa im zukünftigen iranischen Sozialismus zu verwalten sei, stritt sich eine Studentin mit dem Mensabeauftragten der Universität Isfahan. Plötzlich hörten wir, wie die Studentin den Mann anherrschte, weshalb sich gestern zwei Männerhaare in ihr Essen eingeschlichen hätten. Der Beauftragte, der jeden Tag die Verteilung der Speisen beobachtete, versuchte, die Bagatelle herunterzuspielen und Witze darüber zu machen. „Vielleicht ist das ein Zeichen deines Verehrers", meinte er. „Ihr Chauvis mit euren kapitalistischen Helfershelfern könnt mir gestohlen bleiben", schrie sie und warf ihr Tablett samt Geschirr nach ihm. Es klirrte und andere Frauen schlossen sich der lautstark protestierenden Studentin an. Plötzlich sprangen die Glastüren am Eingang auf und ich hörte am schweren Schritt, dass Ordnungskräfte hereinstürmten. Sogleich eskalierte die Situation weiter. Viele standen auf, machten mit ihren Tellern und Tabletts Lärm, manche stiegen auf die Tische und riefen: „Nieder mit den Kapitalisten, nieder mit den Aufsehern!"

Ich hörte Schlagstöcke auf Körper niedersausen, die Polizisten schienen dem Aufstand gewaltsam ein Ende zu setzen. Die Studenten skandierten: „Nieder mit der faschistischen Polizei, nieder mit der diktatorischen Universitätsverwaltung!"

Sie fingen an, aus Tischen und Stühlen Barrikaden zu errichten. Die Polizei versperrte die Türen und jagte, wessen sie habhaft wurde. Plötzlich rannte mich eine Frau um, die vor einem Polizisten zu flüchten versuchte. Ich lag am Boden und sie war über mich gestolpert und in ein Glas gefallen, sodass sie heftig zu bluten schien. Der Polizist drückte ihr brutal ihre Hände auf den Rücken, ließ die Handschellen zuschnappen und herrschte sie an, aufzustehen. Ein anderer packte mich und wollte mir ebenfalls Handschellen verpassen, als er merkte, dass ich blind war. Er ließ mich los und Nuschin, die mich wohl gesehen hatte, zog mich zitternd zur Tür und rief: „Er ist blind!" In diesem Moment traf mich ein Schlagstock am Rücken. Schnell klappte ich meinen Blindenstock auf und drehte mich fast drohend um.

Der Polizist entschuldigte sich und nahm Nuschin und mich bei der Hand, da er offenbar dachte, dass sie ebenfalls blind sei. Durch das Tor der Universität führte er uns auf die Hauptstraße, die mir trotz des rauschenden Autoverkehrs still erschien. Er fragte, ob er uns ein Taxi anhalten solle. „Nein", fauchte Nuschin und machte sich von ihm los. Zum Glück wurde er per Funk zur Universität zurückgerufen und ließ uns allein. Nuschin forderte mich auf, mich schnell zu entfernen. Bevor ich sie fragen konnte, was sie selbst vorhatte, ließ sie mich allein im Verkehr stehen und rannte zurück zur Uni. Ich war schockiert, erstarrt vor Angst um Nuschin.

Jetzt stürmten die Studenten auf die umliegenden Straßen und skandierten: „Nieder mit der Polizei, nieder mit der Diktatur!"

Voller Sorge, aber auch beleidigt, weil man mich für kampfunfähig gehalten hatte, ging ich zurück zur Uni und stellte mich dumm. „Entschuldigung ...", rief ich.

„Mach, dass du hier wegkommst, Blinder!", rief ein Wachmann am Tor der Uni mir zu. „Was suchst du denn hier?"

„Meine Schwester studiert hier, ich soll hier auf sie warten."

„Heute geht es nicht. Hörst du nicht den Krawall?"

„Was ist passiert? Wer schlägt denn die Studenten?"

„Die Studenten schlagen uns, Junge! Wie heißt denn deine Schwester?"

Ich log: „Pari Rasi. Und außerdem habe ich Angst um sie, man hört ja, dass Studentinnen geschlagen werden."

„Heute geht es nicht", sagte er etwas freundlicher. „Komm, ich lasse dich zur Bushaltestelle bringen. Hey du, Wachmann, komm her!"

Ich hätte schwören können, dass der Wachmann der Polizist war, der Nuschin und mich hinausgeführt hatte. Er sagte: „Gerade habe ich schon einmal zwei Blinde weggebracht. Was wollen denn heute all die Blinden an der Uni?"

Ich rührte mich nicht von der Stelle und behauptete, unbedingt meine Schwester mitnehmen zu müssen. Nach kurzer Zeit kamen zwei bewaffnete Männer und zogen mich mit Gewalt vom Eingangstor weg. Meine Schreie gingen vor dem geschlossenen Gatter des Eingangstors unter.

Abends wurde in den Radionachrichten erwähnt, dass „Störer der öffentlichen Ordnung und Sabotageelemente in die geschützten Orte der Universität eingedrungen" seien und dass sie nur mithilfe der Sicherheitskräfte hätten entfernt werden können. Halb enttäuscht, halb stolz fuhr ich zu Nuschin, um sie zur Rede zu stellen. Ich war zwar erleichtert, sie vorzufinden, aber auch wütend, dass sie mich aus den Kämpfen herausgehalten hatte.

„Ich kann doch bei der Revolution nicht vor der Tür stehen, nur weil ich blind bin", beschwerte ich mich.

„Aufstand erfordert Organisation und Strukturen, kein anarchistisches Draufschlagen", entgegnete mir Nuschin. „Du solltest mal Lenins *Der ‚linke Radikalismus', die Kinderkrankheit im Kommunismus* lesen und lernen, revolutionäre Geduld zu entwickeln. Wir werden nie erfolgreich sein, wenn wir unsere Emotionen nicht zügeln. Im bewaffneten Kampf muss man strategisch vorgehen, und wir brauchen dich ganz zentral in deiner Sonderfunktion zur Lagerung gefährlicher Schriften und als Ablenkungsperson." Als sie dann noch hinzufügte: „Natürlich mache ich mir auch um dich Sorgen", war mein Zorn fast schon wieder verflogen.

Am folgenden Nachmittag lud sie mich zu einem Eis ein. Dabei erzählte sie, dass eine neue Zeit angebrochen sei: „Heute in der Vorlesung haben viele Mut gefasst und den Geschichtsprofessor kritisiert, der dabei war, die Geschichte der sowjetischen Revolution zu übergehen. Auch beim Mittagessen gab es wieder Krach."

Krach, Lärm, Krawall und dergleichen waren für uns positiv besetzt. Nuschin sprach davon, als rede sie von Liebe, Zuneigung oder Freude. Trotz des winterlichen Wetters fühlten wir uns frühlingshaft. Ich fragte mich nicht, ob der Frühlingsduft von Nuschin und ihrer überschwänglichen Laune herrührte oder tatsächlich in der Luft des letzten Wintermonats lag.

Den iranischen Jahreswechsel am 21. März feierten wir ausgiebig. Ich nutzte jede Gelegenheit, um aus dem Heim zu flüchten und zu Nuschin und Fati zu gehen. Wir schwammen so auf der ansteigenden Protestwelle, dass wir uns über die Verletzten und Toten bei den täglich zahlreicher werdenden Demonstrationen beinahe freuten. Ab März oder April 1977 spürte ich in allen Massenmedien einen kritischen Ton gegenüber dem Regime aufkommen. Die Auslandsnachrichten im Radio hörten sich freier an. Die PLO hieß nicht mehr „die Terrororganisation", sondern „die palästinensische Freiheitsorganisation". Noch interessanter waren die Kurznachrichten, in denen manchmal von „Störungen der öffentlichen Ordnung" berichtet wurde, bei denen die Scheiben von Banken und Bibliotheken zu Bruch gegangen waren und so öffentliches Eigentum beschädigt worden war. Zwar beschimpfte ich die Zensur, die die Ereignisse manipulierte und unsere kleinen Demonstrationen als Störung und Zerstörung abwertete, aber wir freuten uns über jede Nachricht, die den gewohnten langweiligen Rahmen sprengte und von etwas anderem als dem Schah und seiner Familie berichtete.

Wir bewarfen Sicherheitskräfte mit Steinen, wir verspürten eine Wut auf die Normalität des Alltags und alles, was wir als trivial und banal abstempelten. Wir machten die Banken als Keimzellen des herrschenden Kapitalismus aus, aber ich habe in unserem engen Kreis nie erlebt, dass Nuschin, Fati oder nahe Bekannte eine Scheibe einwarfen oder Gebäude beschädigten. Dafür duldeten wir die wachsende religiöse Fraktion, die sich überall breitmachte. In der Schule war ich der Anführer der Linken, zu denen sich alle laizistischen Protestler zählten. Um Fayas, den Sohn eines Mullahs, scharten sich dagegen alle religiösen Kräfte. Regimeanhänger schien es unter meinen Mitschülern überhaupt nicht zu geben.

Auch im Blindenheim bildeten sich die gleichen Fraktionen, wobei letztlich die meisten einer dritten, apolitischen Fraktion angehörten.

Unserem Heimbewohner Ali, den man oft wegen Missbrauchs

kleinerer blinder Kinder belangt hatte, schien ein inneres Licht aufgegangen zu sein. Bislang war er nie zu den christlichen Andachten erschienen, nun aber begann er zu Allah zu beten und eine kleinere Anhängerschaft um sich zu scharen. Seit vier Jahren gab es zwar das islamisch verwaltete Blindenheim Ababasir, das in Konkurrenz zum Ölbergheim gegründet worden war, aber Ali zog es vor, bei uns zu bleiben, um im „christlichen Lager" für den Islam zu werben. Die gegnerische Gruppe waren wir: Heimbewohner wie Gudars, Ebrahim oder ich und ehemalige Bewohner, die nun an der Uni studierten und im Heim als Lehrkräfte arbeiteten. Wir diskutierten über Demonstrationen und Bücher, die wir lasen, und wiegelten andere gegen die Heimleitung auf, um die uns nächste, fühlbarste Autorität zu brechen.

Ich bewahrte verbotene Bücher von Nuschin und Fati bei mir auf und verteilte verbotene Flug-, später auch Nachrichtenblätter, ohne dass irgendwelche Sicherheitskräfte oder Informanten auf mich aufmerksam wurden. Immer wenn ich im Bus saß oder in einer Imbissbude ein Sandwich aß, warf ich einige Blätter unter meinen Sitz, bevor ich hinausging. Nicht selten gaben mir hilfsbereite Leute die Zettel zurück, ohne einen Blick darauf zu werfen. Fati diktierte mir verbotene Bücher wie die von Marx und Lenin und ich schrieb sie mit der Hand oder mit der Schreibmaschine ab, gab ihnen einen falschen Titel und übergab sie Herrn Arschavir, der sie in die Bibliothek aufnahm. Nicht selten baten mich meine sehenden Mitstreiter, ihnen aus unserer Bibliothek Bücher mitzubringen und ihnen daraus vorzulesen.

Eines Tages kam Nuschin zu mir ins Heim. Ich wunderte mich genauso sehr, wie ich mich freute, sie zu sehen. Normalerweise rief sie vorher an der Pforte an, um zu fragen, ob ich da sei. Sie brachte diesmal weder Bücher zum Aufbewahren noch Flugblätter zum

Verteilen mit, sondern hatte nur eine Tageszeitung in der Hand. Sie las mir einen Artikel über Ajatollah Chomeini vor, den wir nur als einen von vielen radikalkonservativen Geistlichen kannten.

Von Nadschaf aus agitierte er gegen den Schah, was uns allen natürlich gelegen kam. In dem Artikel wurde Chomeini als ein Mullah indischen Ursprungs diffamiert. Es war eine Art Biografie des Geistlichen, in der er aber herablassend beschrieben und seine Kompetenz bagatellisiert wurde. Nuschin sprach davon, dass wir „in dieser Phase der Revolution" mit dem Ajatollah sympathisieren müssten. Es sei eine gemeinsame Demonstration mit den Religiösen an der Universität geplant.

Unter dem Vorwand, nur in der Mensa essen zu wollen, gingen wir mit dem Ziel hinein, Flugblätter mit Parolen wie „Nieder mit der Diktatur" und „Freiheit für alle politischen Gefangenen" zu verteilen. Das ging so: Ich hatte einen großen Rucksack mit zwei dicken Blindenschriftbüchern dabei, aus denen fast alle Seiten herausgeschnitten und stattdessen Flugblätter zwischen die Buchdeckel gesteckt waren. Nuschin ging hinter mir und tat so, als ob sie mich führen müsse. Sobald sich eine Gelegenheit bot, zogen Fati und Nuschin Blätter aus meinem Rucksack und legten sie irgendwo hin. Wir hatten einige Ecken bestückt, als sich die Blätter unter den Studenten wie von selbst verbreiteten. Zunächst legte sich angstvolle Stille über den Saal. Man hätte meinen können, wir seien in der Unibibliothek. Plötzlich stimmten zwei Personen, die nicht singen konnten, ein proletarisches Lied an, und viele andere begannen mitzusingen. Mitten im Lied schrie eine grobstimmige Frau: „Allahu Akbar!" Während wir weitersangen, wurden wir von „Gott ist groß"-Parolen übertönt. Eine Gruppe rief: „Nieder mit der Diktatur, hoch die Kämpfer!" Im nächsten Moment schon stürmten bewaffnete Sicherheitskräfte die Mensa und begannen, uns mit Gewalt hinauszuwerfen. Teller, Besteck und Tabletts fielen zu Boden. Ich hörte zum ersten Mal Warnschüsse. Wir kannten die Methoden der Polizei und waren besser vorbereitet als das letzte Mal. Die Tisch-und-Stuhl-Barrikaden hielten diesmal länger und ein paar mitgebrachte Knaller und selbstgebastelte Rauchbomben hielten die Polizei lange in Schach. Währenddessen wurden an der Seite zum Universitätshof hin die Fenster herausgebrochen und die protestierende Menge verteilte sich über das gesamte Universitäts-gelände. Wer gejagt wurde, verwandelte sich urplötzlich in einen harmlosen Studierenden. Als ich merkte, dass ein Polizist einen Studenten festnehmen wollte, nahm ich meinen Stock und schlug in seine Richtung. Erbost drehte sich das schwitzende Ungetüm um und schrie mir ins Gesicht: „Dich krieg ich!" Als er sah, dass ich einen Blindenstock hatte, sagte er: „Du armseliger Hund, hau ab, was machst du an der Uni?" „Oh, können Sie mich über die Straße bringen?", stellte ich mich kreuzdumm. Bevor er etwas antworten konnte, hatte mich Nuschin zur Seite gezogen und schob mich weg von der Menge. Beim Rennen fluchte sie auf die Polizei, die offen-bar jemanden verletzt hatte.

Später im Heim hörte ich stundenlang Radio. Vergeblich. Es kamen keine Nachrichten über die „Störung der öffentlichen Ord-nung". Nuschin erzählte später, dass seit jenem Tag täglich Proteste und Demonstrationen in der Universität stattfanden.

Als ich einige Tage keine Nachricht von ihr erhielt und anfing, mir Sorgen zu machen, sagte Fati, dass sie nach Teheran gefahren sei, um direkt mit den Genossen Kontakt aufzunehmen und sich aktiv an der Revolution zu beteiligen.

Wir im Blindenheim betrachteten jede Autoritätsperson als Befürworter des alten Regimes, und tatsächlich verhielt sich Herr

Beinhorn gemäß unseren Erwartungen. Er wollte nicht wahrhaben, dass seine Zeit vorbei war, und wir verstanden nicht, dass nicht jede neue Zeit unbedingt auch eine bessere sein musste. Wir freuten uns darüber, dass wir morgens und abends nicht mehr zur Kirche mussten. Überall hörte man Radio und sah fern. Allgemein herrschte eine frenetische Aufbruchstimmung. Ich ging nur noch zur Schule, um zu diskutieren und danach mit den anderen Schülern zu demonstrieren. Keiner kontrollierte, wann wir kamen und gingen. Als ein heiserer, ziemlich mitgenommen wirkender Schah im Radio sagte: „Mein Volk, ich habe die Stimme eurer Revolution vernommen", nahm ich den nächsten Bus nach Teheran, um mit meinen Genossen von der Universität und deren neuen Verbündeten, die sich Brüder und Schwestern nannten, aktiv an der Revolution teilzunehmen. Als ich am Abend, an dem der Schah das Land verlassen hatte, in der BBC die Feierstimmung auf Teherans Straßen und Plätzen hörte, glaubte ich, auch meine eigene Stimme in dem Trubel erkannt zu haben. Ich kehrte mit einer Ladung von Flugblättern und Büchern nach Isfahan zurück und verteilte sie furcht- und hemmungslos auf der Straße.

Auch die Familie Hadschchanali besuchte ich nach langer Zeit mal wieder, weil meine Mutter mir erzählt hatte, dass sie sehr mit den Volksfedadschin sympathisierte. Mit Stolz erfüllt und mit Freudentränen in den Augen kam ich an ihrem Haus an. Mansour, ein jüngerer Bruder von Hadschchanali, war gerade aus dem Gefängnis entlassen worden und ich durfte mit ihm, der Klarinette spielte, Musik machen. Wir spielten alles, was nach Sozialkritik klang, und ich sang, als könnte ich damit den Lauf der Zeit beschleunigen. Hadschchanali selbst redete mit seiner radiophonen, anziehenden Stimme auf uns ein: Wir seien alle naiver als Kleinkinder, wir seien vom Gift der islamischen Revolution berauscht. Wie könnten wir glauben, dass die Mullahs uns Linken die Herrschaft widerstandslos überlassen würden? Wie könnten wir denken, wir würden die Mullahs überlisten und sie beizeiten auf den Kehrichthaufen der Geschichte werfen?

„Haben die Mullahs denn Eselshirne?", lachte er uns bitter aus. „Meint ihr denn, sie wissen nicht, was ihr mit ihnen vorhabt?"

Sicherlich sprach er indirekt seinen Bruder, einen Anwalt, an, der wie ein Held von uns verherrlicht wurde und sich Hadschchanali gegenüber entsprechend selbstsicher, übermütig und ignorant aufführte. Hadschchanali sagte: „Und dann wird Nader in die Institution für religiöse Zurechtweisung verschleppt und ausgepeitscht, nur weil er Musik gespielt hat. So wird es uns allen ergehen."

Er redete so prophetisch daher, als wäre er der mythische persische König Dschamschid, der die ganze Welt und ihre Zukunft aus seinem gläsernen Kelch herauslesen konnte. Wir aber lachten ihn aus und sagten uns, dass ein Neurotiker wie er, der seine Hände nach jeder Bewegung wusch, gar nicht anders denken könne als ängstlich.

Selbst mein Vater schien seine harte Alltagshaltung vergessen zu haben. Er ging nicht zur Arbeit und verfolgte stattdessen immerzu die Ereignisse in den Zeitungen und im Fernsehen. Als er sich eines Morgens in der Moschee beschwerte, dass wir nachts nicht schlafen könnten, weil die Lautsprecher beim Gebetsruf großen Lärm machten, war ich sehr erstaunt. Ihn als religiösen Menschen schien dies mehr zu stören als mich, den Laizisten. Tag für Tag wurde er religiöser. Genau wie mein ganzes Umfeld. Alles betete ständig und hielt sich an die islamischen Kleidervorschriften, aber nur kurz dachte ich an Hadschchanalis Bemerkung. Ich sagte mir immer wieder: Wenn die Revolution gesiegt hat, werden wir nicht zulassen, dass die Fanatiker uns beherrschen.

Der Glaube ging mit dem Aberglauben Hand in Hand. Mein Vater, der uns zu dieser Zeit allabendlich erzieherische Vorträge hielt, brachte Kassetten mit Chomeinis Reden mit und forderte uns auf, sie mit anzuhören. Chomeini sprach in einem undefinierbaren persischen Dialekt. Er machte oft grammatische Fehler wie ein Ungebildeter, der plötzlich einen wichtigen Vortrag zu halten hat und geschwollen daherreden will, wir aber interpretierten seine Art zu sprechen als Volksnähe oder erkannten darin zumindest seine Absicht, Volksnähe vorzutäuschen. Er sprach von „diesem Mohammad Resa", dessen Restregime vernichtet werden müsse, damit alles nach islamischen und demokratischen Prinzipien verwaltet und verteilt werden könne. Er redete von der Gewalt, die gegen freiheitsliebende Kräfte des Landes in den Folterkammern des Regimes verübt werde, von den Ölverschwendern der Nation, die zu verschwinden hätten, damit Strom und Wasser an jeden iranischen Haushalt kostenfrei vergeben werden könnten. Er beschwor die Mildtätigkeit des Islam, der keiner Mücke etwas zuleide tun würde, wenn nur dieses Regime endlich gestürzt wäre.

Er forderte alle iranischen Werktätigen auf, die Arbeit niederzulegen, bis die Wirtschaft erlahmt und das gesamte System weg sei. Als Chomeini die Arbeiter der Ölgesellschaft lobte, die mit ihrem Streik die Säulen des Regimes erschüttert hätten, war mein Vater den Tränen nahe. Er betete für den Geistlichen und für den Sieg der Revolution und zeigte keine Hemmungen, uns trotz Verhaftungsgefahr auf Demonstrationen zu schicken. Seine Abneigung mir gegenüber lebte aber erst so richtig auf, denn ich war Kommunist. Während wir, die linken theoretisierenden Kleinbürger, die Arbeiterklasse als Irans zukünftige Herrscherin verherrlichten, sprach er ständig davon, dass die ersten, die beseitigt werden müssten, die Kommunisten seien, die schlimmer seien als das Schahregime.

Seine feindselige Haltung bekam ihren letzten Schliff, als er an einem dieser Abende die ganze Familie in den Hof zerrte.

„Was ist denn passiert?", fragte ich.

„Du kannst es zwar nicht sehen, aber der Imam ist da!"

„Was? Chomeini ist zu uns gekommen?", fragte ich bewusst naiv, um ihn zu ärgern.

„Halt den Mund! Man kann ihn sehen, wenn man in den Mond schaut", behauptete er, schon einen Grad lauter.

„Moment mal!", protestierte ich. „Was erzählst du da?"

„Obwohl du blind bist, bist du doch mein Sohn, und ich befehle dir, mir nicht zu widersprechen, wenn ich dir sage, was man in der Welt sieht!", schrie er mich an.

Mitten in unserem Streit streichelte mir meine Mutter den Kopf und flüsterte mir ins Ohr: „Mein Sohn, lass das bitte. Auch ich sehe ihn sehr verschwommen, vielleicht auch gar nicht, aber gib bitte Ruhe."

Nach diesem Abend hatte ich nichts mehr in Isfahan zu suchen. Ich musste nach Teheran, da ich spürte, dass die wahre Revolution nicht in den Provinzstädten, selbst in so großen wie Isfahan, stattfinden würde. Alles Wichtige spielte sich in Teheran ab.

Erst als ich in Teheran am Busbahnhof ausstieg, fiel mir ein, dass ich gar keine Bleibe hatte. Ich erinnerte mich an eine Adresse im Armenviertel nahe dem Hauptbahnhof, die die Fedadschin als Ort des Nachrichtenaustauschs im Hinterhof eines Teehauses etabliert hatten. Ich machte mich klopfenden Herzens auf den Weg dorthin und malte mir aus, wie ich dort auf Nuschin traf. Im Teehaus, das wusste ich von ihr, musste man zwei Tee bestellen und betont „aber ohne Zucker, ohne Zucker" als Erkennungszeichen sagen. Dann würde der dünne Besitzer kommen, der einen chinesischen Spitzbart haben sollte, und nach dem gewünschten Kontakt fragen.

Ich ging also dorthin und bestellte angemessen. Der Besitzer fragte auch planmäßig, aber als ich „Nuschin aus Isfahan" sagte, kam nur die knappe Auskunft: „Die kannst du nicht sehen, trink deinen Tee und verschwinde." „Aber ich bin ein enger ..." „Schweig und geh", herrschte er mich an. Ein anderer Gast beugte sich zu mir herüber und flüsterte, „die Geheimpolizei kommt, mach dich vom Acker".

Ich stand ohne Bleibe, schlimmer noch, ohne Nuschin und ohne Tee ratlos vor der Tür, als ein Auto anhielt. Der Fahrer fragte: „Wohin des Wegs, Bruder?" Ohne nachzudenken, sagte ich: „Zur Uni, fünf Toman." Dieser Preis wäre auch für einen Konterrevolutionär hoch genug gewesen, doch er war ganz auf der Seite Chomeinis. „Ich fahr dich hin, aber da ist eine Demonstration und ich muss dich an der Karim-Khan-Straße rauslassen, den Rest musst du laufen."

Zu der Zeit gab es überall Demonstrationen gegen den Schah, gegen den Premierminister Bachtiar, gegen Generäle und Richter. Als ich ausstieg, kannte mein Erstaunen keine Grenzen, denn ich roch sofort, dass hier etwas Unübliches im Gange war. Der Duft der teuren Parfüms und die zurückhaltenden Stimmen waren nicht so rabiat wie sonst. Vor mir lief ein Pärchen, wobei sie auf Französisch sprach und er auf Englisch antwortete, offensichtlich, um von den anderen nicht verstanden zu werden. Was wollten sie von der Revolution? Es dauerte eine Weile, bis ich verstand, dass ich mich diesmal inmitten einiger Tausend Menschen befand, die „für den Erhalt und die tatsächliche Ausführung der iranischen Verfassung" demonstrierten. Dies mischte sich mit dem Gestank brennender Autoreifen, die – wie ich wusste – von entwendeten Willys-Jeeps stammten. Revolutionäre Gruppen verbrannten in deren Felgen Deodorant-Dosen, die explodierten und schussähnliche Geräusche produzierten. Bevor ich mich aus der Menge herausgewunden hatte, wurden wir plötzlich von Islamisten mit Knüppeln und Messern angegriffen und gewaltsam zerstreut, wobei die Polizei tatenlos zusah. Nur mein Blindenstock beschützte mich vor größerem Ungemach. Schließlich stand ich auf dem schmalen Bürgersteig am Rand eines tiefen, offenen Wasserkanals, über die Leere nachdenkend, die Nuschin und das gesamte revolutionäre Umfeld in mir hinterließen.

Als ich mit dem Stock an ein Telefonhäuschen stieß, erinnerte ich mich an meinen alten Lehrer Afschin, der ebenfalls wegen der Revolution nach Teheran gezogen war und mir seine Telefonnummer gegeben hatte. Dort konnte ich bestimmt übernachten, und tatsächlich lud er mich ein, zu ihm in die Damavand-Straße im Osten Teherans zu kommen. „Mach dich sofort auf, ab neun Uhr ist Kriegsrecht und Ausgangssperre."

Ich stellte mich an eine Straßenecke und versuchte lange erfolglos, ein Auto anzuhalten. Endlich stoppte ein Fahrzeug. Die Tür klapperte merkwürdig und der Fahrer schrie zu mir herüber, weil es so laut war, wo ich hinwolle. „Damavand-Straße", sagte ich. „Du hast Glück, spring rein, mein Junge, ich fahre zur Basis Duschan Tappeh." Duschan Tappeh, wunderte ich mich, das war doch diese riesige Luftwaffenkaserne. Aber ich hatte keine Zeit zu verlieren. „Ich bin Offizier der Ewigen Garde", begann mein Chauffeur, „und räume mit dem Ungeziefer auf, mein Sohn. Auch du solltest früher nach Hause gehen, aber das kriegen wir schon wieder hin, diese islamischen und kommunistischen Schmeißfliegen erschlagen wir eine nach der anderen, schön systematisch." Ich zuckte innerlich zusammen und hatte ein schlechtes Gewissen, überhaupt eingestiegen zu sein. Ich schämte mich: Nuschin wäre bestimmt gar nicht erst bei einem solchen Gewalttäter mitgefahren. Verlegen wollte ich mich aufstützen, als meine linke Hand an ein glattes, kaltes Metallrohr stieß. „Finger weg, mein Sohn, mein Maschinengewehr benutz' ich nur zu eurer Sicherheit", sagte er bestimmt. „Ja, ich muss zur Nummer 143 in der Damavand-Straße", wich ich unsicher aus und versank in brütendes Schweigen. Ich hoffte, er würde mich nicht danach fragen, wo ich herkäme. Des Öfteren hörte ich Trillerpfeifen und Lautsprecherdurchsagen der Polizei. „Mit mir kommst du hier so schnell durch wie mit niemand anderem", erklärte mir der Offizier. „Keiner wagt mich aufzuhalten." Zwischendurch sprach er über sein Funkgerät mit Untergebenen. „Nur in die Luft schießen", wiederholte er ein ums andere Mal.

Er setzte mich tatsächlich direkt vor Afschins Haustür ab. „Mach dass du reinkommst", rief er mir zu und schlug mit seiner Pranke jovial auf meine Schulter. Die Sekunden, bis Afschins Frau Homa mir aufmachte und mich ins Haus zog, schienen eine Ewigkeit zu dauern. Was für ein Arschloch, fuhr es mir durch den Kopf, und ich habe ihm noch nicht mal widersprochen.

Noch während der Begrüßung erschollen einzelne „Allahu Akbar"-Rufe von den umliegenden Dächern, ein anschwellender Chor von Männerstimmen. „Die knallen deinen Bruder noch vom Dach, wenn er nicht aufhört", schimpfte Homa. „Mecker nicht, dann ist er eben ein Märtyrer für unsere Sache; kümmere dich lieber darum, für die neue Zeit gerüstet zu sein, und schaff dir ein Kopftuch an", entgegnete Afschin. Aus der Ecke kam ein freches „Kopfnuss oder Kopftuch, Kopfnuss oder Kopftuch, Mama", von den zwei kleinen Schulkindern. „Auch diese Revolution wird ihre Kinder fressen", seufzte die Frau und lud mich ein, zum Abendessen zu bleiben. Nur müsse erst der Bruder wieder im Hof des Hauses sein.

An einem der nächsten Tage war ich auf dem Weg zu Afschins Haus. Ich fragte mich, ob das Fernsehen die Ankunft Chomeinis auf dem

Flughafen in Teheran zeigen würde. Zudem sollte er eine längere Rede auf dem Friedhof Behescht-e Sahra halten. An einer Kreuzung nahm mich jemand, ohne zu fragen, in welche Richtung ich gehen wolle, an der Hand und zerrte mich in die Gegenrichtung mit.

„Zum Friedhof müssen wir da lang, Bruder", sagte er freundlich. Ich riss mich los und witzelte: „Ich muss noch nicht dahin, und wenn, dann brauche ich nicht mehr selbst zu gehen."

In Afschins Haus saßen alle vor dem Fernseher. Auch ein paar Nachbarn waren gekommen. Der Sender zeigte den Flughafen und Abertausende von Menschen, die zu Chomeinis Empfang gekommen waren.

Obwohl einige der um den Fernseher Sitzenden säkular waren, waren alle in höchster Aufregung. Was würde der Geistliche wohl sagen, wo er zu einer solch riesigen Menge zu sprechen hatte?

Zum ersten Mal hörte ich Chomeini viel lauter als sonst reden, obwohl ich wahrnehmen konnte, dass eine große Anzahl Lautsprecher seine Stimme überallhin verstärkte. Er wiederholte seine kritischen Worte gegen den Schah, diesmal aber wie einer, der sich seines Sieges sicher ist. „Diese Regierung bekommt von mir einen Schlag auf den Mund", sagte er und es geschah etwas Eigentümliches: Niemand außer mir lachte.

„Was lachst du denn?", fragte mich Afschin vorwurfsvoll.

„Habt ihr nicht gehört?", fragte ich zurück.

„Natürlich haben wir", kam es wie im Chor. „Er spricht mutig."

„Quatsch", sagte ich. „Ihr versteht den Widerspruch nicht. Ich finde, dass die Gläubigen dort in der Menge Segensrufe an den Propheten anstimmen, während die anderen, wahrscheinlich die Säkularen, applaudieren."

Alles schaute und hörte kommentarlos weiter. Am Ende seiner Rede sagte Chomeini: „Wir werden einen Senat eröffnen."

Da aber der Senat das bisherige Oberhaus war, in dem alte Abgeordnete gesessen hatten, die vom Schah ernannt oder vorgeschlagen worden waren, wies Chomeinis Sohn den Geistlichen darauf hin, dass er nicht den Senat, sondern doch wohl die verfassunggebende Versammlung meine. Er aber wiederholte den Satz, und nachdem sein Sohn ihn erneut zur Korrektur gemahnt hatte, sagte er: „Ja, natürlich meine ich die verfassunggebende Versammlung, denn der Senat ist, wie ich oft gesagt habe, korrupt und unbrauchbar."

Diesmal lachte ich in mich hinein, denn auch das berührte offenbar niemanden. Mir fiel aber auf, dass der Geistliche diesmal grammatikalisch korrekt sprach, anders als sonst. Wir tranken Tee, und ich brachte nicht den Mut auf, irgendetwas zu kommentieren, denn sogar in dieser eher säkularen Umgebung herrschte Gebetsatmosphäre. Es war der 1. Februar, aber das Wetter war frühlingshaft.

Die nächsten Tage verbrachte ich damit, durch die Straßen Teherans zu ziehen, immer auf der Suche nach meinen Fedadschin-Freunden und natürlich besonders Nuschin. Ich lauschte den Geräuschen der neuen Zeit. Am Ferdowsi-Platz klirrten die eingeschlagenen Fenster der Melli-Bank, während die Händler nebenan die Kunden überfreundlich zu sich ins Geschäft einluden und ihre Waren verbilligt anpriesen. Vor den Toren der großen Universität hatte sich eine Menge versammelt, die wild darüber diskutierte, ob das Land „Islamische Republik" oder „Sozialistisch-Islamische Republik" heißen würde, bis drei Streithähne so sehr aneinandergerieten, dass es zu Handgreiflichkeiten kam. Als ein Soldat in die Luft schoss, zerstreute sich die Menge. Zwei Straßen weiter hatte sich ein Autokorso gebildet, der unter Dauerhupen seine Meinung kundgeben wollte, wobei aber niemand mitbekam, was für eine.

Afschins Bruder, der mich begleitete, las mir ununterbrochen die Parolen an den Wänden vor: „Nieder mit dem Schah!", „Bachtiar raus!", „Gott ist groß und Chomeini ist unser Führer", „Tod der blutrünstigen Monarchie!", „Bruder Offizier, wir sind eine Familie!". Es stank zum Himmel, denn niemand räumte mehr den Müll weg und ich musste mit meinem Stock auf der Straße herumstochern, um nicht in Unrat zu treten.

An einer Ecke wurde lautstark und mit militaristischen Parolen für die Freiheit der Frau demonstriert, an der nächsten eine streng nach den Regeln des Frühislam lebende Gemeinschaft gefordert. Tagsüber kochte die Stadt in einem lauten Chaos, nachts aber mischten sich die Allahu-Akbar-Rufe mit dem Jaulen der Hunde, Fauchen der Katzen und einzelnen Gewehrschüssen, von denen man nicht wusste, ob sie aus Lautsprechern kamen oder tatsächlich aus Waffen.

Immer wieder ging ich zu dem Teehaus am Bahnhof und wurde hinauskomplimentiert. Wollten mich meine Freunde bei den Volksfedadschin loswerden? Hatte ich ohne es zu wissen jemanden verraten? Warum meldete sich Nuschin nicht, hatte sie ein Herz aus Stein? Oder wollten sie am Ende keinen blinden Sympathisanten haben?

Am Abend des 9. Februar saß die ganze Nachbarschaft wieder bei Afschin, denn man zeigte die Aufzeichnung von Chomeinis Ankunft in Teheran noch einmal im Fernsehen. Alle waren bester Stimmung, die Leute von nebenan hatten Süßigkeiten und Pistazien mitgebracht und sogar Afschin und seine Frau schienen versöhnt. Afschin meinte großspurig, in der Freiheit sei für alle Platz, während seine Frau ein deutliches „Wir werden sehen!" einwarf.

Zunächst hörten wir nicht genau hin, als draußen einzelne Schüsse fielen. Doch das Geknatter der Kalaschnikows, G3s und Uzis wurde immer lauter. Schließlich hörten wir Schreie aus der gegenüberliegenden Luftwaffenbasis. Das Wohnzimmer leerte sich, denn wir alle strömten auf die Straße, um herauszufinden, was los war. Niemand schien die Ausgangssperre zu beachten. Schließlich kamen einzelne Kadetten aus der Basis und berichteten, dass die Kaiserliche Garde einen bewaffneten Angriff auf die Kadetten führte. Jemand rief: „Lasst uns das Waffenarsenal aufbrechen!" Eine andere Stimme meinte: „Nur zu, wir haben den Schlüssel, kommt einfach mit." An diesem Punkt teilte sich die Gruppe und Homa zerrte uns zurück ins Haus. Afschin und ich wollten protestieren, aber ihr Argument, dass wir nicht schießen könnten, sondern nur erschossen würden, war leider stärker.

Nach einer Weile klingelte es und als Homa öffnete, stieß sie einen Schrei aus. Wir hörten ein Stöhnen und ein Mann humpelte ins Wohnzimmer und ließ sich auf den Teppich fallen. „Alles ist aus, alles ist vorbei, unser schönes Kaiserreich", winselte er in starkem Isfahaner Dialekt. Homa brachte Bandagen und eine Schüssel Wasser, um seine Wunden zu säubern und ihn zu verbinden. „Ein glatter Durchschuss am Unterschenkel, das heilt schnell", sagte sie fachmännisch, während er jammerte.

„Bitte schmeißt mich nicht raus, dieser Mob wird mich steinigen und bei lebendigem Leib verbrennen", bettelte er weinerlich.

„Was ist da drüben los?", erkundigte sich Afschin halb erbost, halb erfreut.

„Die Kadetten haben die Chomeini-Sendung gesehen und waren außer sich. Dann sind wir eingeschritten und wollten sie zur Räson bringen."

„Mit dem Sturmgewehr?", fragte ich ungläubig. „Das habt ihr davon."

„Wie denn sonst, wir haben doch nichts anderes, um uns durchzusetzen", klagte der Verwundete.

„Das hättet ihr euch auch früher überlegen können", entfuhr es mir und ich musste an den Chauffeur von neulich denken. Was der wohl gerade machte? Befehle zur standrechtlichen Erschießung geben? Oder vielleicht sich im eigenen Blut auf dem Boden wälzen?

„Was hast du denn auf der Basis gemacht?", erkundigte ich mich weiter.

„Ich war Koch bei der Kaiserlichen Garde", jammerte der Mann. „Schon seit zwei Jahren. Und jetzt ist mein Küchenhelfer vor meinen Augen von diesen Schweinen erschossen worden. Er lag vor mir auf dem Boden und hat mich noch kurz angesehen wie ein Schaf, das man gleich schlachtet, und plötzlich kam ein Schwall Blut und gelbe Flüssigkeit aus seinem Mund."

„Und wo hast du dann dein Maschinengewehr her?", fragte Afschin.

„Ich hab doch gar keins, ich habe nie schießen gelernt", sagte er.

„Und warum sagst du dann ‚wir haben nur Gewehre, um uns durchzusetzen'?", meinte Homa. „Du gehörst doch gar nicht zu diesen Blutbestien."

„Ich bin doch dieser Einheit zugeteilt, aber es ist alles aus, alles aus", brach es verzweifelt aus ihm heraus. „Bevor ich sterbe, habe ich nur einen letzten Wunsch. Bitte benachrichtigt meine alte Mutter, dass es mir gut geht, damit sie nicht selbst auch noch vor Aufregung stirbt."

„So schnell geht das nicht, aber bevor du fährst, musst du dich schon ein paar Tage kurieren", sagte Homa.

„Bitte helft mir", flehte er mit zitternder Stimme, „kann nicht einer von euch nach Isfahan fahren? Meine alte Mutter, ach meine alte Mutter. Hier ist Geld, ich brauche es nicht, ich werde sowieso umgebracht, und ich schwöre, ich jage mir ein Messer zwischen die Rippen, wenn ihr mich vor die Tür setzt."

Das Schießen draußen eskalierte jetzt und die Menge skandierte „Pirusi, pirusi", Sieg, Sieg.

„Lass doch den armen Onkel hierbleiben, Mama", bettelten die Kinder.

„Imperialistenkoch", knurrte Afschin.

„Du kennst deine eigenen Klasseninteressen nicht", informierte ich den Militärkoch, „aber ich werde dir helfen – unter einer Bedingung. Ab jetzt gehörst du nicht zu einer Militäreinheit, sondern du denkst immer daran, dass es viele andere Köche in deiner verdammten Lage mit ihren eigenen alten Müttern gibt. Dafür ist die Revolution gut."

„Jaja, ich mache, was ihr wollt, und denke, was ihr wollt, wenn ich das alles überhaupt überlebe."

Am nächsten Morgen hatte ich mir einen Plan zurechtgelegt. Ich würde wieder nach Isfahan zurückkehren, kurz die Familie des Kochs besuchen und dann Mansour, den Bruder Hadschchanalis, aufsuchen, um mit ihm in Isfahan die Revolution in die richtige Richtung zu lenken. Noch in der Nacht waren viele Waffenlager geöffnet und Pistolen und Gewehre an Zivilisten verteilt worden und das verhasste Militär hatte aufgegeben. Mir wurde allmählich klar, dass ich in Isfahan doch mehr gebraucht werden könnte als in Teheran.

Die Zelle roch nach Metallrost, rohem Gestein und Erde. Der Sänger Farid zitterte und klapperte unablässig mit den Zähnen, obwohl die Luft heiß und stickig war. Er war der einzige von uns, der ein wenig Sehkraft besaß. Pirous seufzte alle fünf Sekunden und schuf sich mit Gewalt ein wenig Raum. Chosro, der älteste von uns, rief wie ein krankes Kind, das seine Mutter suchte, nach mir, sagte dann aber weiter nichts, als wolle er sich nur vergewissern, dass ich noch da war.

„Haltet euer Scheißmaul, ihr verdammten gottlosen Musikanten, sonst kriegt ihr richtig was ab!", schrie der Revolutionsgardist in die Zelle, obwohl wir, wenn überhaupt, nur im Flüsterton miteinander gesprochen hatten. Zwei Doppelbetten, wie wir sie im Heim hatten, waren meiner Ansicht nach die besten Plätze im Raum, weil man sich darauf hinlegen und ausstrecken konnte, aber aus unerfindlichen Gründen blieben sie zunächst unbenutzt.

Der vorausgegangene Abend hatte eigentlich sehr gut begonnen: Ein Arzt gab eine große Abschiedsparty, bevor er mit Kind und Kegel in die USA auswanderte. Uns hatte er als Musiker engagiert.

„Blinden Musikern werden sie bestimmt nichts antun, falls sie unser Haus stürmen sollten."

Auch Farid galt allen als blind. Seine dicke Brille wurde anscheinend übersehen. Obwohl ich nie Alkohol trank, nahm ich das Angebot der Gastgeberin, seiner amerikanischen Frau, gerne an und schlürfte, als Zeichen des Protests, ein paar Schlucke Wein. In den vergangenen sechs Monaten, seit der Revolution, hatten wir kaum Gelegenheit gehabt, Musik zu hören, geschweige denn selbst zu musizieren. Nur Marschmusik, Hymnen oder Kampflieder waren erlaubt.

Chosro tanzte regelrecht auf seinem Stuhl und spielte seine Laute tatsächlich laut. Pirous wollte nicht aufhören, auf seinem Tar zu spielen, als es hieß, wir sollten nun Pause machen und etwas essen. Farid erreichte so hohe und so tiefe Töne, wie ich sie in unserer langjährigen Zusammenarbeit nie von ihm gehört hatte. Und ich? Ich hatte in diesen sechs Monaten bis dahin nur nach Vorträgen von Mansour ein paar Kampflieder gespielt und gesungen und mich, wenn ich von den Gardisten geschnappt worden war, dumm gestellt und als blinder Musikant ausgegeben, den man für einige Münzen angelockt hatte. An diesem Abend aber legte ich richtig los. Ich wünschte, meine Geige hätte sechs statt vier Seiten, damit ich alle fehlenden Basstöne in unserem Ensemble hätte mitspielen können. Ich spielte ein Lied nach dem anderen und stellte mir vor, die Musik sei ein fertiges Porträt, das man sich in einem Augenblick ansehen könne. Ich spielte alles molto allegro und lieferte Stück auf Stück, wie jemand, der vor einem reichhaltigen Büffet steht und von allen Speisen kostet.

Aber der Gastgeber hatte sich getäuscht: Gegen ein Uhr nachts stürmten Revolutionsgardisten das Haus. Die alkoholischen Getränke verschonten sie „für die ausländischen christlichen Gäste" und den Arzt ließen sie gegen „Barkaution" frei ... nur uns nahmen sie zum sogenannten „Komitee" mit.

Die Gardisten waren drei Jungen in meinem Alter, deren dörflicher Akzent ihre Herkunft aus Homayunschahr, nahe Isfahan, verriet. Sie selbst saßen zu dritt vorne, und wir zwängten uns hinten ins Auto der Gastgeberin hinein, das sie offenbar konfisziert hatten. Nach sechs Monaten Schweiß- und Schmutzgestank, der zu einem ehrenhaften, volksnahen Zeichen aufgestiegen war, stach mir der Parfümduft der Gastgeberin, der noch deutlich wahrnehmbar das Auto erfüllte, in die Nase. Ich erkannte die Sitzauflagen ihres Autos und den Türgriff. Die Gardisten beschimpften uns und lachten darüber, dass sie uns nicht mal die Augen verbinden müssten. Ich war mir sicher, dass Farid innerlich ein wenig mitlachte. An den Straßenbiegungen erkannte ich, dass sie uns zum ehemaligen SAVAK-Gebäude fuhren. Ja, ich erkannte das Gebäude wieder, wobei es nun innen noch viel schlimmer nach Schweiß, Käsefüßen und Schimmel stank.

Wir wurden mit unseren Instrumenten und Taschen durch Flure gezerrt, wo andere – ihren Stimmen nach zu urteilen Jungen meines Alters – hin und her rannten und weitere Opfer in Zellen schoben.

Die Ohrfeigen, Peitschenhiebe und Schmerzensschreie machten uns sprachlos vor Angst.

Unsere Wächter brachten uns in einen größeren Raum, in dem ein älterer Mann durch seinen langen Bart hindurch Befehle erteilte: „Bring ihn in Nummer fünf, nein, den in den Keller. Was haben die denn gemacht?"

„Es sind gottlose Scheißmusikanten. Sie haben bei einer christlichen Orgie gespielt", sagte der Fahrer, den ich nun als den längsten unter seinen Kumpanen ausmachte.

„Schaut mich an, ihr Schweinehunde!", schrie uns plötzlich der bislang phlegmatisch, kalt und ruhig klingende Mann an.

„Die sind blind", sagte einer der Beifahrer, der uns am wenigsten beschimpft und sogar versucht hatte, seine Kumpanen zu mäßigen. Für zwei Sekunden blieb der Mann stumm, kam näher an uns heran. Sein schrecklicher Mundgeruch überwältigte mich.

„Die Stadt ist voll von Verbrechern. Musstet ihr unbedingt diese armseligen Blinden herbringen?", sagte er und seine Stimme wurde wieder phlegmatisch und heiser.

„Hätten wir sie nicht mit eigenen Augen gesehen, hätten wir es auch nicht geglaubt, Hadschi. Hier sind ihre Tatwaffen", rief der Fahrer aus und klopfte auf meinen Geigenkasten.

„Bring sie in die Fünfundvierzig, da ist es nicht so dreckig. Und daneben, in der Siebenundvierzig, kannst du ihre Instrumente unterbringen. Wir warten, bis unser ehrwürdiger Herr Geistlicher kommt. Das kann ich nicht entscheiden. Passt aber ab sofort auf, wen ihr hierherschleppt", sagte der Hadschi in einem unschlüssigen Ton.

Die drei Gardisten brachten uns in die Zelle, in der wir nun also standen und auf den sogenannten Revolutionsrichter – wahrscheinlich ein Mullah – warteten. Ich schätze, dass wir vier oder fünf Stunden dort ausharrten. Auf den Fluren wurde es allmählich still. Chosro und Farid lagen auf den Betten und schnarchten, aber Pirous seufzte ununterbrochen weiter. Plötzlich gab er sich einen Ruck und klopfte mit aller Gewalt gegen die Gittertür.

„Bruder, Bruder Gardist!", schrie er.

Chosro und Farid sprangen schockiert auf.

„Hadschi, ich habe wirklich nichts gemacht", winselte Chosro im Halbschlaf.

„Es ist kein Hadschi da", beruhigte ich ihn.

„Bruder!", schrie Pirous wieder.

„Halt doch dein Maul!", kam der Wächter angelaufen. „Was ist denn plötzlich?"

„Ich muss beten! Es ist Morgen! Ich muss mein Gebet verrichten. Ich bin nicht wie die hier. Gott und der Prophet, Friede sei mit ihm, wissen, welch ein gläubiger Moslem ich bin."

„Jaja, an deinem Beruf kann man das gut erkennen. Sei still, sonst reiße ich dir deine sinnlosen Augen raus."

Pirous weinte bitterlich und flehte den Gardisten an, er solle ihn hinausbegleiten, damit er zur Toilette gehen, sich waschen und beten könne. Der Gardist machte wortlos die Gittertür auf und zog ihn heraus. Er spuckte uns der Reihe nach an und nahm Pirous mit. Totale Stille. Ob auch Farid und Chosro Pirous im Herzen für seine Show auslachten oder vielleicht, anders als ich, hassten? Ich hielt ihn für zu naiv, um ihn zu hassen.

Farid flüsterte: „Es ist schon hell. Für das Morgengebet ist es eigentlich zu spät. Ich kann lesen, was unsere Vorgänger an die Wände geschrieben haben."

„Und das behältst du für dich?", protestierte ich und drängte ihn, uns vorzulesen.

„Wenn die mich hören, werde ich hingerichtet", flüsterte er so leise, dass ich ihn kaum verstand. Es waren wüste Beschimpfungen und Beleidigungen, bei denen selbstverständlich die Mullahs und Ajatollahs nicht gut wegkamen. Wir versuchten, unser Lachen und unsere Freude nicht preiszugeben, und genossen Farids Flüsterton, der mir um Längen besser als sein Gesang vorkam. Plötzlich aber hielt er inne.

„Was ist", fragte Chosro lauter, als es ratsam war, „warum liest du nicht weiter vor?"

„Pst!", machte ich.

Farid sagte, das, was er gerade lese, sei das Beste, was hier geschrieben stehe. Er hatte recht. Es war ein uns allen bekanntes, melancholisches altes Lied, das wir vor der Revolution immer auf Abschiedspartys und bei besinnlichen Anlässen mit der alten Starsängerin Delkasch gehört oder selbst interpretiert hatten:

„Wo du der Musik lauschst,
wo du auch Gesang hörst,
wo Liebesgeheimnisse ausgeplaudert werden,
erinnere dich meiner."

Das saß tief. Uns kamen die Tränen und, als wären wir ins Gebet vertieft, vernahmen wir kaum, dass Pirous wieder hereingeführt wurde.

„Heult ihr schon jetzt? Ihr Angsthasen! Was wollt ihr denn erst machen, wenn euer Urteil gefällt wird?"

Pirous schien sich gut mit den Gefängnisverwaltern arrangiert zu haben. Er bedankte sich freundlich bei dem Gardisten, schob uns in seinem Beisein beiseite und sagte triumphierend: „Gott gibt jedem das, was er verdient. Habe ich euch nicht dauernd gesagt, wir sollten nur revolutionäre islamische Lieder spielen?"

Seine Stimme klang wie ausgewechselt. Er sprach in einem sicheren Befehlston und räusperte sich fast in jedem Satz.

„Bruder", entließ er den Gardisten, „ich passe schon auf die hier auf. Keine Sorge." Sein Mund roch nach Tee und er schnalzte unauffällig mit der Zunge, wie jemand, der zwischen den Zähnen nach Essensresten sucht und sie hinunterschluckt. Außer Pirous, der wie verwandelt Gebetssprüche von sich gab und uns verfluchte, sprach keiner.

Nach etwa einer Stunde kam der Gardist mit drei Wächtern und begleitete uns ein Stockwerk höher. Ich musste lachen, weil sich Farid, der uns normalerweise führte, führen ließ. Wir wurden in ein kleines Büro gebracht und auf schmutzige Sessel gesetzt. Die vier Gardisten gingen in den Nebenraum und berieten sich offenbar.

„Sollen wir die drei hängen oder erschießen?", sagte einer, der bisher kein Wort gesprochen hatte. Er klang fast weiblich.

„Ach, wenn ihre Scheißinstrumente zerstört sind, dann sterben sie von selbst", sagte unser Nachtwächter.

Ich war wegen meiner Geige den Tränen nahe.

Eine Tischglocke klingelte und wir wurden in den nächsten Raum geführt. In einem geräumigen Büro saß – der Stimme nach zu urteilen – ein dicker alter Mullah an einem großen Tisch und räusperte sich ständig. Um ihn herum standen weitere Gardisten oder Gehilfen, die mit Papierarbeiten beschäftigt waren und immer wieder „Sicher, Herr Ajatollah" sagten.

Einer unserer Begleiter wies auf uns und erzählte, dass wir „Musikverbrechen" begangen hätten. Wir seien blind, doch trotzdem Missetäter. „Grüßt den Herrn Revolutionsrichter, schnell!", herrschte uns der Begleiter an, wie man Kinder anschreit.

„Ich grüße euch zurück", antwortete der Revolutionsrichter, ohne auf unseren Gruß zu warten.

Pirous winselte: „Herr Ajatollah, ich gehöre nicht zu ihnen. Fragen Sie den Bruder hier. Ich habe heute beim Verrichten meines Morgengebets der Musik abgeschworen. Diese hier, das sind Leute, deren Herzen Gott einen Unwissenheitsstempel aufgedrückt hat. Taub, stumm und blind sind sie. Genau wie es im Heiligen Buch steht."

„Du hast nicht darüber zu urteilen, wer wie ist. Das ist mein Recht", herrschte ihn der Mullah an.

„Er hat schon recht, großer Ajatollah. Er …"

„Ruhe, ich weiß, wer recht und wer unrecht hat", beendete der Mullah das Gespräch.

„Wie alt bist du?", fragte er und tippte mit einem Lineal auf Chosros Hand.

„Fünfundvierzig", sagte dieser zitternd.

„Kannst du noch ein wenig sehen?", fragte er Farid.

„Nur manchmal", kam es heiser aus ihm heraus.

„Komm näher", wandte der Mullah sich an mich. „Kannst du die erste Koransure auswendig?"

„Eigentlich ja, aber jetzt habe ich sie wegen der Misshandlungen durch Ihre Gardisten total vergessen", sagte ich ängstlich, weil ich dachte, er wolle mich in meiner Ignoranz der islamischen Grundsätze bloßstellen.

„Wo habt ihr Musik gespielt?"

„Auf einer Privatfeier, Herr Richter", antwortete der Ruhigste, der Beifahrer aus der letzten Nacht.

„Diese drei sind frei. Behaltet aber ihre Instrumente, sie werden vernichtet. Dieser hier", er wies deutlich wahrzunehmen auf Pirous, „bleibt für vierzig Tage hier. Er ist ein Heuchler. Schluss."

Sprachlos vom Schock ließen wir uns hinausführen und hörten nur Pirous, wie er kreischend in den Keller begleitet wurde.

Verwandelt wie Pirous waren seit der Wiedereröffnung der Musik-
abteilung auch meine Radiokollegen. Die Sängerinnen erschienen
von selbst nicht mehr. Es war gar nicht nötig, dass die neuen,
bärtigen Leiter sie absetzten. Gesang von Frauen war jetzt komplett
verboten. Anstelle von Frauenstimmen begleitete nun ein Chor
von Schuljungen unsere Sänger, die ausschließlich religiöse Lieder
darboten.

Es verging fast kein Tag, an dem ich in den Radionachrichten
keine Namen von Menschen hörte, die hingerichtet worden waren.

Innerlich kochte ich vor Wut und überlegte, wie ich in irgendeiner
Weise den Heiligenschein dieses Regimes infrage stellen könnte.
Die Teilnahme an Demonstrationen und das Verteilen von linken
Zeitungen und Flugblättern reichten mir nicht mehr. Ich war der
Ansicht, dass man alle nun dem neuen Regime zugehörigen Organe
durch den Kakao ziehen müsse.

Das Regime kleinzukriegen, das war mein Ziel, und damit fing ich
quasi vor meiner Haustür an. Ich dachte an die zahlreichen Hörer-
briefe in Blindenschrift, die ich vorlesen musste. Herr Borsoui,
einer der bekanntesten Moderatoren von Radio Isfahan, übergab
sie mir immer. Er war Leiter der Nachrichtenredaktion. Da man
nichts bei ihm fand, was darauf hindeutete, dass er ein Anhänger
des Schahregimes gewesen war, durfte er nach einer Weile wieder
auf seinen Posten zurückkehren. Borsoui hatte einen ziemlichen
Spaß daran, mich zu sich ins Büro einzuladen und aus meinem
Vorlesen eine Vorführung zu machen, der dann mindestens zehn
Leute aus der Radioverwaltung beiwohnten. Damit sollte bewiesen
werden, wie stark Radio Isfahan unter den Blinden verbreitet
war. Oft musste ich die Briefe für neu hinzugekommene Personen
wieder und wieder vorlesen.

Ich musste an Parvin und an meine Mathe- und Aufsatzlehrer

denken, als ich beschloss, selber einen anonymen Brief an die Adresse der Radioverwaltung zu schreiben. Und tatsächlich: Nach einer Woche bestellte mich Herr Borsoui zu sich ins Büro. Es waren wieder etwa zehn Personen da und schienen gespannt darauf zu warten, was die blinden Zuhörer zu den neuen Radiosendungen zu sagen hatten. Ich las erst ein paar Zeilen des Briefes vor und versuchte, mein Gesicht zusammenzuziehen. Dann spielte ich den Verärgerten: „Nein, so etwas lese ich nicht."

Tatsächlich war es natürlich mein eigener Brief. Ich hörte, wie alle Blicke zu Herrn Borsoui und dann wieder zu mir wanderten.

„Warum nicht?", fragte Herr Borsoui besorgt. „Sie brauchen sich nicht zu schämen. Wir wollen alles hören. Auch Kritik."

Nach mehrmaliger Aufforderung las ich, innerlich triumphierend, den Brief vor: „Ihr Verräter der Radiohörer und Verschwender des Volksbesitzes, ihr Wendehälse und Neumuslime, ihr Sprachrohre und Lautsprecher der Gefängnisse und Hinrichtungsplätze, ihr Kettenhunde der Mullahs und Verräter der wahren Revolution, ihr Feinde der Demokratie und der Freiheit, ihr Gegner der Musik, der Technik und jeglichen Fortschritts: Ich würde meinen Radioapparat schnurstracks in die Toilette werfen, wenn ich gezwungen wäre, eure Scheißsendungen zu hören. Sendungen, die aus nichtssagender und hetzerischer religiöser Propaganda bestehen und in denen ihr voller Stolz lange Listen von Menschen vorlest, die für ihre Überzeugungen, die denen eurer Mullahs widersprechen, hingerichtet oder inhaftiert worden sind. Ein Rülpser von Chomeini und ihr sendet es zwölfmal in den Nachrichten. Aber von der Unterdrückung des Volkes, der Entrechtung der Frau und der Teuerung der Lebensmittel berichtet ihr nicht. Während in den Moscheen die Lautsprecher täglich mindestens für ein paar Stunden schweigen und uns in

Ruhe lassen, hetzt ihr unaufhörlich gegen Andersgläubige und tut katholischer als der Papst …"

Ein tiefes Schweigen füllte das Büro. Ich verfluchte den Schreiber und knallte die Papiere auf den Tisch.

„Ich hoffe, ich brauche nie wieder solch einen Brief zu lesen", heuchelte ich und strengte mich an, die Mimik eines zornigen und verbitterten Menschen nachzuahmen. Wie gern hätte ich die Gesichter der anderen sehen und lesen können.

Es dauerte nicht lange, bis uns Musiker das gleiche Schicksal ereilte, das vielen Künstlern nach der Revolution widerfuhr. Als ich mich an einem heißen Mittwoch darauf freute, gleich im klimatisierten Studio ein neues Lied zu proben, und ins Funkhaus hineinwollte, wurde ich vom Pförtner, dem nach dem Regimewechsel nun ebenfalls die religiösen Gefühle überquollen wie der Schaum im Bad, daran gehindert, ins Studio zu gehen. Ich solle mich in den großen Konferenzraum im dritten Stock begeben. Der neue Direktor erwarte mich.

Ich traf dort alle meine Radiomusikerkollegen außer unserem Tar-Spieler und dem Pianisten. Man hatte die beiden bereits entlassen, weil sie vor zwei Jahren, als Königin Farah Isfahan besuchte, vor ihr gespielt hatten. Zum Beweis zeigte uns Herr Borsoui, der altgediente Radiosprecher, Zeitungsausschnitte und legte sich sehr ins Zeug, als er daraus vorlas. Dann wurden wir der Reihe nach beschuldigt, Freunde des Ex-Regimes gewesen zu sein, wobei immer irgendein anderes Bild oder ein Aktenvermerk als Beweis unserer Schuld angeführt wurde. Als ich an die Reihe kam, zeigte Herr Borsoui einen kurzen Film, der mich in Erinnerungen an Vergangenes versetzte.

Einmal, in meinem dritten Jahr im Funkhaus, waren wir nach

Natans eingeladen worden, um dort ein Konzert zu geben. Bis dahin hatten wir immer nur im Studio gemeinsam musiziert, dort aber waren wir in sechzehnköpfiger Besetzung aufgetreten und hatten Lieder gespielt, Farid und Daria, unsere Sängerin, hatten gesungen, und wir hatten lang anhaltenden Beifall erhalten. Dann hatte es ein Abendessen gegeben, bei dem gebackene Hähnchen gereicht wurden, wie ich sie noch nie gegessen hatte.

Als Herr Borsoui die Anschuldigungen gegen mich vortrug, musste ich innerlich lachen.

„Du nimmst also Hähnchen aus der Hand des Gouverneurs des Schahregimes an? Entlassen!"

Damals hatte ein wohlriechender Herr neben mir am Tisch gesessen, der mich freundlich gefragt hatte, ob ich vielleicht von dem Hähnchen probieren möchte. Ich hatte zustimmend gedankt und das gute Stück tierisch schnell aufgegessen. Ein beleibter Mensch hatte mir von hinten auf die Schulter geklopft und mich gefragt, ob ich denn wisse, wer da neben mir sitze. Ich hatte verneint, woraufhin er mir verraten hatte, dass es der Herr Gouverneur persönlich sei und ich gut daran täte, anständig zu essen. Statt zu gehorchen, hatte ich gesagt, dass auch die englische Königin Elisabeth ihre Hähnchen angeblich mit den Fingern esse. Wenn dem so sei, dann sei auch sie unanständig, hatte mich der beleibte Mensch gewarnt.

Ich merkte kaum, wie Farsad, der inzwischen offenbar auch entlassen worden war, mich an der Hand nahm und nach draußen begleitete. Er bestand darauf, mich nach Hause zu fahren, und beschimpfte die neuen Machthaber mit gehässigen Worten. Sie hätten, meinte er, nichts außer Winselgesängen und Trauerliedern im Sinn. Denn einen eigenen Kopf hätten sie ja nicht.

Das war also die Revolution: Ich war beim Radio gefeuert worden, vollkommen mittellos, dazu mit einem fanatisierten Vater

konfrontiert und konnte nicht zurück in mein mir verschlosse-
nes Blindenheim, in dem eine islamische Führung die Leitung
gewaltsam an sich gerissen und unsere wertvolle Bibliothek als
unlesbares Teufelszeug aufgelöst hatte. Schlimmer noch, ich suchte
die Straßen und Gassen Isfahans vom armenischen Viertel Jolfa bis
zu den Vierteln hinter dem Basar nach Fati und vor allem Nuschin
ab, aber keiner hatte die beiden gesehen, weder an der Universität
noch im Nurestanheim. Oft stand ich mit klopfendem Herzen
vor ihrer kleinen Wohnung und klingelte in der Hoffnung, dass
doch die Tür sich öffne und die helle Stimme Nuschins in meinen
Ohren klänge. Aber die einzige Stimme, die ich zu hören bekam,
war die keifende Alte im darüberliegenden Stock, die mich mit den
Worten vertrieb, hier wohne niemand mehr, denn die beiden
Frauenzimmer seien bestimmt längst vom Revolutionskomitee
verhört worden und in ein dunkles Verlies verschwunden, was
ihnen bei ihrem losen Lebenswandel sowieso gebühre. Nach
solchen Versuchen irrte ich wieder durch die Stadt und fand mich
oft am Ufer des Zayandeh wieder, wo ich stundenlang dem leichten
Glucksen des Rinnsals lauschte, zu dem dieser Fluss geworden
war. Ich stellte mir vor, wie das Wasser in die Ferne floss, in eine
Gegend, wo man frei leben, Musik machen und ohne Geheimdienst,
Militär und Fanatismus lebten konnte. Ich stellte mir vor, wie es sei,
meine konfiszierte Geige wiederzuhaben, um meiner Klage über
den Verlust Nuschins wenigstens musikalisch Ausdruck verleihen
zu können. Wenn dann irgendwann ein ekelhafter, verwanzter
und räudiger Hund sich an meiner Seite niederlassen wollte, stand
ich auf und wünschte mir, diese scheußliche Revolution verbluten
lassen zu können, so wie das Ungeziefer diesen Hund bald dahin-
raffen würde.

* * * * *

Diese letzten Zeilen berührten immer schon mein Innerstes, klang es doch nach dem Nader, den ich kurz vor unserer gemeinsamen Abreise gekannt hatte. Melancholisch, enttäuscht, von einer unerfüllten Sehnsucht zerrissen und ohne Ausweg. Zwar hatte Nader sich durchaus selbst in diese Situation hineinmanövriert, aber wie der Dichter sagt: „Willst du mir keine Krone aufsetzen, so versetz mir wenigstens auch keinen Dolchstich." Ich bin der Letzte, der Nader unter diesen Umständen allein gelassen hätte, und als ich ihn bei seiner Familie besuchte, lud ich ihn zu mir ein. Wie viele Nächte saßen wir dann ratlos, deprimiert und entmutigt zusammen, schimpften über die neuen und die alten Machthaber und sinnierten über unsere gemeinsame Kindheit. Ich dachte, ich sei ihm wieder sehr viel nähergekommen, nachdem er sich so hochmütig von uns Spießbürgerlichen abgesetzt hatte. So verschaffte ich ihm eines Tages auch wieder eine Geige, die ich im Teheraner Basar bei einem Händler gefunden hatte, der Diebesgut aus den enteigneten Häusern der Reichen im Norden der Stadt zu Billigpreisen verschleuderte.

Mich wunderte damals immer, dass Nader sich mit den Verhältnissen nicht arrangieren wollte. Er schien verbissen nach irgendeinem Ausweg zu suchen, wobei es ihm fast egal war, wie dieser aussah. Immer wieder bedrängte er mich, dass wir zusammen, wie er sich ausdrückte, abhauen sollten. Ich hingegen hatte mich längst daran gewöhnt, als Spielball anderer herumgetreten zu werden. Ich musste schon früh lernen, mich durch Taktieren und Lavieren irgendwie über Wasser zu halten. Mir konnte niemand mehr Ideale aufschwatzen und eine bessere Welt vorgaukeln. Das hat sich seither, trotz meiner ganz anderen Umgebung hier im Westen, auch nicht mehr geändert. Nur ein Beispiel: Ich hatte nach meinem gescheiterten Studium wegen hervorragender Kenntnisse in meiner Muttersprache Persisch und meiner Stiefmuttersprache Deutsch beschlossen, die Dolmetscherprüfung bei der Industrie- und Handelskammer in Bonn abzulegen. Als ich zum ersten Mal dort vorsprach, verwies mich eine strenge Damenstimme des Ortes und teilte mir mit, hier sei keine Blindenschule. Ich kam dann mit meinem Freund Schahrjar wieder, und diesmal dauerte es nur eine halbe Stunde, bis wir die Herrschaften überzeugt hatten, dass – man höre und staune – auch blinde Iraner Deutsch lernen können. Diese erstaunliche Erkenntnis führte immerhin dazu, dass sie mir einen Stapel Papier zur Vorbereitung der Dolmetscherprüfung mitgaben und sagten, wenn ich zu viel Zeit habe, solle ich mir diese Dokumente vorlesen lassen. Ich brauche mir aber keine Hoffnungen auf Zulassung zu machen, denn diese Arbeit könnten Blinde nicht verrichten. Vor der nächsten Prüfung einige Monate später konnte ich nur unter Hinweis auf Behindertendiskriminierung durchsetzen, dass ich überhaupt zum Examen zugelassen wurde. Schahrjar wollte mich unbedingt begleiten, weil er so empört über diese Institution war. Den Abend vor der Abreise verbrachten wir kiffend in meiner Bude und drohten dem globalen Kapitalismus sein Ende an, wie wir es einst kurz vor der Revolution schon getan hatten. Auf der Reise mit dem Bummelzug las mir Schahrjar potenzielle Prüfungstexte aus dem iranischen und deutschen Recht vor, und ich fühlte mich beschwingt und siegessicher, die schriftliche Antwort lautete dann aber leider „neunundfünfzig Punkte", wobei zum Bestehen sechzig Punkte notwendig gewesen wären. Schahrjar forderte von mir, nach Bonn zu fahren und zu protestieren, da wir beide das Gefühl hatten, hier gehe es nicht mit rechten Dingen zu. Ich war zu faul und fand alle möglichen Ausreden, bis sich der nächste Termin näherte – ganze zwei Jahre später. Mittlerweile hatte Schahrjar dem Hasch abgeschworen, sodass wir einen wesentlich zahmeren Abend vor dem Examen hatten, doch es nützte alles nichts, der automatisch erzeugte Zettel kündigte mir wiederum neunundfünfzig der notwendigen sechzig Punkte an. So geht es in meinem Leben immer zu und ich wusste sowieso, dass es auch beim dritten und letztmöglichen Mal nicht klappen würde, so sehr mich Schahrjar auch mit bösen und guten Worten zu überreden suchte. Zu Frau Fadensticker, wo ich mir meine monatlichen Alimente abholen konnte, war der Weg viel kürzer und bequemer.

Wie man daran sieht, braucht es keine Revolution, um grundsätzliches Scheitern zu erleben. Das ganze Leben ist eine einzige Niederlage.

EMIGRATION

Meine Vorstellung vom Ausland entstammte hauptsächlich Romanen und einigen Erfahrungsberichten. Während mir der gesamte Westen polarkalt und immer winterlich vorkam, dachte ich, dass der Orient vielerorts von Hitze und Wüste geprägt sei und dass dort fast ausnahmslos die Sonne scheine. Je länger aber die neue Zeit andauerte, desto weniger wärmend erschien mir diese Sonne. Mit meiner kritischen Haltung, meinen Äußerungen und Aktivitäten gegen das neue Regime konnte es nicht lange dauern, bis ich für längere Zeit hinter Gitter musste, wenn mir nicht sogar noch Schlimmeres drohte. Kurzzeitige Festnahmen gaben mir eine Vorahnung. Musik, Demonstrationen und der Besuch von Vorträgen wurden mit Gefängnisstrafen geahndet.

Jugendliche meines Alters, die oft nach Schweiß und Dreck stanken, einen vulgär anraunzten und sich Revolutionsgardisten nannten, liefen allerorts herum und nahmen nach Belieben Menschen fest. Hatte ich in meiner Kindheit meine Musik nur vor meinem Vater verstecken müssen, war sie nun vor der gesamten neuen herrschenden Schicht zu verheimlichen. Hinzu kam, dass ich nach dem Abitur noch stärker von Neugierde befallen war und nach meiner

Immatrikulation an der Universität Teheran in Soziologie um jeden Preis reisen und im Ausland studieren wollte.

„Für dich ist es doch überall gleich", meinte Kamran, einer meiner Kommilitonen, der oft in den Unikursen des ersten Semesters neben mir saß und mich mit seinen naiven Aussagen und Fragen in Bezug auf Blindheit nervte.

Die Politik drang so stark in den Alltag ein, dass sie sogar mir als politisch Interessiertem zu viel wurde. Es reichte, einem Taxifahrer den alten Namen einer Straße zu sagen, weil man den neuen, postrevolutionären noch nicht wusste, schon entzündete sich eine Diskussion. Entweder war der Taxifahrer ein Anhänger des neuen islamischen Systems und beschimpfte einen, oder er war dessen Gegner, dann fing er an, mit einem zu diskutieren, wessen Anhänger man denn selber sei.

Das Fass zum Überlaufen brachte aber ein mir besonders wichtiges Buch, welches ich vor der Uni von einem fliegenden Buchhändler erstanden hatte. Lenins *Kinderkrankheiten* waren in meiner Fantasie zu einem Liebesroman geworden, nachdem Nuschin so sehr insistiert hatte, ich müsse dieses Buch lesen. Eines Tages war ich im Bus unterwegs zu Mansour, der mir, obwohl viel beschäftigter Anwalt, das Buch vorlesen wollte. Zwei ungehobelte jugendliche Revolutionsgardisten betraten den Bus und befahlen barsch: „Kontrolle, alle Taschen aufmachen." Bevor sie mich erreichten, hatten sie schon eine Schnapsflasche, eine Flöte, eine Opiumpfeife und ein paar andere Kleinigkeiten erbeutet. Ich dachte, sie seien sowieso nicht an Büchern interessiert, und öffnete meine Tasche einen Spalt weit. „Zieh mal dein Buch raus, du kannst doch gar nicht lesen", sagte der eine mit zeternder Stimme. „Das ist mein Gebetbuch, das kann ich nicht hergeben", antwortete ich vielleicht einen Deut zu ängstlich. Der andere, etwas ruhigere zog das Buch heraus, blätterte es durch und sagte: „So sehen keine Gebetbücher aus, komm mit, Bruder."

Drei Stationen weiter hakten sie mich fest in der Mitte unter und schleppten mich zu einem nahe gelegenen Haus des örtlichen Revolutionskomitees; sie führten mich in den Keller. Sie schlossen mich ein. „Du wartest bis der Hadschi kommt und uns das Buch vorliest", gaben sie mir bekannt.

So saß ich für mehrere Stunden im Feuchtkalten, bis ein muffiger Mullah ächzend die Treppe herunterkam. „Das ist also dein Gebetbuch, du Hundesohn, ‚Kinderkrankheiten im Kommunismus'! An welcher dieser Krankheiten leidest du, du unterbelichtetes Gewächs?"

„Hadschi, was meinen Sie, ich habe dieses Gebetbuch des vierten Imam vor der Universität für fünf Toman teuer gekauft, und der Verkäufer hat mir versichert, das Lesen werde mir ein Glücksgefühl bescheren", sagte ich ruhig.

„Soso, mein Lieber, na dann sag mir doch mal, wie viele Suren der Koran enthält", kam es mir entgegen.

„Das weiß doch jeder Gläubige, hundertvierzehn Suren und sechstausendzweihundertunddreißig Verse", leierte ich mein Koranschulwissen herunter und dankte insgeheim meinem verhassten Vater, dass er mich zu diesem Unterricht gezwungen hatte.

„Na ja, das stimmt nicht ganz, aber immerhin", murmelte der Alte. „Wer weiß, vielleicht hat man dich beim Kauf betrogen, mein Sohn. Diesmal darfst du gehen, das Buch verbrenne ich für dich im Ofen. Damit heilen wir deine möglicherweise vorhandenen Kinderkrankheiten. Islam ist die beste Medizin. Aber wenn wir dich noch einmal erwischen, kannst du dir sicher sein, dass es auch andere Methoden der Heilung gibt." Damit verschwand er wieder und verriegelte die Tür. Zwei Stunden später kam der mit der zeternden Stimme und stieß mich vor die Tür, nicht ohne mir einen Abschiedstritt zu verpassen.

Ja, ich musste weg. Eines Tages brachte mich Kamran auf eine Idee, als er sagte: „Flieg doch einfach nach London, mit deiner Blindheit kommst du doch überall durch, und dann kannst du da irgendwas studieren." Mir war es in diesem Moment egal, ob ich Chinesische Grammatik oder Musikwissenschaften studieren würde, der alltägliche Druck wurde mir einfach zu groß …

Ich saß am Flughafen Heathrow in London und wartete seit über fünf Stunden auf Behnam. Ms Karen vom Immigration Office versicherte mir alle zehn Minuten, dass sie mir das Einreisevisum erteilen werde, vorausgesetzt, mein Freund und Verwandter komme mich tatsächlich abholen. Ms Karen war die Freundlichkeit in Person, aber sie traute mir nicht. Sie konnte sich nicht vorstellen, dass ich mich alleine in der Metropole London zurechtfinden würde. Ihre Stimme klang eher wie die einer Krankenschwester als die einer Grenzschützerin. Obwohl ich mich in ihrer Obhut sicher fühlte, ärgerte ich mich über sie.

Ich beschwor sie, dass ich mich in Teheran durchgeschlagen hätte und immer uneingeschränkt mobil gewesen sei, aber sie wiederholte: „I cannot take responsibility for that."

Sie brachte mir meinen allerersten Hamburger mit Pommes, und obwohl er frisch und schmackhaft duftete, konnte ich ihn vor lauter Sorge um das Visum nicht genießen. Seit eh und je mochte ich den Geruch von Motorradbenzin, weil er bedeutete, dass mein Vater wegfuhr. Es roch auch hier die ganze Zeit danach, allerdings war es Kerosin, das mir um die Nase wehte.

Ich dachte an meine Mutter, die in der letzten Woche sehr still geworden war. Sie hatte ihre Tradition beim Gebet gebrochen und am Ende ihrer täglichen Gebetsverrichtung sehr laut gebetet. Sie hatte Gott um meinen Schutz gebeten und darum, dass ich heil und reich nach Hause zurückkehren möge. Sie weinte nicht vor mir, aber ihre Stimme war ständig nasal und zittrig. Grundlos küsste sie mich und sagte: „So Gott will, kommst du wieder."

Mein Vater dagegen freute sich, dass ich endlich ins Ausland gehen und ein Studium aufnehmen wollte. „Vielleicht wird tatsächlich noch etwas aus dir, obwohl aus jemandem, der auch nur eine einzige Musiknote gespielt hat, normalerweise nichts werden kann. Von mir brauchst du nichts zu erwarten außer Abschiedsgrüßen."

Trotzdem hatte er mir einen Aktenkoffer geschenkt, den er sich vor einiger Zeit gekauft hatte und nun immer nach der Arbeit als Prestigeobjekt bei sich trug, wenn er mit seiner jungen zweiten Frau ausging. Diese Koffer hießen „Ingenieurstaschen". Ansonsten hielt er sich zurück und beteiligte sich nicht an dem Abschiedstrubel.

An meinem Abreisetag wartete meine Mutter mit einer großen Menschenmenge vor unserem Haus auf mich. Es waren sogar Leute da, die ich in meinem Leben vielleicht einmal gesehen hatte. Hossein Nabisadeh kam und zollte mir Respekt, weil ich ihn angeblich politisiert hatte. Sari, die Frau des freigelassenen Mansour und Behnams Mutter, weinte kurz und gab mir Geld. Sie sagte, ich solle Behnam in England treffen. Auch die Nachbarschaft kam und eine der Nachbarinnen gab mir sogar ein Halsband und gestand mir, sie liebe mich und werde auf mich warten, bis ich zurückkehren und sie heiraten würde. Alle taten so, als habe man ihnen das Herz gebrochen.

Meine Mutter stand als Einzige stumm da, während alle anderen mich mal durch ihre Tränen zum Weinen, mal durch ihre Witze zum Lachen brachten. Meine Mutter nahm mich ein letztes Mal fest in die Arme. Sie roch genauso wie meine Großmutter und wirkte auf mich mehr tröstend als trauernd, aber sie weinte leise.

Jetzt saß ich hier auf einer kalten, an der Mauer festgeschraubten Blechbank in einem englischen Großflughafen und tastete die rauen Betonwände ab, um mich mit diesem Raum vertraut zu machen. Etwas hallte wider und ich erahnte, dass Ms Karen hinter einer Scheibe saß. Sie schwieg jetzt und ich lehnte mich zurück an die hartkalte Wand hinter mir. In unruhigem Halbschlaf erinnerte ich mich an weitere Aufbruchszenen in Teheran.

Nora hatte mich an meinem letzten Tag im Iran nachmittags an der Universität abgeholt. Wir fuhren mit einem Privattaxi zu ihr, wo sie mir Brot und Käse zu essen gab und mich in ihr Zimmer führte.

Erstmals getroffen hatte ich sie genau achtzehn Monate zuvor im Ölbergheim. Sie war mit einer deutschen Schülergruppe aus Teheran gekommen, um das Blindenleben kennenzulernen. Während sich die anderen Schüler beim Mittagessen laut auf Deutsch miteinander unterhielten, saß sie neben mir und fragte als Erstes, warum ich nicht gerade sitze: „Du bekommst einen Bandscheibenvorfall, wenn du schief sitzt. Ich heiße übrigens Nora."

Mir gefiel ihr deutscher Akzent, aber ich antwortete bissig: „Und wenn du deinen Akzent nicht korrigierst, dann wächst dir die Zunge schief. Nader heiß ich."

„Bist du immer aggressiv oder nur gekränkt, weil ich recht habe?"

„Wieso bist du nicht bei deinen Schulkameradinnen?", fragte ich.

„Wir sind hier, um euch und das Heim kennenzulernen, wie ihr so lebt, lernt, lauft. Wie ihr so tickt halt. Ist das ein Problem?"

„Problem nicht, aber wie ticken wir denn deiner Meinung nach?"

„Wie alle Jungs. Bockig und aggressiv, aber trotzdem interessant."

„Soso, das hast du in der kurzen Zeit herausgefunden?", ärgerte ich mich.

„Korrigier mich doch! Wir sind nur heute da. Morgen fahren wir nach Teheran und wie ich höre, kommen ein paar von euch mit. Bist du dabei? Dann können wir uns doch vielleicht darüber unterhalten."

Sie sagte das in einem so eindringlichen Ton, dass ich entschied, zu fragen, ob ich mit der deutschen Gruppe mitfahren dürfe. Sie führte mich zur Geschirrabgabe, da der Saal wegen zusätzlicher Gäste überfüllt war und mir die Orientierung schwerfiel. Dabei merkte ich, wie natürlich und locker sie mich bei der Hand nahm. Sie ging weder unvorsichtig noch zu vorsichtig. War es ihr Bibliotheksgeruch, ihr Ton oder ihre freche Art, die mich nicht losließen, auch lange nachdem sie wieder zu ihrer Gruppe gegangen war? Nein, es war bestimmt ihre Hand. Ihre Hand strahlte eine Wärme, nein, eine Hitze aus, die mich ergriff.

Nun standen wir also in ihrem Zimmer, an meinem letzten Abend im Iran.

„Obwohl es Januar ist, hatten wir bisher keinen richtigen Winter", meinte Nora plötzlich. Ich dachte nur: Warum redet sie wie meine Mutter?

„Aber", fuhr sie fort, „in England ist es wirklich kalt. Ich habe dir eine Winterjacke gekauft."

„Mir wird doch nicht so einfach kalt", sagte ich trotzig, ohne wirklich nachgedacht zu haben.

„Wenn du möchtest, kannst du sie behalten. Zwei Goldmünzen wollte ich dir übrigens als Andenken mitgeben."

„Nein", entgegnete ich. „Gold ist typisch kapitalistisch."

„Aber du kannst es zu Geld machen und ausgeben, wofür du willst", insistierte sie und steckte mir die Münzen in die Tasche.

„Du kennst doch mein Nein", wehrte ich sie nun auch mit den Händen ab.

„Hast du eine Telefonnummer in England für mich?", fragte sie mit zusammengepressten Lippen und ich wusste nicht, ob sie sauer oder traurig war.

„Ich melde mich selbst bei dir", versuchte ich ihren Ton nachzumachen, aber ich war von den ganzen Reisevorbereitungen und Abschiedsfeiern so müde, dass ich dabei gähnen musste. Sie streichelte mir die Hand und versuchte, meine Blindenarmbanduhr zu öffnen, um sie sauber zu machen. „Du kannst dich hier bei mir hinlegen."

„Und du?"

„Ich kann nicht schlafen. Ich lese ein bisschen. Um vier Uhr kommt das Taxi", sagte sie, plötzlich ohne einen Hauch dieses enttäuschten Tons.

Ich wollte wieder etwas entgegnen, ließ mich aber stattdessen auf ihr Bett fallen und schlief ein. Sie weckte mich um drei, setzte mir ein Frühstück vor, aß aber selbst, trotz meines ständigen Nachfragens, nichts.

„Ich werde ab Juni für immer in Deutschland sein. Ich weiß noch nicht, wo genau. Du musst mir eine Telefonnummer hinterlassen", sagte sie ein weiteres Mal. Ich versicherte ihr, dass ich mich melden würde. Im Grunde hatte ich nur eine Telefonnummer von meinem Freund Behnam, unter der ich ihn jedoch bis dahin kein einziges Mal erreicht hatte. Wir fuhren schweigend zum Flughafen. Dort begleitete Nora mich zu einer netten, aufgeräumten Assistenzkraft des Flughafenpersonals, das der Geist der islamischen Repression offenbar noch nicht erfasst hatte. Er schien Noras Blick erraten zu haben, denn er schien sich vorsichtig zu seinen Kollegen umzudrehen und rief dann übertrieben betont lachend: „Ihr seid doch verwandt. Warum verabschiedet ihr euch wie Fremde?"

Und da konnten wir uns in die Arme nehmen und küssten uns.

Ihre feuchte Wange verschlug mir die Sprache. Ich weiß nicht, ob ich mich anschließend noch verabschiedet habe. Als ich im Flugzeug auf der Suche nach einer Süßigkeit zu meinem Tee in meinen Taschen kramte, stieß ich auf ein samtenes Kästchen. Zwei Münzen lagen darin, es waren Noras Goldmünzen. Sie fühlten sich wie Fünf-Rial-Münzen an, klangen aber viel dumpfer, als ich sie aufeinanderschlug. Statt mich über Nora und den Kapitalismus zu ärgern, vermisste ich sie unendlich. Es war das erste Mal, dass mir die Tränen kamen, weil ich jemanden außer meiner Mutter vermisste.

Ms Karen weckte mich aus meinen Gedanken. Sie erklärte, dass ihre Schicht zu Ende sei, sie mich aber Mr Jones anvertraue, der mir das Visum erteilen werde, wenn mein Freund endlich komme.

In ihrer Stimme schwang Skepsis mit, als sie das sagte. Sie gab mir keine Gelegenheit, sie zum Bleiben zu bewegen, sondern reichte mir freundlich die Hand – und ging. Mr Jones fragte mich mit frostiger Stimme, weshalb ich hier im Immigration Office säße. Ich sagte, dass mich Ms Karen hierhergeführt habe. Er nahm mich fester als nötig bei der Hand und setzte mich in einen Warteraum, in dem es kaum freie Plätze gab, die Menschen aber sehr still ausharrten, bis sie aufgerufen wurden.

„Bist du Iraner?", fragte mich eine ängstliche Stimme.

„Ja. Bist du aus Täbris?", fragte ich zurück.

„Nein, aus Resaieh, äh, ich meine aus Urmia."

„Ist es dir etwa peinlich, vorrevolutionäre Ortsnamen zu benutzen?", fragte ich.

Mr Jones kam herein und belehrte uns, dass hier nur Englisch gesprochen werde.

„Wir haben doch nichts gemacht! Warum ist er so verärgert?", fragte mein neuer Bekannter, der Dariusch hieß.

Mr Jones wiederholte seine Ermahnung lauter. Ich sagte ihm, dass der Herr nur Persisch und Türkisch könne.

„Dann muss er warten, bis unser Dolmetscher kommt", beendete Mr Jones das Gespräch und setzte mich auf einen anderen Platz um, wo – dem Gewürzgeruch nach zu urteilen – eine große pakistanische oder indische Familie auf ihr Schicksal wartete.

Aus Langeweile betastete ich zigmal mein Gepäck, das aus einem Koffer, meiner neuen Geige, die mir Musa verkauft hatte, sowie dem Aktenkoffer meines Vaters bestand.

Eine alte Frau sagte zu mir: „It's okay. You just have to wait. Don,t worry about your bags."

Ich verspürte Hunger, aber in meiner Ingenieurstasche gab es keine Süßigkeiten mehr. Schade, dass ich den Burger von Ms Karen vorhin so lustlos gegessen hatte. Was war denn nur mit Behnam los? Pünktlichkeit war zwar keine iranische Stärke, aber so lange konnte er mich doch nicht hier sitzen lassen.

Ich erinnerte mich noch genau an den Tag, als er zum Studium nach England geflogen war. Seine Mutter Sari hatte sich zwar darüber gefreut, dass er ein neues Leben anfing, konnte ihren Kummer wegen der Trennung von ihrem Kind aber nicht verheimlichen. Selbst Hadschchanali, der uns Linken sehr kritisch gegenüberstand, war an dem Tag ruhig gewesen und hatte uns mal nicht beschuldigt, das Land mit offenen Händen den Mullahs übergeben zu haben.

Sogar beim Abschied hatte Behnam versucht, seinen Onkel Hadschchanali zu provozieren: Ja, die Schahanhänger bekämen ihre gerechte Strafe, weil sie Leute von uns hingerichtet hätten. Hadschchanali hatte daraufhin nur gesagt: „Ich habe euch vorausgesagt, was aus uns wird. Wir sind jetzt Opfer eines islamischen

Staates. Dem ist ein Menschenleben nichts wert. Der Gottesweg hat sich bisher überall als erbarmungslos erwiesen."

Als ich nach ein paar Monaten den Wunsch geäußert hatte, zu Behnam nach England zu gehen, hatte sich seine Mutter gefreut: „Ach schön, dann habe ich zwei Söhne dort. Du kannst bei Behnam wohnen. Er freut sich bestimmt sehr."

Hadschchanali sagte nur: „Find ich gut. Revolution machen und dann abhauen, während wir es ausbaden."

Diesmal riss mich Mr Jones aus meinen Gedanken. Es war schon halb sieben abends. „Stehen Sie auf, es ist tatsächlich jemand gekommen, um Sie abzuholen. Aber zuerst müssen wir feststellen, was ihr wirklich vorhabt."

Was meinte er denn damit, „was wir wirklich vorhatten"? Er führte mich in ein winziges Zimmer.

Ich hörte Behnam, der aus Durham angereist war und verlangte, mich zu sehen, aber Mr Jones ließ es nicht zu und brachte ihn weg. Nach etwa einer Viertelstunde kam er mit Zettel und Stift zu mir und verhörte mich sehr grob.

„Was wollen Sie in England?" Fast mit jeder Frage sog er seinen Atem wie ein Frierender ein.

„Ich hatte Ms Karen und Ihnen schon gesagt, dass ich in Durham Politologie studieren möchte. Hier ist doch meine Zulassung."

„Und wer finanziert dich?"

Im Englischen besteht kein Unterschied zwischen duzen und siezen, aber anhand seines Tons merkte ich, dass er mich duzte.

„Mein Onkel", sagte ich.

„Aha", unterbrach er mich sofort. „Und dein Freund sagt, sein Onkel werde dich finanzieren."

„Ja, und? Ihr sagt doch zu etlichen Verwandten Onkel", verteidigte ich mich, aber er unterbrach mich wieder: „Die Lüge brauchst du nicht weiterzuspinnen. Kein Visum!"

Der Schock saß so tief, dass es mir die Sprache verschlug.

Behnam kam herein. „Dieses Schwein!", schrie er auf Persisch, statt mich zu begrüßen, nahm mich aber fest in die Arme und schien sich nach Mr Jones umzublicken. Behnams Stimme hatte sich verändert, er wirkte insgesamt älter und auf eine mir unerklärliche Art deprimiert. Wir tauschten Neuigkeiten aus, ich berichtete von der Zensur und der Unterdrückung linker Kräfte, er regte sich über die Monarchisten auf, die sich mit dem neuen Regime schon von England aus zu arrangieren versuchten. Schließlich bat ich ihn, mich hier rauszuholen. „Wenn die Nein sagen, kann man sie nicht mehr umstimmen", entgegnete er. „Zumindest erlaubt dieser Teufel uns, heute in die Stadt zu gehen und morgen Mittag zurückzukommen, wenn du willst."

Ich fragte nicht mal, warum er so spät gekommen sei. Später nannte er einige Gründe: Die Züge seien nicht gefahren, er habe eine Verletzung am Fuß gehabt und erst in die Klinik gemusst. Dann sei er falsch ausgestiegen und habe zurückfahren müssen, jemand habe sein Portemonnaie klauen wollen, aber er habe ihn erwischt, sei ihm hinterhergerannt und habe ihm die Geldbörse wieder aus der Hand gerissen und so weiter. Wir fuhren mit dem Zug in die Stadt. Einen so ruhig und bequem fahrenden Zug hatte ich noch nie erlebt.

In London war es kalt, aber mir machte die Kälte nichts aus. Ich wollte in diesen paar Stunden möglichst viel erleben. London stank nicht wie Teheran nach Rauch, dafür roch es in den U-Bahnstationen und in den Zügen unangenehm. Alles war ein wenig stickig. Wir aßen bei Burger King. Es schmeckte mir sehr, wahrscheinlich, weil ich so hungrig war. Dann fuhren wir zum Hyde Park, in dem an jeder Ecke Menschen verschiedenster Gruppen und Nationen herumschrien und für irgendwelche Personen oder Parteien warben oder aber Beschimpfungen und Beleidigungen gegen sie ausstießen. „Freie Bühne" nannte Behnam den Park und führte mich zu einem Iraner, der offenbar ein selbstverfasstes Gedicht rezitierte: „O du armseliger Schah", schrie der alte Mann. „Wir werden dich zerreißen und dich an einer Leine herumziehen und ins Meer werfen. O Anari, führe das iranische Volk zum Heil."

„Jaja", verarschte ihn Behnam, „diese Exilanten sind nur für Parkrevolutionen gut. Du hättest sehen müssen, wie der Kommunist Anari angezogen ist. Kapitalistischer als jeder Bonze."

Zehn Meter weiter stand ein Araber und beschimpfte offenbar Jassir Arafat. Er schrie auf Arabisch und sprach den Namen des PLO-Vorsitzenden so aus, als wäre dieser sein Erzfeind. Auch Margaret Thatcher wurde als Wölfin im Schafspelz angegriffen.

Ich übermittelte Behnam Grüße von zu Hause und bat ihn, irgendwo ein Bild von uns machen zu lassen, um es seiner Mutter mitzubringen. In einer Metrostation fand Behnam einen Fotoautomaten. Wir zwängten uns zusammen in die Kabine. Als er auf einen Knopf drückte, spürte ich so etwas wie eine Flamme, dann standen wir auf, um hinauszutreten. Plötzlich kam noch so eine Flamme und wir sprangen wieder auf den Stuhl zurück. Es war ein Passbildautomat und wir hätten vier Blitze abwarten müssen. So bekamen wir vier witzige Bilder. Behnam beschrieb sie mir: Auf dem ersten waren wir beide lächelnd zu sehen. Auf dem zweiten waren eine Hand von mir und das halbe Gesicht von Behnam, auf dem dritten wir beide mit gehetzten Gesichtern und auf dem letzten wieder wir beide, diesmal laut lachend. Außer am Automaten, in den ich Münzen einwarf, zahlte Behnam immer mit Schecks. Ich gab ihm anschließend Bargeld. Er meinte, hier werde immer mit Schecks bezahlt, niemand führe Bargeld mit sich.

Unser Hotelzimmer kam mir wie eine Baracke vor. Es war ein winziges, stickiges Kämmerlein, für das wir vierzig Pfund zahlten. Unser Frühstück schmeckte mir besonders gut, weil das Toastbrot mich an die Brotstücke erinnerte, die ich als Halbwüchsiger aus den Müllcontainern im Heim herausgefischt hatte und die mir damals alles bedeutet hatten.

Behnam hatte „eine blendende Idee": „Ich bringe dich in ein Museum, das wie für Blinde geschaffen ist. Du bekommst die einmalige Gelegenheit, Berühmtheiten aus aller Welt zu begegnen. Deine Erfahrung wird lebendiger als die der Sehenden sein", rief er und zog mich zur U-Bahn. Wir fuhren zum Wachsfigurenkabinett Madame Tussauds.

Behnam legte meine Hand auf die Schulter einer untersetzten Statue: „Wer ist das?"

„Das ist eine Wachsfigur", antwortete ich. Er wunderte sich sehr, dass ich die Figur nicht erkannte.

„Hast du nie eine Beschreibung vom großen Mao Zedong gehört?"

„Doch", gab ich zur Antwort. „Aber wie soll ich erkennen, dass er das ist?"

„Das ist so perfekt nachgemacht, dass selbst ich als Sehender ihn für lebendig halten könnte", sagte er vorwurfsvoll. „Aber du betastest ihn ja. Für dich muss eine Statue doch umso lebensnäher wirken."

„Nein", enttäuschte ich ihn. „Eine spröde Wachsfigur kann nie lebensnah sein. Natürlich sieht das wie eine menschliche Figur aus, aber lebendig wirken nur Wärme, Weichheit und Elastizität. Dir sind anscheinend Form und Farbe wichtig, mir aber die Textur und das Material." Ich hielt Mao den Mund zu und stellte mir vor, wie ich einem Wachs-Chomeini so lange die Luft abdrücken würde, bis er zu japsen anfinge.

Wir fotografierten uns mit Lenin, gaben dem letzten iranischen

Schah einen Klaps auf den Po, küssten Marilyn Monroe auf die Lippen und verließen das Museum derart gut gelaunt, dass mir mein Abschied von Behnam und meinem Studium in England nicht so schwerfiel, wie er mir am Tag zuvor vorgekommen war.

Zurück im Immigration Office des Flughafens erkundigte ich mich nach Ms Karen und erfuhr, dass Miss Karen Holman im Urlaub sei, musste mich dann schnell von Behnam verabschieden und wurde in einen großen Raum geführt, wo etwa fünfzig iranische Schicksalsgenossinnen und -genossen flüsternd miteinander redeten oder, besser gesagt, klagten. Der eine beschimpfte die Engländer, die für alles Schlechte im Iran verantwortlich seien, die andere war den Tränen nahe, weil sie eigentlich alles, was für ein Visum nötig war, vorgelegt habe und trotzdem abgeschoben werde. Viele hatten ihre gesamte Existenz für diese Reise zu Geld gemacht und waren nun völlig verzweifelt.

Nach etwa einer Stunde forderte uns ein grob klingender Immigration Officer auf, ihm mit unserem Gepäck zu folgen. Der Mitreisende von gestern, Dariusch, bot an, mich zu begleiten. Der Officer zog mich nach hinten. Er habe doch gesagt, nacheinander.

Dariusch sagte auf Persisch: „Aber er ist doch blind, Mann."

Ich sagte, dass ich eine Begleitung bräuchte. Der Officer schien nicht bemerkt zu haben, dass ich blind bin. Er zuckte förmlich zusammen und bat mich freundlich, mich hinzusetzen und zu warten. Er erlaubte Dariusch, den er für meinen Freund hielt, mit mir zu warten. Dariusch freute sich enorm darüber, dass er mein Begleiter sein durfte und ich ihm dafür alles übersetzen konnte. Unerklärlicherweise durfte er auch noch bei mir bleiben, als eine Assistentin mich zum Flugzeug begleitete. Dariusch weinte fast, als er davon sprach, nach Urmia zurückkehren zu müssen, statt in London zu studieren.

„Ich gelte von nun an als Versager. Aber dir geht es bestimmt noch schlechter. Alle werden sagen, der Blinde schafft es sowieso nicht ins Ausland, oder?"

„Mal sehen", antwortete ich. „Ich gebe noch nicht auf."

Als nach über einer Stunde die Türen des Flugzeugs geschlossen wurden, wurden wir nicht wie üblich willkommen geheißen, sondern benachrichtigt, dass wir erst nach Paris fliegen würden. Weiterhin wurde befohlen, der Besatzung, die hauptsächlich aus Männern bestand, Bescheid zu geben, wann immer wir aufstehen wollten. Dariusch hatte die Angst gepackt. Er beschrieb mir ständig die Mitglieder der Crew, die ununterbrochen seufzend auf und ab gingen. Sie würden alle mit verzogenem Gesicht auf uns herabschauen, als hätten wir etwas verbrochen, meinte er. Ich spürte die angespannte Atmosphäre, aber nach etwa einer Viertelstunde wurden Sandwiches mit Tee und Kaffee verteilt, was uns glauben ließ, alles normalisiere sich allmählich.

Ein Steward sagte sogar „Thank you", als er den Müll einsammelte.

Nach etwa fünfzig Minuten Flug sagte der Kapitän: „Hier spricht der Kapitän. Wir werden in zehn Minuten in Paris landen. Dort werdet ihr gründlich kontrolliert. Ihr übernachtet unter strenger Aufsicht und werdet morgen Mittag nach Teheran abgeschoben. Widerrede oder gar Widerstand bedeuten einen Angriff auf die französische Staatsgewalt."

„Sitzen wir denn in einem Militärflugzeug?", fragte ich Dariusch besorgt.

„Nein, ich glaube nicht. Aber wieso wir erst nach Paris fliegen, frage ich mich auch", antwortete er zittrig.

„Mister Bandari", sprach mich der Steward an. Es war das erste Mal, dass mich jemand mit „Mister Bandari" ansprach. „Du bleibst mit deinem Begleiter sitzen, bis jemand euch beide abholt. Ihr müsst in der Sicherheitszone des Flughafens übernachten. In Ordnung?"

Wie sollte ich denn dazu Nein sagen? Als ich Dariusch den Satz übersetzte, brach er fast in Tränen aus: „Und was ist, wenn sie uns die Haare kurz schneiden? Meine Mutter bekommt einen Herzinfarkt, wenn sie sieht, dass ich im Gefängnis war."

„Ach komm, ein richtiges Gefängnis ist das bestimmt nicht. Sicherheitszone, hat der Mann gesagt", versuchte ich ihn zu beruhigen.

Offenbar hatte man bei einem unserer Abschiebekandidaten Drogen entdeckt und deshalb uns alle ins Visier genommen. Dariusch und ich wurden in einem kleinen Zimmer untergebracht, in dem es außer zwei schmalen Betten nichts gab. Eine freundliche Frau vom Roten Kreuz sagte mir, immer wenn ich auf die Toilette müsse, bräuchte ich nur herauszukommen und an die Tür rechts neben uns zu klopfen. Dariusch durfte alleine auf die Toilette gehen. In der Nacht schrie und weinte er im Traum. Um sieben Uhr bekamen wir ein Lunchpaket mit einem Becher Tee und wurden aufgefordert, zu warten, bis wir gerufen würden.

Ich ging raus, klopfte an die benachbarte Tür und fragte, ob ich beim Duty-free-Shop etwas einkaufen könne. Eine freundliche ältere Dame bat mich, in meinem Zimmer zu warten. Dariusch war sehr schockiert, als er erfuhr, dass ich ihn nicht mitnehmen konnte. „Du lässt mich aber hier nicht sitzen, oder?"

Ich beruhigte ihn, wechselte einige Dollars in Französische Francs und fragte die Dame, ob ich kurz telefonieren dürfe. Zögerlich brachte sie mich an ein öffentliches Telefon. Meine Hoffnung verflog bereits, bevor die Spannung richtig wachsen konnte: Thomas, mein deutscher Freund aus Isfahaner Zeit, von dem ich wusste, dass er in Paris studierte, nahm nicht ab. Ich versuchte es zigmal – ohne Ergebnis.

Ich schlug die Zeit tot, indem ich mir Parfüms, Zigaretten,

Schokoladen und so weiter zeigen ließ und nach den Preisen fragte. Die gute Dame erklärte mir geduldig alles. Dann misslang auch der dritte Versuch, Thomas ans Telefon zu kriegen.

Dariusch empfing mich wie einen Retter. „Wo bleibst du denn, Mann? Ich wäre beinah gestorben vor Angst."

Ich erzählte ihm von meinen misslungenen Versuchen, mithilfe meines Freundes Thomas doch noch die Aufenthaltserlaubnis für England zu bekommen. Er versuchte etwas zwanghaft, mich für meinen Mut zu loben, aber seine Enttäuschung, dass ich ihn schmählich allein hatte lassen wollen, war nicht zu überhören.

Nachdem ich unter dem Vorwand, ein Blinder müsse sich tagsüber unbedingt ein wenig bewegen, wieder mit der guten Dame hinausgegangen war und Thomas wieder nicht an den Apparat bekommen hatte, wurden wir in eine Air-France-Maschine nach Teheran verfrachtet. Die Besatzung war sehr nett zu uns und nahm verärgerte Iranerinnen und Iraner, die alle Europäer in einen Topf warfen und beschimpften, geduldig auf. Wir bekamen ständig zu essen und zu trinken und durften uns im Flugzeug frei bewegen. Anfangs beschimpften fast alle den Westen und die Bürokratie, besonders die Engländer, die uns in diese schlimme Situation gebracht hätten, uns aber nun nicht in ihr Land ließen. Dann fragte mich jemand, ob ich ein wenig Musik machen könne. Ich willigte ein, öffnete meinen Geigenkasten und stellte mich mit dem Instrument an einen Sitz gelehnt in den Mittelgang. Ich suchte nach einem passenden Stück und spielte *Digeh bar nemigardam, Ich kehr nicht mehr zurück,* und danach ein Lied der Sängerin Delkasch, *Erinnere dich meiner.* Ich hörte am Schluchzen, dass etlichen Zuhörern die Tränen kamen, und wechselte schnell auf etwas Fröhlicheres, wobei ich von zwei Jungen auf ihren Taschen und Koffern rhythmisch begleitet wurde, was in einem rhythmischen Klatschen aller Passagiere endete. Wir machten tüchtig Krach, tanzten und sangen, und die Crew nahm alles gelassen hin. So kam es, dass wir froh und munter in Teheran landeten.

Derselbe Flughafenmitarbeiter, der mich ins Flugzeug nach London gesetzt hatte, holte mich auch wieder ab. „Du bist aber reich", scherzte er. „Hast mal eben so das Wochenende in London verbracht?"

Als er mein Schweigen bemerkte, fügte er ernst hinzu: „Du bist nicht allein. Was glaubst du, wie viele weinende Menschen ich in diesem Jahr schon empfangen musste."

Ich fuhr mit dem Bus zur Uni und überraschte meine Kommilitonen, die mich lachend begrüßten. Sie tranken gerade verbotenen, selbsterzeugten Alkohol und waren entsprechend laut und munter. Ich dachte fast, sie würden mich auslachen.

„Ach komm", sagte Gorgin, der vergeblich versucht hatte, seinem reichen Vater Geld für meine Englandreise abzuknöpfen. „Was hättest du denn in England verloren? Beende doch erst mal hier dein Studium."

In weniger als einer halben Stunde war mein Fall ad acta gelegt und es war, als wäre nichts gewesen. Ich organisierte mir einen Platz bei Pedram, meinem ehemaligen Heimgenossen, in Haus acht des Studentenwohnheims. In dem Einzelzimmer teilten wir uns ein schmales Bett. Wir zogen es ein paar Zentimeter von der Wand weg und ich schlief halb auf dem Bett und halb in dem Zwischenraum zwischen Wand und Bett. Ich brachte es nicht über mich, meine Familie über dieses Missgeschick zu informieren, und ließ sie im Glauben, ich sei in Richtung England verschwunden.

In der Folgezeit stürzte ich mich in mein Soziologiestudium und in politische Aktivitäten: Ich begleitete Mansour überallhin, wo er

Vorträge zur Unterstützung der Fedadschin hielt, und sorgte für die musikalische Umrahmung. Ich versuchte im zweiten Semester möglichst viele Kurse zu belegen und hatte kein Problem damit, nur vier bis fünf Stunden pro Nacht zu schlafen. Nach etwa einem Monat ließ mich Pedram in dem Zimmer allein und gab mir somit die Freiheit, wann immer ich wollte, zu lesen, mir Buch um Buch anzuhören und zu tun, was mein Herz begehrte. Neben mir wohnte Bidschan Karimi. Er war für mich ein typischer Bourgeois, weil er immer schick angezogen herumlief, sich mit Studentinnen verabredete und nach Parfüm roch.

Oft kamen die Revolutionsgardisten und fragten nach ihm, aber er war zum Glück fast nie da. Ich hatte mit ihm ausgemacht, kurz an die Wand zu klopfen, falls ich verdächtige Geräusche hörte. Meine Meinung über ihn änderte sich abrupt, als er einmal mit rasselndem Atem zu mir hereinstürzte und mich anflehte, einen Koffer an mich zu nehmen.

„Ist da Alkohol drin?", fragte ich ihn.

„Schön wär's", entgegnete er gehetzt.

Wir hatten keine Zeit, weiterzureden. Karimi warf den Koffer nach oben auf meinen Kleiderschrank und verschwand durchs Fenster nach draußen. Im nächsten Moment stürmten drei riesige Männer in mein Zimmer und packten mich am Kragen.

„Wo ist er?", schüttelte mich der, der meine Hand schmerzhaft festhielt. „Wo ist dein Nachbar? Er hat sich bestimmt hier versteckt", schrie er und gab mir eine schallende Ohrfeige: „Schau mich an, wenn ich mit dir rede, du gottloses Schwein!"

„Ich bin blind", kam es stotternd aus mir heraus.

Der Mann ließ mich auf der Stelle los und schien in sich zusammenzufallen. Auch die anderen versuchten sich zurückzuziehen, soweit das kleine Zimmer es zuließ.

„Es tut uns schrecklich leid, Bruder. Bitte entschuldigen Sie uns", sagten die drei im Chor. Sie schauten sich und mich ein paar Sekunden lang an. Mir drehte sich der Magen um. Es würde reichen, dass sie sich umdrehen und den Koffer auf meinem Schrank sehen, dachte ich …

„Kennen Sie Herrn Karimi, der links von Ihnen in Zimmer sechs wohnt?"

„Ja", sagte ich. „Er liest mir oft meine Briefe oder aus einem Buch vor. Wieso?", stellte ich mich dumm.

„Der Mann ist gefährlich, Bruder. Er kollaboriert mit linken Kräften. Wir haben ihn gesucht. Wir dachten, er sei hier hereingekommen."

„Das hätte ich doch gehört", versicherte ich ihnen.

„Ja, Sie haben recht. Blinde hören besser als wir Sehenden. Verzeihen Sie bitte und beten Sie für uns, Bruder", sagte der, der mir die Ohrfeige verpasst hatte. „Passen Sie auf sich auf."

Sie gingen zur Tür hinaus, und ich war froh darüber, dass man mich stets unterschätzte, aber auch erstaunt, dass sie entweder keinen Koffer gesehen oder keinen Moment daran gedacht hatten, dass Karimis Koffer, den sie bestimmt suchten, sich hier bei mir befinden könnte. Es war gegen neunzehn Uhr, als sie mich verließen, es wäre also noch hell genug gewesen. Aber wie sollten sie darauf kommen, dass der Koffer eines Blinden Bücher oder Flugblätter enthalten könnte? Trotzdem war ich froh, nicht wie gewohnt das Licht eingeschaltet zu haben, um bei mir Normalität zu erzeugen. Ich wollte den Koffer weiter nach hinten auf den Schrank schieben, damit er nicht leicht gesehen werden konnte. Dabei fiel mir auf, dass er extrem schwer zu bewegen war, viel schwerer, als wenn er nur mit Papier gefüllt wäre … Obwohl ich mir sicher war, dass sich darin regimekritische Schriftstücke befanden, konnte ich mich vor Anspannung auf nichts anderes mehr konzentrieren. Ich musste den Koffer öffnen, um zu wissen, was darin war, hatte aber Angst davor.

Gegen zwei Uhr nachts besiegte mich die Neugier. Ich holte das schrecklich schwere Ding vom Schrank herunter und zuckte buchstäblich zusammen, als meine Hand ein langes, schweres Gewehr befühlte. Ich kannte das Modell. Ein ehemaliger Freund war schon vor der Revolution zu den Islamisten übergewechselt und hatte mir kurz nach der Revolution ein G3-Schnellfeuergewehr gezeigt. „Das Regime", hatte er gesagt, „hat diese Flinten von den Westlern gekauft, um uns niederzumetzeln. Nun sind sie in die Hände des Volkes gelangt. Das nenne ich Gerechtigkeit Gottes."

Der Koffer war mit Patronen vollgestopft. Kleine, schwere Kügelchen, die mich an Blindenschreibgriffel *Made in Great Britain* erinnerten. Ich stellte mir vor, ich sei ein steckbrieflich gesuchter Verbrecher, und zuckte bei jedem Geräusch aufs Heftigste zusammen.

Mit der Verschärfung der Repressionen gegen die Opposition durch das neue islamische Regime waren unsere Parolen, Forderungen und Aktivitäten entsprechend heftiger und gewaltbejahender geworden. Ich hatte bisher gerne bei den Demos der Fedadschin mitgemacht und ihnen auch oft Geld geschenkt, um den Kampf für Autonomie im iranischen Kurdistan zu finanzieren. Aber nun lag ein richtiges Gewehr mit Munition vor mir, das Karimi höchstwahrscheinlich für den Kampf verwenden wollte.

Ich grübelte: Gebe ich das Gewehr bei der Polizei ab, werde ich womöglich gefasst und komme ins Visier der Islamisten. Dann könnte ich kaum noch unbehelligt meinen Aktivitäten nachgehen. Außerdem töten sie seit der Revolution täglich unschuldige Menschen – ich würde ihnen dafür nur ein weiteres Werkzeug in die Hände geben. Gebe ich die Waffe den Fedadschin, werden sie damit möglicherweise Islamisten abschießen, und das will ich auch nicht. Andererseits, wie soll ich diesen Riesenkoffer nur loswerden?

Verzweifelt rief ich am Tag darauf Mansour an und erzählte ihm die Geschichte. Ich vertraute darauf, dass er als Anwalt eine sinnvolle Lösung für mein Problem haben würde. Sarkastisch sagte er mir daraufhin, dass in rechtlosen Zeiten die Juristerei keine nützliche Kenntnis sei. Er freue sich jedoch über meine Nachricht und hoffe, dass ich meine Blindheit dazu benutzen könne, den Koffer dezent aus der Uni herauszuschmuggeln und zu ihm nach Hause zu bringen. Er zerstreute meine moralischen Bedenken ein wenig, indem er hinzufügte: „Es wird nur zur Verteidigung unseres Quartiers benutzt werden. Sei dir dessen sicher.“

Pochenden Herzens machte ich mich mit der Last des Koffers auf den Weg. Tatsächlich kontrollierten die Wachmänner an der Unipforte fast alle außer mir. Ein Wachmann stellte sogar den Koffer in den Kofferraum des bestellten Taxis und klopfte mir auf die Schulter: „Ich kenne eure Bücher. Die sind dick und schwer, nicht wahr? Ihr seid alle belesen. Unsere Sehenden sollten sich ein Beispiel an euch nehmen.“

Ich gab den Koffer bei Mansour ab, wo eine ganze Mannschaft auf mich wartete und sich offenbar über mein Erscheinen freute. Es war ein Freitag, an dem wir Linken, wie jede Woche, die Uni mieden, weil das Freitagsgebet, das auf der Grünanlage der Uni stattfand, dann immer zur Bühne der Islamisten wurde. Sie skandierten Parolen gegen jegliche Opposition und nutzten jede Präsenz Andersdenkender als Vorwand, einen Zusammenstoß zu provozieren. An diesem Freitag aber wurde eine Botschaft des Revolutionsführers verlesen, die mich entschlossener stimmte, mein Land um jeden Preis zu verlassen, wenn ich mein Studium weiterführen wollte. Bis zum 5. Juni müssten alle Kurse abgeschlossen werden, hieß es in dieser Botschaft, danach blieben die Universitäten im ganzen Land geschlossen, bis die „Islamische Kulturrevolution" abgeschlossen sei.

Ab diesem Tag wurden die Islamisten noch grobschlächtiger und antworteten auf jede Demonstration mit Knüppeln und Knarren. Ich versuchte, meine Hausarbeiten mehr schlecht als recht abzugeben, Prüfungen schnell abzuschließen und begann, all meine Sachen, die meine Mutter nicht haben wollte, zu verkaufen. Mehrmals in der Woche traf ich mich mit Musa, der endlich genug gelitten zu haben schien, um ebenfalls Fluchtgedanken zu hegen. Heimlich bereiteten wir uns auf den Tag X vor. Wir spielten etliche Szenarien durch, wie wir ungehindert die Grenze zur Türkei passieren könnten. Je weniger Ballast wir mit uns herumschleppten, desto besser. Der Abschied vom Iran würde uns nicht allzu schwer fallen. Musa hatte sowieso keine Familie und ich hing zwar sehr an meiner Mutter, doch der Rest meiner Familie war mir inzwischen herzlich egal.

* * * * *

Was ist nur los mit mir? Wo bleibt denn mein Verstand? Wie soll ich mich entscheiden? Vor ein paar Wochen schreibe ich einen Verlag an, von dem ich im Radio gehört habe. Nach langem Zaudern gebe ich mir einen Ruck und schicke das verdammte Manuskript an die E-Mail-Adresse, die ich auf der Internetseite des Verlags gefunden habe. Es folgen Ewigkeiten des Wartens. Dann ruft mich dieser Herr Woltrich endlich an und verkündet mir jovial:

„Ich habe eine gute Nachricht für Sie. Wir sind daran interessiert, eventuell ihr Buch zu verlegen. Was sagen Sie dazu?"

Mir bleibt die Spucke weg – eigentlich geht in meinem Leben

doch alles schief! Zum Glück habe ich von Angelika gelernt, wie man am Telefon mit solchen Situationen fertig wird:

„Es tut mir leid, Herr Woltrich, die Verbindung ist so schlecht. Ich rufe sie zurück."

Jetzt habe ich den Salat. Ich habe recherchiert. Den Verlag gibt es gerade mal ein Jahr und sein Sitz ist Pasewalk. Hat man denn jemals von diesem Nest gehört? Ich google den Ortsnamen und finde eine Stadt am nordöstlichen Rand von Deutschland. Das ist ja fast Polen! Richtige Verlage residieren doch in Berlin, Hamburg oder München! Und was werden sie mit mir machen? Mich am Ende gar zu einem Interview einladen, wo ich dieses Geschreibsel vom unsäglichen Nader erklären soll und ihnen auseinandersetzen, dass das ja eigentlich mein Werk ist? Was ist, wenn sie eigentümliche Bedingungen haben? Wenn sie mir zum Beispiel statt eines Honorars Bücher überlassen? Die kann ich weder in Lebensmittel noch andere Nützlichkeiten umsetzen.

Ich habe mir diesen Nader im wahrsten Sinne des Wortes von der Seele geschrieben; ich habe ihn abgeschrieben. Und jetzt soll er sich am Ende gar in vielfacher Ausführung auf Papier für eine unbestimmte Zeit bei mir einnisten? Vielleicht laden sie mich ja auf die Buchmesse ein und dann stehe ich zwischen diesen ganzen Menschen dort und darf nicht mal rauchen?

Wer interessiert sich überhaupt für die Geschichte eines missglückten Blindenlebens, noch dazu eines iranischen? Angelika? Maria, Frau Fadensticker vom Sozialamt, mein Psychologe, oder Lilith? Oder gar arrogante Wissenschaftler wie die im Arbeitsbereich von Professor Lampert? Schahrjar? Der sagt bei jedem Buch, zu dem ich ihn befrage, egal, ob es sich um Hans Georg Gadamers *Wahrheit und Methode* oder um Tolstois *Krieg und Frieden* handelt, er warte auf deren Verfilmung. Außerdem wirft er mir immer wieder vor, dass ich das Buch auf Persisch hätte schreiben sollen, damit Iraner es auch verstehen können. Eigentlich will sicher niemand so ein Buch, denn die meisten Menschen sind ja auf Kurznachrichten aus.

Auch du, Nader, hast zu meinen Fragen nichts beizutragen. Du bist mein Geschöpf, du bist nichts als mein Text, den ich aus den unseligen Einzelstücken deiner speckigen Aktentasche mühsam zusammengesetzt habe. Aber seitdem das Manuskript beendet ist, bist du zum Möbelstück geworden, das stumm und starr im Weg steht. Du schweigst. Dabei hatte ich mir so oft vorgestellt, dass ich dich wie eine Flasche kaltes Bier öffne, deren Inhalt ich mir genussvoll einverleibe. Doch du, du bist viel eher wie meine Zigaretten, deren Rauch sich im Zimmer ausbreitet und als ekelhafter Geruch an Vorhängen, Kleidung und Teppichboden haften bleibt.

GLOSSAR

S. 11, 233 Rosengarten. *Eines der populärsten Werke der klassischen persischen Literatur aus dem 13. Jahrhundert. Darin gibt der iranische Nationaldichter Saadi in ironischem Ton und aphoristischer Form seinen Erfahrungen von Wanderschaft in dichterischer Verarbeitung Ausdruck. Viele der Verse, Anekdoten und Episoden aus diesem Werk sind in das persische Sprichwortrepertoire eingegangen.*

S. 11, 84, 129, 176, 233f. Saadi. *Saadi (1210–1292) ist einer der bedeutendsten Nationaldichter Irans, dessen Dichtung bis heute viel Nachahmung findet. Neben seinen berühmtesten Werken* Bustan *(Duftgarten) und* Golestan *(Rosengarten) sind seine Lyrik, Sinngedichte, Aphorismen und Vierzeiler eine Fundgrube der klassischen persischen Literatur.*

S. 12, Islamische Revolution. *Die Umwälzung der iranischen Gesellschaft des Jahres 1979, in deren Folge das mehr oder minder westlich orientierte Leben islamisiert wurde.*

S. 12, Ajatollah Chalchali. *Sadegh Chalchali (1926–2003) war der bekannteste und berüchtigste Revolutionsrichter des 1979 an die Macht gekommenen islamischen Regimes, der in kürzester Zeit zahlreiche Todesurteile fällte.*

S. 12, 242, 258, 276, 279 Schahregime. *Die monarchistische Staatsform, die bis zur Islamischen Revolution 1979 die iranische Politik bestimmte und an deren Spitze der Schah (Kaiser) stand.*

S. 13, Salawat. *Der Segensruf an den islamischen Propheten Mohammed, der bei der Nennung seines Namens laut vorgetragen wird: „O Gott, segne Mohammed und seine Angehörigen."*

S. 15, 226, 244, 246, 248, 256, 265 Volksfedadschin. *Eine marxistisch-leninistische Kampforganisation, die 1971 gegründet wurde, um mithilfe eines bewaffneten Kampfes und Terrorakten das herrschende Schahregime zu stürzen. Nach der Islamischen Revolution spaltete sich die Organisation in radikale und regimekonforme Gruppierungen.*

S. 25, Nader Schah. *Nader Schah Afschar (1688–1747) war der größte Eroberer der modernen iranischen Geschichte. Unter seiner Herrschaft erstreckte sich das persische Reich vom Kaukasus im Westen bis zum Indus im Osten, sodass er als Alexander oder auch als Napoleon des Orients bezeichnet wird.*

S. 32, Mossadegh. *Mohammad Mossadegh (1882–1967) war einer der populärsten iranischen Politiker im 20. Jahrhundert. 1951–1953 verstaatlichte er als Regierungschef die iranische Ölindustrie. Seine Regierung wurde 1953 mithilfe der Geheimdienste der USA und Großbritanniens gestürzt.*

S. 32, 258, Streik gegen die Engländer. *Ein ausgedehnter Arbeiterstreik in der Anglo-Iranian Oil Company während der Verstaatlichung dieser Ölgesellschaft. Der Streik führte außerdem zur Wiedereinsetzung von Mohammad Mossadegh als Premierminister.*

S. 42, 44, 47, 49f., 69, Imam Resa. *Für die schiitischen Moslems ist Imam Resa (768–818) der achte rechtmäßige Nachfolger des Propheten Mohammed, der in direkter Linie von ihm abstammt. Sein Grabmal in Maschhad ist eines der wichtigsten schiitischen Heiligtümer und ein Touristenmagnet.*

S. 98, 210ff., 271f., 286, Hadschi. *Ein Titel, der Menschen gegeben wird, die die Pilgerfahrt nach Mekka unternommen haben. Oft werden sie dann nur mit dem Titel Hadschi und ohne Nennung ihres Namens angesprochen, wobei dieser Titel eine gewisse Ehrerbietung bedeutet.*

S. 102, Schahnameh. *Das Königsbuch ist das Nationalepos der persischsprachigen Welt, das zusätzlich zu den urpersischen Mythen und Sagen in der Versform Distichon von der vorislamischen Geschichte Irans erzählt. Es ist das Lebenswerk des Dichters Ferdowsi (940–1020).*

S. 119, 149, Ney. *Eine iranische Bambusflöte, der mystische Klänge zugeschrieben werden.*

S. 138, 254, 258ff., 262ff., 277, 297, Ajatollah Chomeini. *Rouhollah Chomeini (1902–1989) war der erste geistliche Führer der Islamischen Revolution und der Islamischen Republik Iran.*

S. 155, Golpa. *Akbar Golpaygani (geb. 1933) ist ein berühmter Sänger der klassischen iranischen Musik, der sich bis zur Islamischen Revolution 1979 großer Beliebtheit erfreute, seitdem im Iran aber nicht mehr öffentlich singen darf.*

S. 155, Chansari. *Mahmoudi Chansari (1934–1987) war ein berühmter Sänger der klassischen iranischen Musik.*

S. 161, 241, Meister Saba. *Abolhassan Saba (1902–1957) war einer der einflussreichsten Instrumentalisten und Lehrer der traditionellen iranischen Musik. Er gab über dreitausend Schüler:innen Unterricht in Geige und weiteren iranischen Instrumenten und begründete neue Lehrmethoden in iranischer Musik.*

S. 176, 241, Hafis. *Schamsodin Mohammad Hafis (auch Hafez oder Hafiz) (1315–1389) ist der populärste iranische Lyriker, dessen Liebessonette so beliebt sind, dass sie neben Versen des heiligen Buches der Muslime, des Korans, befragt werden, ob eine Handlung rechtens oder gut sei.*

S. 222, Kyros. *Der sechste König der Achämeniden-Dynastie (persisch*

Kurosch, lateinisch Cyrus; 590–539 v. Chr.), der das damalige persische Reich territorial deutlich vergrößerte.

S. 222, 226, 238, 258, Kaiser Mohammad Resa Schah. *Mohammad Resa Pahlavi (1919–1980) war der letzte Monarch Irans, der mithilfe der Westmächte im Jahr 1941 an die Macht kam. Er regierte Iran diktatorisch bis zur Islamischen Revolution 1979.*

S. 225, Al-e Ahmad. *Dschalal Al-e Ahmad (1923–1969) war ein Schriftsteller, der vor allem darauf bedacht war, die modernen Intellektuellen mit dem traditionellen Islam zu versöhnen. Sein berühmtestes Werk* Okzidentosis *ist eine scharfe Abrechnung mit allen westlichen Erscheinungen im damaligen Iran.*

S. 225, Behrangi. *Samad Behrangi (1939–1967) war ein iranischer Schriftsteller, Journalist, Lehrer und Bürgerrechtler.* Der kleine schwarze Fisch *ist sein berühmtestes Kinderbuch.*

S. 225, Schariati. *Ali Schariati (1933–1977) war ein Islamkundler, der den politischen Islam im Iran salonfähig machte.*

S. 226, Volksmudschaheddin. *Eine 1965 gegründete islamisch-sozialistische Kampforganisation, die sich bis zur Islamischen Revolution durch Terrorakte hervortat. Heute gilt sie als die militante Opposition gegen die Islamische Republik Iran.*

S. 234, 237, Aref Ghasvini. *Abolkasem Aref Ghasvini (1882–1934) war ein sozialkritischer Dichter, Liedermacher und Sänger. In seinen Liedern und Gedichten besang er die Freiheit und die iranische Konstitutionelle Revolution 1905–1911.*

S. 234, Konstitutionelle Revolution. *Eine politische Bewegung der Jahre 1905–1911, die zum Sturz der absolutistischen Monarchie und zur Konstituierung eines Parlaments im Iran führte.*

S. 297, Mao. *Mao Zedong (1893–1976) war Mitbegründer der Kommunistischen Partei Chinas. Er rief 1949 die Volksrepublik China aus und blieb bis zu seinem Tod ihr Führer.*

S. 242, Masud Ahmadsadeh. *Masud Ahmadsadeh (1945–1972) war ein iranischer Revolutionär, dessen Buch* Der bewaffnete Kampf, Strategie sowie Taktik *(1970) bei der militanten Linken im Iran sehr beliebt war. Er wurde im Alter von siebenundzwanzig Jahren in Teheran hingerichtet.*

S. 242, 244f. Bidschan Dschasani. *Bidschan Dschasani (1938–1975) war ein iranischer Bürgerrechtler und marxistischer Theoretiker. Er war ein Mitbegründer der Kampforganisation der Volksfedadschin.*

S. 244, Chalil Maleki. *Chalil Maleki (1901–1969) war ein iranischer politischer Aktivist, der mehrere sozialistische Parteien mitgründete.*

S. 244, Solschenizyn. *Alexander Issajewitsch Solschenizyn (1918–2008) war ein russischer Schriftsteller und Systemkritiker der Sowjetunion.*

S. 246, Hamid Aschraf. *Hamid Aschraf (1946–1976) war ein militanter politischer Aktivist, der sich durch Terrorakte gegen das Schahregime hervortrat.*

S. 257, König Dschamschid. *Ein mythischer König Persiens, der nach der Legende eintausend Jahre über die Menschen, aber auch über Engel, Bestien und Dämonen herrschte.*

FIGURENVERZEICHNIS

Abdullah: *Freund Naders im Ölbergheim*

Herr Afschin: *blinder Mathelehrer am Gymnasium*

Ahmad: *Freund Naders im Ölbergheim*

Ali: *Freund Naders im Nurestan- und Ölbergheim*

Armen: *älterer Mitbewohner im Ölbergheim*

Herr Arschavir: *blinder Schulaufseher, Dolmetscher, Bibliothekar im Ölbergheim*

Herr Assad: *Lehrer im Ölbergheim*

Herr Badri: *Pförtner im Ölbergheim*

Bahman: *Freund Naders im Ölbergheim*

Bandari, Fereschteh: *Naders Mutter*

Bandari, Nader: *geburtsblinder iranischer Junge, zentrale Figur des Romans*

Bandari, Nasrin: *Naders Schwester*

Bandari, Nourali: *Naders Vater*

Behnam: *Verwandter Naders, Sohn Mansours, studiert in Großbritannien*

Herr und Frau Beinhorn: *Leitung Ölbergheim*

Borsoui: *Sprecher Radio Isfahan, Leiter der Nachrichtenredaktion*

Miss Caster: *englischstämmige Leiterin des Nurestanheims*

Chaledschan: *Erzieherin, später Leiterin des Nurestanheims*

Chosro: *Musiker bei Radio Isfahan*

Cross, Ruth: *stellvertretende Leiterin des Nurestanheims*

Herr Davudi: *Leiter des Ölbergheims*

Ebrahim: *älterer Mitbewohner im Ölbergheim und Freund Naders*

Doktor Etemad: *Arzt im Ölbergheim*

Farid: *Sänger bei Radio Isfahan*

Farsad: *Musiker bei Radio Isfahan*

Fatemeh: *Mutter Fereschtehs, Großmutter Naders*

Fati: *Studentin, Revolutionärin, Mitbewohnerin Nuschins*

Gorgin: *älterer Mitbewohner im Ölbergheim und Freund Naders*

Gudars: *Freund Naders im Ölbergheim*

Hadschchanáli: *Verwandter Naders väterlicherseits, Golabs Ehemann*

Hadschchanali, Golab: *Verwandte Naders väterlicherseits,*
  Hadschchanalis Ehefrau

Familie Hamidi: *Verwandte der Bandaris*

Herr Haschemi: *Lehrer am Gymnasium*

Hasibi: *irakischstämmiger Erzieher im Ölbergheim*

Herr Hormosi: *Lehrer am Ölbergheim*

Herr Kuhi: *Lehrer am Gymnasium*

Frau Ludwig: *Kunstlehrerin im Ölbergheim*

Mahschid: *zweite Frau Nouralis, Stiefmutter Naders*

Mahtab: *Mutter Nouralis, Großmutter Naders*

Mansour: *jüngerer Bruder Hadschchanalis, Vater Behnams, Anwalt*

Mohammad: *Mitbewohner Naders im Ölbergheim und sein Mitschüler*
  am Gymnasium

Mohammadali: *Bruder Nouralis, Onkel Naders*

Modschtaba: *Sänger bei Radio Isfahan*

Nora: *deutsche Freundin Naders*

Nuschin: *Studentin, Revolutionärin, Mitbewohnerin Fatis*

Pari: *Betreuerin im Nurestanheim, zweite Freundin Naders*

Parvin: *Erzieherin im Nurestanheim*

Pedram: *Freund Naders im Ölbergheim*

Pirous: *Musiker bei Radio Isfahan*

Die Brüder Rasi: *Hassan, Hossein, Mehdi – bilden ein Musikensemble, in dem auch Nader spielt*

Sadeghi, Musa: *Naders Freund seit Kindertagen. Ihm gelingt die Flucht aus dem Iran, er schreibt Naders Geschichte auf.*

Herr Sanidsch: *Theatermacher*

Sara: *Erzieherin und Nachtschwester im Nurestanheim*

Schirin: *macht eine Ausbildung zur Erzieherin im Nurestanheim, erste Liebe Naders*

Sepideh: *Erzieherin im Nurestanheim, die „stille Schwester"*

Schahram: *Freund Naders im Ölbergheim*

Schahrjar: *Naders Kumpel in Deutschland*

Herr und Frau Stamm: *deutschstämmige Leiter des Ölbergheim*

Thomas: *deutscher Erzieher im Ölbergheim*

Vartui: *„Mädchen für alles" im Nurestanheim*

Foto: privat, Illustration: KATAPULT

Eskandar Abadi ist Journalist, Musiker und Übersetzer. Er wurde 1959 in Mahschahr im Iran geboren und studierte Staatsrecht in Teheran, bis 1980 alle Universitäten im Zuge der Iranischen Kultur-revolution geschlossen wurden. Um den Repressalien der neuen Islamischen Republik zu entgehen, flüchtete er nach Deutschland und studierte Politikwissenschaften und Germanistik in Marburg. Heute ist Eskandar Abadi Redakteur bei der Deutschen Welle und lebt mit seiner Familie in Köln. Er ist geburtsblind.